Claudia Fräss-Ehrfeld

GESCHICHTE KÄRNTENS

Band 3/2 – Kärnten 1918–1920

Abwehrkampf – Volksabstimmung

Identitätssuche

Claudia Fräss-Ehrfeld

GESCHICHTE KÄRNTENS

Band 3/2 – KÄRNTEN 1918–1920

Abwehrkampf – Volksabstimmung
Identitätssuche

VERLAG johannes
heyn

FÜR MARTIN
ZUM STUDIENABSCHLUSS

Mit freundlicher Unterstützung:

KÄRNTEN KULTUR

Die Kärntner SPARKASSE

Vor- und Nachsatz: Die alte Rosegger Draubrücke – Symbol für die 1920 bewahrte Einheit des Landes. (Foto: Archiv Velden.)

3. unveränderte Auflage 2021
Gesamtherstellung: Buch Theiss GmbH, 9431 St. Stefan im Lavanttal
ISBN 978-3-85366-954-9

VORWORT
ES GIBT NUR EINE „KÄRNTNER FRAGE".

Die „Kärntner Frage" ist mir zum Lebensthema geworden – seit meiner Dissertation „Die Vereinigten Staaten von Amerika und die Frage Kärnten 1918–1920" verging fast kein Jahr ohne Beschäftigung damit. Dies resultierte u. a. aus der „Kampfsituation" auch auf wissenschaftlicher Ebene ab den 1970er Jahren, als versucht wurde, das auf Martin Wutte beruhende Geschichtsbild rund um Abwehrkampf und Volksabstimmung zu stürzen. Dreißig Jahre Diskussion bestätigten jedoch die Kärntner Sichtweise. Die langwierigen, oft ideologisch-politisch gefärbten Kontroversen haben teilweise zur Verflachung des Geschichtsbildes, zur Verfälschung der Stimmung von damals geführt. Die Aufforderung des Verlags Heyn, die historischen Fakten zu „Kärnten 1918–1920" kurz und bündig darzulegen, führte mich zurück zu den Quellen und zur Atmosphäre von damals – zurück zu Angst, Tod und Ohnmacht, aber auch zurück in eine Zeit voll unwahrscheinlicher Energie, die den Kärntnern damals eigen war. Nicht umsonst gibt es nur eine „Kärntner Frage", deren Inhalt keiner näheren Definition bedarf. Es ist die Frage der Einheit unseres Landes, die in der nationalen Ära seit dem 19. Jahrhundert automatisch mit dem Zusammenleben der beiden Volksgruppen in Kärnten zu tun hatte. Wenn es um die Landeseinheit geht, gibt es in Kärnten kein „Lei-lassn-tum".

Kein Thema ist im 20. Jahrhundert so identitätsbildend gewesen wie jenes, das um das Credo „Kärnten frei und ungeteilt" kreist.[1] Wichtigste Quelle des Kärntner Landesbewußtseins ist die Liebe zum Land. Von den Dichtern bis zu den Politikern wird das Wort Herz arg strapaziert, wenn von Kärnten die Rede ist. „Du bist das Land, das ich im Herzen trage..." – so lautet die erste Zeile eines Gedichts von Arnold Ronacher, das auf dem Deckblatt der Festschrift der Kärntner Landsmannschaft zum 10. Oktober 1995 unter einem großen Kärnten-Panorama von Markus Pernhart gedruckt ist.[2] Was die Schönheit ihres Landes angeht, sind die Kärntner Chauvinisten, die nicht anstehen, ihrer Überzeugung deutlich Ausdruck zu verleihen. Völlig ungeniert und selbstverständlich sagte etwa der Klagenfurter Bürgermeister Hans Ausserwinkler in einer Budgetdebatte im Landtag: „Kärnten ist von Natur aus ein begnadetes Land. Kein anderes Bundesland kommt ihm an landschaftlicher Schönheit gleich."[3] Das Motto „K is lei 1" wurde sogar zu einem Auto-Wunschkennzeichen. Darüber hinaus empfindet der Kärntner seine Heimat als perfekte Raumeinheit. Erich Nußbaumer und nach ihm Valentin Inzko sprachen von der „zusammenführenden Kraft des Kärntner Raums".[4] Kein Frieden kann dauerhaft sein, wenn man ihn auf der „Zerstörung so uralter Einheiten aufbaut, wie es wenige außer Kärnten gibt", hieß es im Jänner 1947, als der Landtag seine Stellungnahme zur Kärntner Grenze verabschiedete.[5] Selbst kritische Jungkärntner können sich dem Zauber nicht entziehen. Sie ertappen sich dabei, daß sie außerhalb der Heimat, wenn ein zorniges Wort fällt, plötzlich mit „zärtlichem Eifer" ihr Kärnten in Schutz nehmen.[6] Auch kritische Bücher über Kärnten werden oft, gewollt oder ungewollt, zur Hommage an das Land.[7] Von zeitweise scharfen Kritikern Kärntner Verhaltensweisen wie etwa Erwin Ringel oder Günther Nenning stammen gleichfalls Liebeserklärungen an die „gottgesegnete" Kärntner Landschaft, den seidenweichen Wörthersee, die Wärme und Helligkeit, den „Gottesgarten".[8] In dieser lieblichen Landschaft agieren die Kärntner als „Sänger und Tänzer" (Perkonig).[9] Wenn dieser gottbegnadete Winkel Schöpfung aber bedroht ist, dann setzen sich die Sänger und Tänzer gegen die Zerreißung ihres Garten Eden zur Wehr.

Die Jahre 1918 bis 1920 sind von großer Dramatik erfüllt, von Spannung, die selbst den altgedienten Historiker immer von neuem packt und die sich hoffentlich auch auf den Leser überträgt. Dramatisches Geschehen auf Kärntner Boden und genauso auf dem internationalen Parkett der Pariser Friedenskonferenz, wo im Frühling und Sommer 1919 das Thema Kärntner Grenze auf der Tagesordnung stand. Für die Kärntner ging es um ihr Herzblut, den alliierten Friedenmachern war es ein Schachspiel. Wenn da nicht die Amerikaner und ihr Präsident Woodrow Wilson gewesen wären, die aufgrund der Augenzeugenberichte von US-Experten (Miles-Mission) zu vehementen Fürsprechern der Volksabstimmungslösung wurden. Der verzweifelte Mut der Kärntner, der sie zum Abwehrkampf gegen die jugoslawischen Okkupatoren führte, beeindruckte Miles und sein Team, die nun ihrerseits mit großem Engagement an einer Lösung arbeiteten. Daß in Kärnten, zum Unterschied von anderen strittigen Gebieten, gekämpft wurde, hat auch psychologische Gründe, deren Ursprünge herausgearbeitet werden. Das frühneuzeitliche ständische Landesbewußtsein („ein vaterland und ein volk") erwies sich in Kärnten stärker als die nationale Idee. 1918, 1919 und 1920 sind Schlüsseljahre zum Verständnis unseres Landes. Keine andere Periode offenbart besser die Kärntner Identität.

Abschließend ein herzliches Danke den vielen Freunden und an der Geschichte Interessierten, die mir mit diversen Unterlagen, Sammelstücken, Fotos und Auskünften geholfen haben. Die meisten Abbildungen in diesem Buch stammen aus der Sammlung von Gerd Orehounig, dem ich seiner Großzügigkeit wegen sehr verpflichtet bin. Hans Viertler und Karl R. H. Frick haben mir bereitwillig das Verwaltungs- und Heimatarchiv Velden in der schönen Villa Martha geöffnet – danke! Reinhold Gasper stellte großzügig unpublizierte Fotos zur Verfügung, Götz Boyneburg überließ mir sein wertvolles Familien-Tagebuch. Auch Leopold Graf Goëss trennte sich vorübergehend vom hochinteressanten Tagebuch seiner Großmutter. Ich weiß all dies freundliche Entgegenkommen sehr zu schätzen.

Vielen sei noch gedankt – für die Erlaubnis, ihre Sammlungen zu sichten, für die Überlassung von Fotos und die Erlaubnis, Publiziertes (wie Karten) zu übernehmen: Helga Axmann, Andrea Bergmann, Kurt Burger-Scheidlin, Hedwig Doujak, Gerda Dreier, Heinz Ellersdorfer, Josef Frumlacher, Rudolf Gallob, Margarethe Genser, Josef Höck, Reinhold Kandolf, Carina Kerschbaumer, Günther Körner, Angelika Koller, Wilfried Koller, Eberhard Kraigher und der Stadtplanung Klagenfurt, Anton Kreuzer, Elfriede Kukutsch, Fritz Leitner, Prinz Stefan Liechtenstein, Helga Lukeschitsch, Robert Lutschounig, Wilfried Magnet, Carl Metnitz, Maja Miller-Aichholz, Andreas Moritsch, Wilhelm Neumann und Dieter Neumann, Wolfgang Obiltschnig, Alfred Ogris, Gernot Piccottini, Heinz-Dieter Pohl, Ferdinand Pramerdorfer, Sepp Prugger, Heidi Rogy, Arnold Ronacher, Harald Scheicher, Christoph Schludermann, Ulrich P. Schwarz, Markus Sonntag, Erich Sornig, Erwin Steiner, Arnold Suppan, Wilhelm Wadl, Heinz Wagner, Gerda Wanek, Harald Wieser, Heinz Zintl und, allgemein, der Kärntner Landsmannschaft, dem Kärntner Landesarchiv, dem Landesmuseum für Kärnten und dem Geschichtsverein für Kärnten.

Danke an Lektor Helmut Locker für seine nun schon fast 20jährige und so überaus verläßliche Begleitung; danke auch an Brigitte Mundschütz, ohne deren Assistenz und Hilfe ich verloren wäre.

Ich danke meinem Mann für viel Hilfe, viel Verständnis und viel Nachsicht, meinen Kindern für Computer-Notfall-Einsätze und dafür, daß sie ihre Sache gut machen und mir so den Kopf freihalten. Nicht zu vergessen Eleonore Leeder, die uns seit nun fast 25 Jahren zur Seite steht.

Hans und Lisl Tilly herzlichen Dank für ihre großzügige Bereitschaft, diesem Buch zu einem guten Start zu verhelfen. Danke der Kärntner Sparkasse, vertreten durch Vorstandsdirektor Mag. Alois Hochegger, daß sie auch diesen Band meiner Kärntner Geschichte unter ihre Fittiche genommen hat. Allen Erwähnten nochmals vielen Dank!

1 Claudia Fräss-Ehrfeld, Das Kärntner Landesbewußtsein. In: Helmut Rumpler (Hg.)/Ulfried Burz (Mitarbeit), Kärnten. Von der deutschen Grenzmark zum österreichischen Bundesland (Geschichte der österreichischen Bundesländer seit 1945 – Schriftenreihe des Forschungsinstituts für politisch-historische Studien der Dr.-Wilfried-Haslauer-Bibliothek 6/2), Wien–Köln–Weimar 1998, 777–801.

2 Festschrift der Kärntner Landsmannschaft zur 75. Wiederkehr des Tages der Kärntner Volksabstimmung am 10. Oktober 1920, Klagenfurt 1995.

3 Stenographische Protokolle des Kärntner Landtages, Sitzung 26.–30. 11. 1973, XXII. Gesetzgebungsperiode, 111.

4 Erich Nußbaumer, Geistiges Kärnten, Klagenfurt 1956, 14; Valentin Inzko, Deutsch-slowenische Gemeinsamkeit. In: Das gemeinsame Leben. 70 Jahre nach der Volksabstimmung in Kärnten, Klagenfurt 1990, 26.

5 Protokolle Kärntner Landtag, Festsitzung 28. 1. 1947, XVI. Gesetzgebungsperiode (ohne Seitenangaben): Stellungnahme des Kärntner Landtages zur Wahrung der Kärntner Grenzen, Wortmeldung Abgeordneter Gruber/ÖVP.

6 Hubert Patterer, Heimatliebe. In: Das gemeinsame Leben, 54.

7 Bertram Karl Steiner/Ferdinand Neumüller, Kärnten. Das Heimatbuch, unterirdische Begegnungen, Klagenfurt u. a. 1995.

8 Erwin Ringel, Die Kärntner Seele, Klagenfurt 1988, 7, 39, 42; Günther Nenning, Ein Kärnten aus Slovenenfreunden. In: Das gemeinsame Leben, 45.

9 Josef Friedrich Perkonig, Heimat in Not, 109.

INHALT

I.
„KÄRNTEN FREI UND UNGETEILT“ – KERN DES LANDESBEWUSSTSEINS SEIT JAHRHUNDERTEN. DER PSYCHOLOGISCHE HINTERGRUND DER EREIGNISSE IN KÄRNTEN 1918–1920.

AUSGANGSPUNKT: SITUATION ZU KRIEGSENDE 1918.

Zu Ende des Ersten Weltkrieges, 1918, zerbrach das große mitteleuropäische Vielvölkerreich Österreich-Ungarn. Die Nationalitäten, die innerhalb dieser Habsburgermonarchie zusammengelebt hatten, Deutsche, Ungarn, Tschechen, Slowaken, Südslawen (Slowenen, Kroaten, Serben) u. a., bildeten nun selbständige Nationalstaaten. Dem im 19. Jahrhundert hochgekommenen nationalstaatlichen Prinzip, wonach jedes Volk seinen eigenen Staat haben sollte, schien die Zukunft zu gehören. Der Nationalismus erlebte mit der Zerstörung der Donaumonarchie einen ersten Triumph.

Der Aufbau der neuen Nationalstaaten war problematisch, denn nationale und historische Grenzen stimmten nicht überein, breite Mischsiedelzonen waren das Ergebnis jahrhundertelangen Zusammenlebens innerhalb eines Reiches. Es gab viele historisch gewachsene mehrsprachige Länder und Gebiete: Im alten Königreich Böhmen etwa waren neben Tschechen Deutsche eingesessen. Im Herzogtum Kärnten, das ab 1335 und bis 1918 zum Herrschaftsgebiet der Habsburger gehört hatte, siedelten seit dem Frühen Mittelalter Deutsche neben Slowenen.

Dem im Oktober 1918 gegründeten nationalen Staat „Deutschösterreich“ schlossen sich die einstigen habsburgischen Kronländer im Alpen- und Donaubereich als Provinzen an. Der deutschösterreichische „Nachfolgestaat“ der Monarchie beanspruchte im Sinne der nationalen Idee darüber hinaus die deutschen Gebiete Böhmens, Mährens und Österreichisch-Schlesiens, Deutschwestungarn (das spätere Burgenland) ebenso wie Südtirol. Die territoriale Forderung erstreckte sich zudem auf ganz Kärnten und die ganze Steiermark, in deren südlichen Landesteilen – der Untersteiermark (mit Marburg, Cilli, Pettau) ebenso wie in den südlichen Gegenden Unterkärntens und im Oberkärntner unteren Gailtal – die Städte und Märkte größtenteils deutsch und das agrarische Umfeld überwiegend slowenisch bis gemischt besiedelt waren. Weil in Südkärnten wie in der Untersteiermark Slowenen lebten, wurden diese Gebiete aus nationalen Gründen aber auch vom neuen südslawischen Staat der Serben, Kroaten und Slowenen reklamiert. Volle nationale Unabhängigkeit unter Einbeziehung möglichst aller Angehörigen der Nation – das galt 1918/19 als oberstes politisches Ziel.

Nach Abschluß des Waffenstillstandes (3. November 1918) setzte der Kampf um das Staatsgebiet des Staates Deutschösterreich ein. Denn die benachbarten Nationalstaaten waren bestrebt, ihre territorialen Ansprüche so rasch wie möglich militärisch abzusichern, um bei den bevorstehenden Friedensverhandlungen durch eine Politik der vollendeten Tatsachen über eine gute Ausgangsposition zu verfügen. Diese Strategie war im Fall der Sudetenländer – Südmähren, Südböhmen, Österreichisch-Schlesien –, der Untersteiermark und, wenn auch aus anderen Gründen, bei Südtirol erfolgreich. Nur in Kärnten wurde erbittert um die Landesgrenze gekämpft. Nur Kärnten hat später von der Friedenskonferenz eine Volksabstimmung zugestanden erhalten, während über alle anderen strittigen Grenzen durch Diktat der alliierten Siegermächte entschieden wurde.

GESCHICHTE ALS WICHTIGER BESTANDTEIL DES LANDESBEWUSSTSEINS. EINSTIGE GRÖSSE, NIEDERGANG UND KAMPF DAGEGEN.

Den Grund dafür, daß man in Kärnten 1918/19 anders reagierte als etwa in der vergleichbaren Untersteiermark, sieht ein Kenner der Materie in psychologischen Faktoren.[1] Diese wurzeln im stark ausgeprägten Landesbewußtsein der Kärntner. Heimatliebe ist der Inbegriff des Kärntnertums schlechthin und reicht über alle weltanschaulichen, politischen und auch nationalen Grenzen hinweg. Landespatriotismus findet sich zwar genauso in anderen österreichischen Ländern; hier führt sogar Tirol vor Kärnten.[2] Nirgends aber stellt die Geschichte einen so wichtigen Bestandteil des Landesbewußtseins dar wie bei uns.[3] Angelpunkte sind die großartige Vergangenheit, die über 1000-jährige Geschichte, der Verlust einstiger Größe durch Einwirkung von außen und das jahrhundertelange Ankämpfen der Kärntner gegen dieses Schicksal. Als 1918 bis 1920 der Ruf „Kärnten frei

Ankunft Kaiser Karls und Kaiserin Zitas in Villach (Rampe Parkhotel) am 4. Juni 1917 anläßlich des kaiserlichen Besuches der Karnischen Front. Villach war durch Jahrhunderte wichtiger Verkehrsknoten und Handelszentrum. 1915, nach dem Kriegseintritt Italiens auf seiten der Alliierten, wird Kärnten engeres Kriegsgebiet und Villach Sitz des 10. Armeekommandos (im Gymnasiumgebäude in der Peraustraße). Foto: Prinz Liechtenstein, Rosegg.

und ungeteilt" ertönte, klang dies irgendwie vertraut. Denn man blickte hierzulande zurück auf einen viele Etappen umfassenden Kampf um Selbständigkeit, Einheit, gegen Teilung und Verlust der Eigenstaatlichkeit.

Fest steht, daß Kärnten von allen Bundesländern des heutigen Österreich die bei weitem älteste Geschichte hat. Als 996 ostarrichi (Österreich) als Namen für die kleine bayrische Mark an der Donau erstmals erwähnt wurde, hatte Kärnten bereits 300 Jahre eigenstaatliche Entwicklung hinter sich – vom karantanisch-slawischen Fürstentum des 7. und des 8. Jahrhunderts, der ersten mittelalterlichen Staatsbildung im ganzen Ostalpenraum, bis zur Verselbständigung als Reichsherzogtum anno 976. Zum Vergleich: Österreich wurde erst 1156 Herzogtum.

In der frühen Bedeutung Kärntens lag aber gleichzeitig der Keim für den später drohenden Zerfall. Um Rebellionen der Kärntner Herzöge zu verhindern, wurden nämlich von den Königen des Reichs Konkurrenzmächte mit weitläufigen Gütern in Kärnten ausgestattet wie u. a. die Erzbischöfe von Salzburg und die Bischöfe von Bamberg. So kam es, daß etwa die Stadt Villach vom Beginn des 11. Jahrhunderts bis 1749 bambergischer Besitz war. Weil Villach, lange Zeit wichtigste Stadt Kärntens, einem ausländischen Herrn gehörte, konnte sie nicht Landeshauptstadt werden. Durch die erwähnte Politik der Könige wurde Kärnten territorial zersplittert; die Kärntner Herzöge hatten deshalb in der Folge nie die Chance, so große Macht aufzubauen wie etwa die Babenberger an der Donau. Gegen Ende des Mittelalters sah es aus, als würde das Herzogtum Kärnten überhaupt in mehrere Fürstentümer zerfallen – Oberkärnten z. B. in die Herrschaftsbereiche der Grafen von Ortenburg, der Grafen von Görz und des Erzbischofs von Salzburg. Habsburgische Waffengänge stoppten zwar im 15. Jahrhundert diese Entwicklung. Bald aber strebten die Landesfürsten selbst eine Teilung Kärntens in Oberkärnten und Unterkärnten an. Nur durch das Gegensteuern der Landstände, der in Kärnten ansässigen vorwiegend adeligen Oberschicht, ist damals, im 16. Jahrhundert, die Zerreißung des Landes verhindert worden.[4]

KÄRNTEN ALS NEBENLAND: „DYNASTIEFERNE“ UND STÄNDISCHE EIGENINITIATIVE. ERSTE WELLE DES LANDESPATRIOTISMUS.

1335 waren die Habsburger mit dem Herzogtum Kärnten belehnt worden. Durch die Verbindung mit dem Länderblock dieser Dynastie sank Kärnten vollends zum Nebenland herab. Niemals residierte eine Linie der Habsburger in Kärnten, wohl in Innsbruck und Graz. Bei uns kam nie landesfürstliches Mäzenatentum zum Tragen. Was Kärnten an Kultur vorzuweisen hat, entstand durch die Tätigkeit der im Land wirkenden Kräfte, vor allem der Stände im 16. Jahrhundert. Das waren die Gründe, warum die Kärntner Entwicklung immer von einer gewissen „Dynastieferne“ (Wilhelm Neumann) geprägt war, einer Dynastieferne, die zeitweise in handfeste Opposition gegen Wien umschwenkte.

Die Landstände, d. h. die aus Adel, hoher Geistlichkeit und Vertretern der Städte bestehende Führungsschicht, waren es, wie schon gesagt, die im 16. Jahrhundert für die Erhaltung der Einheit Kärntens gekämpft und diese

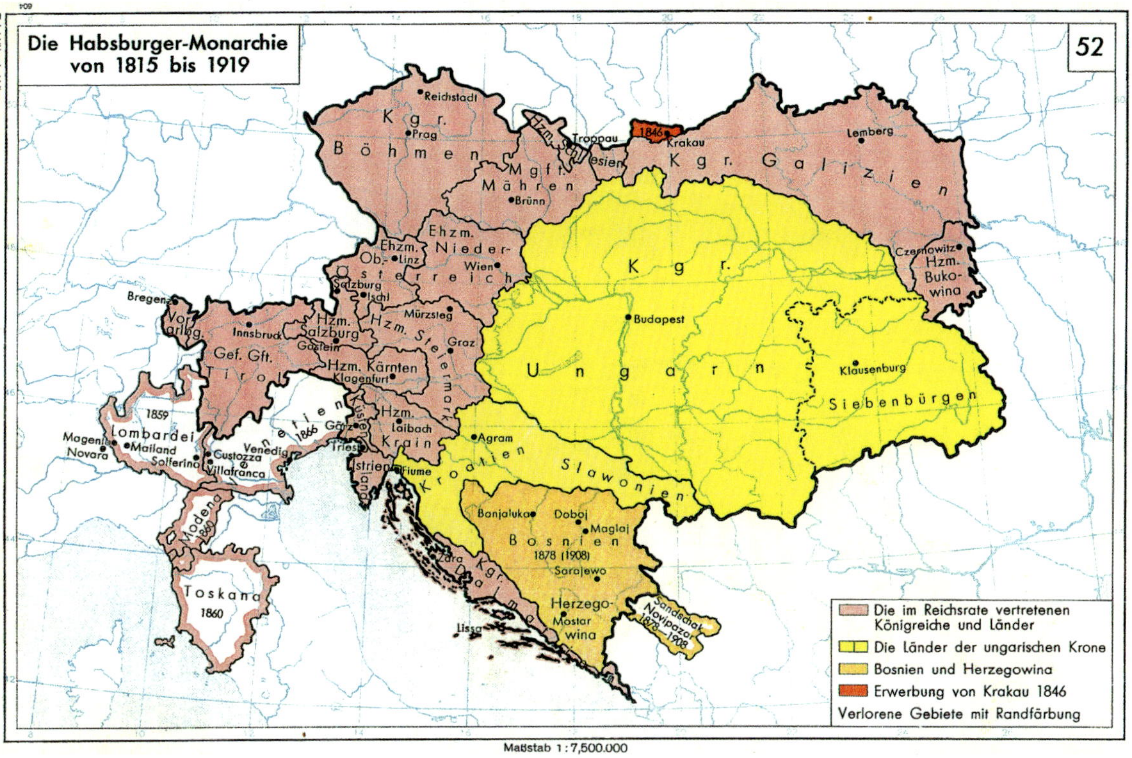

Aus: Atlas zur Allgemeinen und Österreichischen Geschichte, bearbeitet von Dr. Wilhelm Schier.

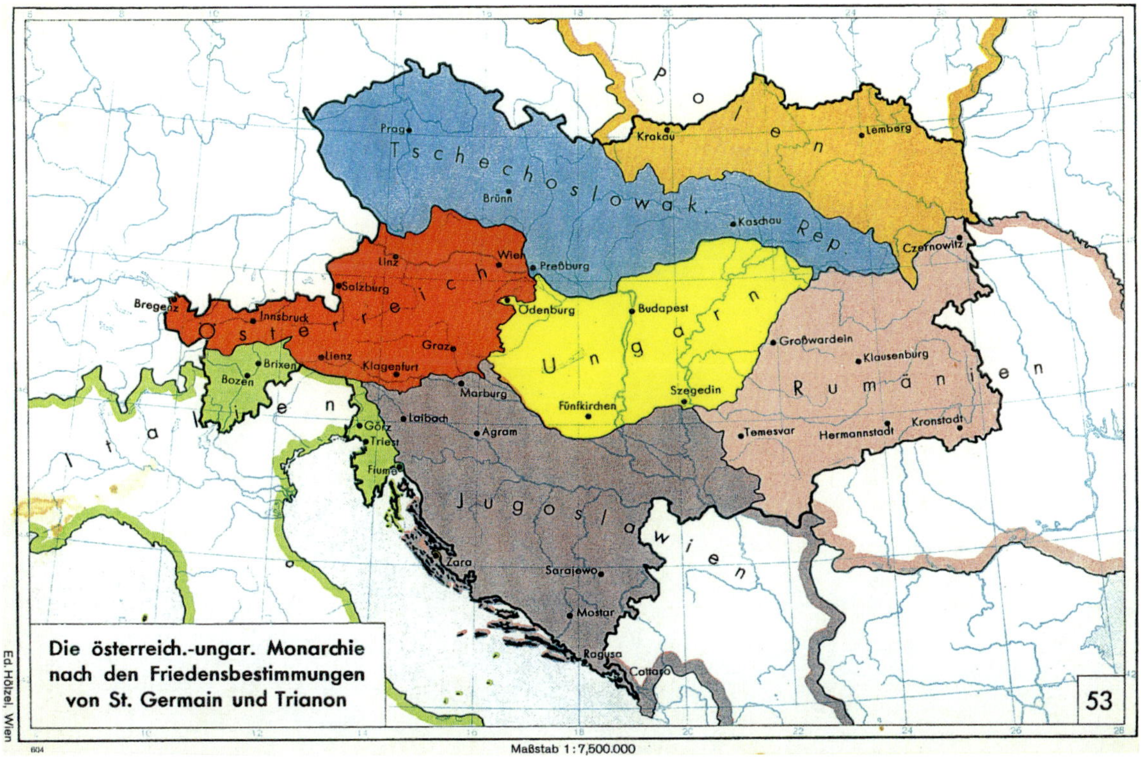

Aus: Atlas zur Allgemeinen und Österreichischen Geschichte, bearbeitet von Dr. Wilhelm Schier. Auf dem Gebiet der alten Donaumonarchie bildeten sich vier neue Staaten – Deutschösterreich, Ungarn, die Tschechoslowakei und Polen. Die rumänischen, südslawischen und italienischen Teile der Monarchie vereinigten sich mit den Nachbarstaaten gleicher Zunge und traten daher zu den „Siegern“, zu denen sich auch die Tschechoslowakei und Polen zählten.

Kaiser Franz Joseph auf einer Marke, gestempelt Rosenbach 1912 (Sammlung Gerd Orehounig). Der Kaiser – die Integrationsfigur im Vielvölkerstaat.

„Kettensprenger“ – so hießen die Dauermarken, die Slowenien am 3. Jänner und 18. April 1919 herausgab. Die Kärntner Postämter im SHS-besetzten Gebiet nahmen diese nach und nach in Gebrauch. Sammlung Gerd Orehounig.

Pro-österreichische Volksabstimmungspropaganda (Werbepostkarte) 1920, mit dem Kärntner Landhaus zu Klagenfurt. (Sammlung Markus Sonntag). Seit seiner Errichtung im 16. Jahrhundert war das Landhaus (bzw. der darin tagende Landtag) Träger des Landesbewußtseins. Landespatriotismus gibt es auch in anderen Bundesländern; nirgends aber ist die Geschichte ein so wichtiger Teil des Landesbewußtseins wie bei uns.

Markus Pernhart, Blick von der Saualpe auf das Klagenfurter Becken (Foto: Galerie Magnet, Völkermarkt). „Was sollte schon mit einem zwischen Bergen eingebetteten Becken geschehen, in dem eine gemischte Bevölkerung wohnte, das wirtschaftlich gegen Norden gerichtet und von Jugoslawien durch eine praktisch unpassierbare Bergkette getrennt war?“ (Lawrence Martin, Mitglied der Miles-Mission, in einem seiner Berichte). Vgl. S. 102.

auch durchgesetzt haben. „Ein Vaterland und ein Volk“ war die Parole. Eine erste Welle des Landespatriotismus flammte auf. Als Argumentationshilfe wurde, wie es in Kärnten Tradition ist, die Geschichte herangezogen. Der deutsche Adel Kärntens brüstete sich unter Bezugnahme auf das slawisch-karantanische Fürstentum des 7. und des 8. Jahrhunderts damit, daß sein Land älter sei als alle anderen habsburgischen Erbländer.[5] Das 16. Jahrhundert gedieh zu einer Blütezeit Kärntens. Die Stände konnten die Landesinteressen gegenüber den habsburgischen Herrschern mit Erfolg behaupten. Wirtschaftliche und politische Hintergründe ermöglichten dies – eine europaweit boomende Montankonjunktur ließ im Bergbauland Kärnten die Wirtschaft florieren; und die drohende Türkengefahr machte die Habsburger von den Steuern der Länder, die von den Landständen bewilligt werden mußten, abhängig. Die allzeit katholischen Habsburger waren unter diesen Umständen sogar gezwungen, das Vordringen der Reformation vorübergehend zu dulden. In Kärnten ist die Hinwendung zum Protestantismus radikaler erfolgt als in den Nachbarländern – Konsequenz der erwähnten Dynastieferne. Als zu Beginn des 17. Jahrhunderts von den Habsburgern die Gegenreformation hart durchgezogen und dem Katholizismus gleichzeitig mit dem fürstlichen Absolutismus zum Durchbruch verholfen wurde, blieb im Land eine latente Opposition gegen Wien aufrecht. Zum Geheimprotestantismus der Bauern Oberkärntens, der den strengen obrigkeitlichen Maßnahmen standhielt, kam eine auch beim Adel latent vorhandene antiösterreichische Haltung. Die Distanz zu Wien verstärkte sich noch, als Kaiserin Maria Theresia im 18. Jahrhundert gerade in Kärnten mit der Vernichtung der ständischen Selbstverwaltung in den Ländern anfing.[6]

DAS LAND GETEILT UND FREMDVERWALTET (1. HÄLFTE DES 19. JAHRHUNDERTS).

Eine schwierige Zeit durchlebte Kärnten, als es in der ersten Hälfte des 19. Jahrhunderts geteilt wurde und seine Selbständigkeit verlor. 1809 ist infolge der Siege Napoleons unser Land das einzige Mal in seiner Geschichte überhaupt zwischen zwei Staaten aufgeteilt worden – Oberkärnten wurde zu den damals von Napoleon geschaffenen französischen „Illyrischen Provinzen“ geschlagen und unterstand der Regierung in Laibach. Unterkärnten blieb bei Österreich, wurde aber von Graz aus administriert. Die napoleonische Neuordnung fand zwar schon 1813 ein Ende und Oberkärnten fiel an Österreich zurück. Die getrennte Verwaltung des Landes und der Verlust der politischen Selbständigkeit sind aber beibehalten worden. Metternich schuf 1816 im Anschluß an die napoleonische Neuordnung das „Königreich Illyrien“, dem der Villacher Kreis, d. i. Oberkärnten, weiterhin unterstellt blieb. Der Klagenfurter Kreis, Unterkärnten, war dem Grazer Gubernium zugeteilt. 1825 kam schließlich ganz Kärnten unter die Verwaltung des illyrischen Laibach.

Während jener Jahre, in denen Kärnten als eigenständiges Kronland zu bestehen aufgehört hatte, wurden seine Belange nur halbherzig vertreten. Projekte, die damals in der Steiermark und in Krain durchgezogen wurden,

Erstes Exemplar der 1811 gegründeten „Carinthia“, älteste Zeitschrift Österreichs und Sprachrohr Kärntens bis heute. 1811 hatte die Namengebung Signalwirkung – es ging um die Wiedererlangung der verlorenen Einheit und Selbständigkeit Kärntens. 1918–1920 boten der Geschichtsverein für Kärnten und seine Vereinszeitschrift Carinthia I das Forum für den „geistigen Abwehrkampf“ – die wissenschaftliche Erarbeitung der Argumente für die Erhaltung der Einheit des Landes. Die Zeitgeschichte nimmt nach wie vor in diesem zentralen Kärntner Periodikum einen hohen Stellenwert ein.

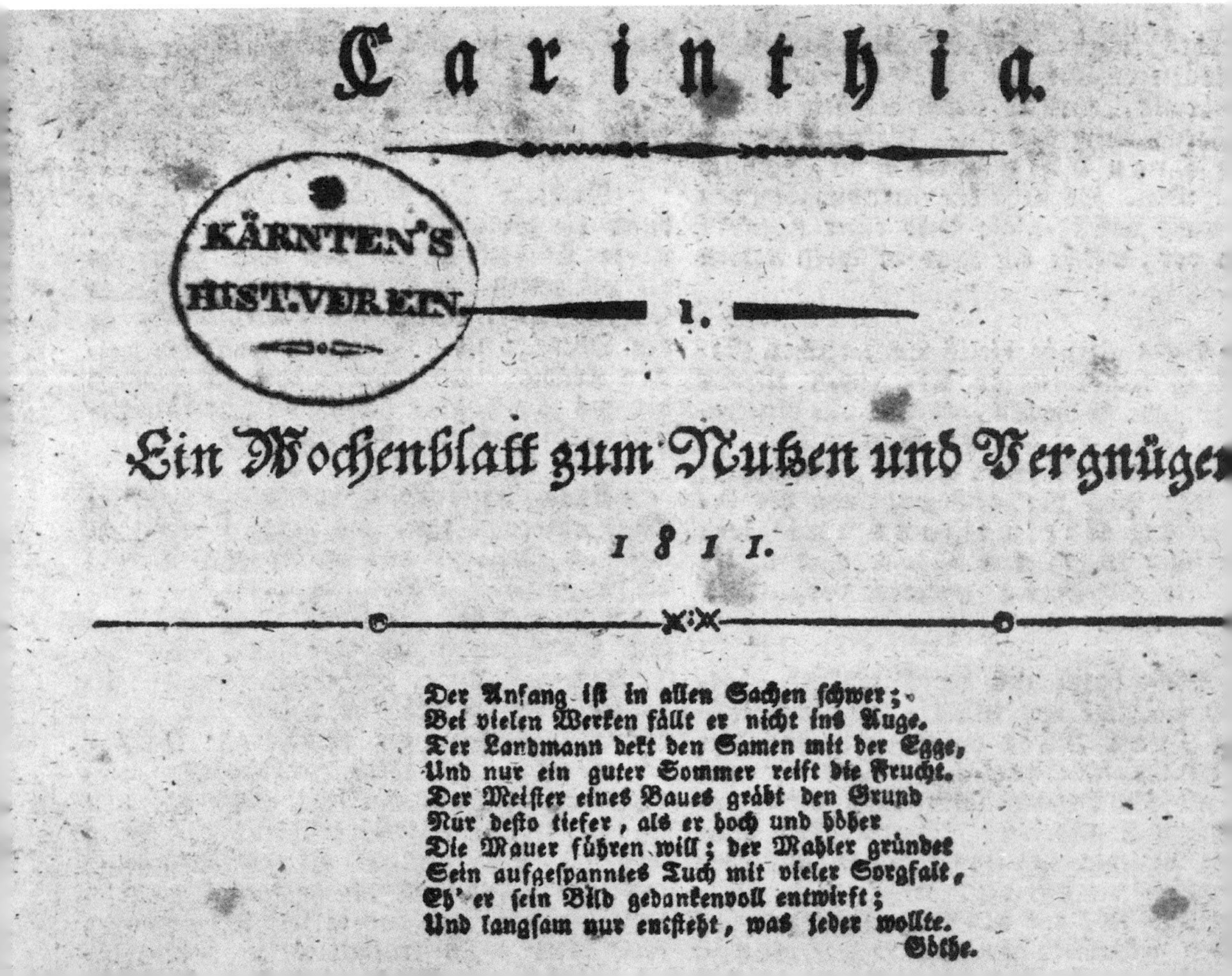

Carinthia.

KÄRNTEN'S HIST. VEREIN

1.

Ein Wochenblatt zum Nutzen und Vergnüge

1811.

Der Anfang ist in allen Sachen schwer;
Bei vielen Werken fällt er nicht ins Auge.
Der Landmann deckt den Samen mit der Egge,
Und nur ein guter Sommer reift die Frucht.
Der Meister eines Baues gräbt den Grund
Nur desto tiefer, als er hoch und höher
Die Mauer führen will; der Mahler gründet
Sein aufgespanntes Tuch mit vieler Sorgfalt,
Eh' er sein Bild gedankenvoll entwirft;
Und langsam nur entsteht, was jeder wollte.
Göthe.

wie etwa die Errichtung eines Landesmuseums, sind in Kärnten zurückgestellt worden. Wenn man heute im immer größer werdenden Europa der offenen Grenzen und grenzüberschreitenden Regionen eine Lehre aus diesem Abschnitt unserer Geschichte ziehen will, dann die, daß politische Selbständigkeit in vertretbarem Ausmaß für das Gedeihen eines Landes notwendig ist.

Die erste Hälfte des 19. Jahrhunderts galt in den führenden Kärntner Zirkeln dem Kampf um die Wiedererrichtung Kärntens als selbständiges Kronland. In einer Zeit, als unter Metternich politische Aktivitäten verboten waren, wurden diese politischen Ziele unter dem Deckmantel der Kultur verfolgt. Die 1811 gegründete und bis heute ununterbrochen erscheinende Carinthia, älteste Zeitschrift Österreichs, und der 1844 ins Leben gerufene Geschichtsverein für Kärnten boten das Forum für diese Bestrebungen.[7] Die Revolution von 1848 bzw. die Märzverfassung von 1849 brachten dann die Wende – Kärnten erhielt wieder eine eigenstaatliche Landesbehörde. Die Loslösung vom Laibacher Gubernium wurde mit großem Jubel aufgenommen. In einer Dankadresse an den Kaiser hieß es, daß durch die Abstreifung der Fessel, „welche seit fast einem halben Jahrhundert das Herzogtum Kärnten an die Nebenländer kettete“, diesem „sein Leben, seine Nationalehre wiedergegeben“ worden sei.[8] Der hier verwendete Begriff Nationalehre steht in der Tradition des ständischen Landespatriotismus, wie er sich im 16. Jahrhundert im Sinne von „ein Vaterland und ein Volk“ artikuliert hatte. Gleichzeitig ist aber im Revolutionsjahr 1848 unter dem Stichwort „national“ eine gegenläufige Bewegung angekündigt worden: Die Forderung auf Teilung des Landes nach ethnischen, sprachlichen Gesichtspunkten wurde auf den Tisch gelegt. Ein neuer Kampf begann.

ETHNISCH-NATIONALE TEILUNGSPLÄNE VON 1848 BIS 1918.

Das Denken in nationalen, ethnischen, völkischen Kriterien war eine Erscheinung des 19. Jahrhunderts. Jene Nationalitätenkonflikte entstanden, die das Zusammenleben zwischen den Völkern innerhalb der Monarchie zunehmend erschweren sollten. Nach einer langen, sich zunächst auf kulturellem Gebiet abspielenden Nationswerdungsphase wurde im Revolutionsjahr 1848 die politische Bühne betreten. Die revolutionären Anliegen von 1848 waren Konstitution (Mitbestimmung des Volkes) und Nation. Dem deutschen Einheitsgedanken, wie er sich in den Plänen für ein künftiges Deutsches Reich rund um die Frankfurter Nationalversammlung, für die

1848 auch in Kärnten Wahlen stattfanden, äußerte, wurde von einer kleinen slowenischen Intelligenzschicht vor allem in Laibach, Graz und Wien die Idee eines Vereinten Slowenien gegenübergestellt. In Kärnten ließ der aus dem Gailtal stammende Kaplan Matthias Mayer (Matija Majar) mit seinem Programm der Zusammenfassung aller Slowenen – sie waren damals auf die Kronländer Krain, Steiermark, Kärnten, Küstenland, die Provinz Venetien und auf Italien verteilt – in einer Verwaltungseinheit mit eigenem Parlament, später mit panslawistischem Gedankengut aufhorchen. Er gewann damit aber kaum Anhängerschaft und wurde auch vom „Apostel der Slowenen“, dem Bischof von Lavant Anton Martin Slomšek, abgewiesen. Die Masse der Kärntner Slowenen waren Bauern und vorwiegend an wirtschaftlich-sozialen Fragen wie der Grundentlastung interessiert. Als diese im Herbst 1848 dekretiert wurde, beruhigte sich die Lage. Aus den Reihen der noch sehr kleinen intellektuellen slowenischen Führungsschicht im Land bemühten sich die Geistlichen Urban Jarnik, Matija Majar, Andreas Einspieler und Anton Martin Slomšek, der am Klagenfurter Priesterseminar wirkte, bevor er 1847 Bischof von Lavant (Sitz in St. Andrä im Lavanttal, später in Marburg) wurde, um die nationale Erweckung der Kärntner Slowenen. Ihnen standen jedoch zahlreiche slowenische Kleriker gegenüber, die nationale Aktivitäten nicht wollten. Seitens der slowenischen Mitglieder des k. k. innerösterreichisch-küstenländischen Appellations- und Criminalgerichts in Klagenfurt bzw. der Lehrer und Schüler slowenischer Herkunft am Klagenfurter Lyzeum war kein besonderes Interesse an der nationalslowenischen Bewegung zu bemerken.

Die 1848 im Reichsrat erhobene Forderung nach einem Vereinten Slowenien, deren Verwirklichung die Abschaffung der Kronlandgrenzen und eine ethnische Teilung Kärntens mit sich gebracht hätte, fand im Land kaum mehr als ein paar Dutzend Befürworter. Sie wurde im Kärntner Landtag einstimmig abgelehnt; vor allem trat der slowenische Abgeordnete Dr. Matthias Rulitz (Oberlandesgerichtsrat, aus Ferlach gebürtig) für die Aufrechterhaltung der Landeseinheit ein. Der Kärntner Landtag war Träger des Landesbewußtseins. Als wichtigstes Anliegen verstand man damals die Wiedererlangung der Selbständigkeit und die Loslösung von Laibach. Für Projekte, die die Landeseinheit erneut gefährdeten, hatte niemand Verständnis. In der einstimmigen Resolution des Provisorischen Kärntner Landtages vom 19. August 1848 hieß es bezüglich der Teilung nach ethnischen Kriterien, „daß diese Vorschläge im ganzen Land bei Deutschen und Slowenen den gleichen Schmerzenslaut der Entrüstung hervorgerufen hätten und eine Auflösung der bisherigen Provinz alle Bande lösen würde, welche die Kärntner seit Jahrhunderten ohne Rücksicht auf die Sprache verbinden.“ Im Jänner 1849 votierten im Verfassungsausschuß des Österreichischen Reichsrats sogar slowenische Abgeordnete aus Krain und der Untersteiermark gegen eine Teilung Kärntens. Der Grundsatz des nationalen Zusammenlebens dürfe nicht auf Kosten der wirtschaftlichen Zukunft des Gebietes übertrieben werden, hieß es.[9]

Aus wirtschaftlichen und politischen Gründen wurden schließlich sowohl die slowenische Einheitsidee von 1848 wie auch die deutsche Einheitsidee ad acta gelegt. Die vom Frankfurter Parlament beschlossene sogenannte kleindeutsche Lösung, die einen Großteil der Habsburgermonarchie von der Anbindung an Deutschland ausgeklammert hätte, ist auch von der Mehrheit der Kärntner Abgeordneten abgelehnt worden. Deutsche Einheit auf Kosten einer Spaltung der Monarchie – das wollte man nicht.

Als 1867 nach dem sogenannten Ausgleich zwischen Österreich und Ungarn die Doppelmonarchie entstand, ist diese Konstruktion von den slawischen Nationalitäten als ungerecht empfunden worden. Um Stärke zu gewinnen und vom Dualismus zu einem Trialismus fortzuschreiten, begann man über eine Vereinigung der südslawischen Nationalitäten, der Slowenen, Kroaten und Serben, nachzudenken. Angepeilt wurde ein autonomes jugoslawisches Territorium innerhalb der Monarchie, wie dies auch in der sogenannten Maideklaration des Südslawischen Klubs im Wiener Reichsrat 1917 zum Ausdruck kam. Diese Deklaration wurde von den südslawischen Abgeordneten zum österreichischen Reichsrat aus Krain, der Untersteiermark, Kärnten, Görz-Gradisca, Triest, Istrien und Dalmatien (23 Slowenen, 12 Kroaten und 2 Serben) am 30. Mai 1917 in Wien präsentiert. Der einzige Kärntner slowenische Reichratsabgeordnete, Franz Grafenauer, war 1916 wegen Störung der öffentlichen Ruhe bzw. hochverräterischer Äußerungen verurteilt und seiner politischen Tätigkeit entbunden worden, wurde aber später pardoniert. Die Maideklaration forderte auf der Grundlage des Nationalitätenprinzips und des kroatischen Staatsrechts die Vereinigung aller Länder der Monarchie, in denen Slowenen, Kroaten und Serben lebten, zu einem selbständigen, von jeder Herrschaft fremder Völker freien und auf demokratischer Basis errichteten Staatskörper. Lediglich das Zepter der habsburgisch-lothringischen Dynastie sollte noch die Verbindung mit dem Gesamtstaat gewährleisten. Das bedeutete eine Teilung Kärntens.

Für diese Lösung wurden ab Februar 1918 auch in Kärnten Unterschriften gesammelt. 19.000 brachte man zusammen, das entsprach etwa einem Viertel der slowenischsprachigen Bevölkerung. Der seit 1908 bestehende „Deutsche Volksrat in Kärnten“ unter Führung des Landtags-

Eine Kärntner Delegation protestiert am 25. Mai 1918 bei Kaiser Karl gegen die Zerreißung der natürlichen Einheit Kärntens und die Zerstörung des nationalen Friedens. Delegationsmitglieder von links nach rechts:
1. Reihe: K. Winkler, J. W. Dobernig, Leopold Frh. v. Aichelburg-Labia (Landeshauptmann), A. Hönlinger, J. Habernig, Friedrich Frh. v. Wetzlar (Bürgermeister von Klagenfurt).
2. Reihe: K. Scheriau, A. Pirker, F. Kirschner, L. Assmann, Dr. H. Angerer, Karl Ritter v. Metnitz, S. Michor, S. Frh. v. Jabornegg.
3. Reihe: J. Glantschnig, J. Lutschounig, St. Kulterer, Max Ritter v. Burger, L. Pipp, V. Marklet, Franz Frh. v. Aichelburg-Labia.
Foto: Landesmuseum für Kärnten. Vgl. Leitner, Eine Kärntner Delegation.

abgeordneten und Präsidenten der Handels- und Gewerbekammer Max Ritter von Burger hat auf Veranstaltungen, sogenannten Volkstagen, überall im Land die Gemeinden zur Stellungnahme animiert. Von 263 Gemeinden sprachen sich 239 gegen den Inhalt der Maideklaration aus, 15 enthielten sich der Reaktion, neun stimmten zu. Am 20. Mai 1918 wurde im Großen Wappensaal des Landhauses in Klagenfurt eine Kundgebung zur Erhaltung der Einheit Kärntens organisiert. Und am 25. Mai 1918 fuhr eine große Kärntner Delegation unter Führung von Landeshauptmann Leopold Baron

Aichelburg-Labia zu Kaiser Karl nach Baden. Als Vertreter des gemischtsprachigen Gebiets waren die politischen Mandatare Josef Glantschnig aus Haimburg, Franz Kirschner aus Maria Rain, Stephan Kulterer aus Thon, Jakob Lutschounig aus Maria Rain, Karl Ritter von Metnitz aus Bleiburg, Simon Michor aus Emmersdorf bei Nötsch, Ludwig Pipp aus Egg im Gailtal und Karl Scheriau aus Brückl mit dabei. In der Ansprache des Landeshauptmannes an den Kaiser hieß es, daß Vertreter beider das Land bewohnenden Stämme erschienen seien, um ihre Bedenken gegen die südslawischen Bestrebungen vorzubringen. Schon 1848 habe der Kärntner Landtag einstimmig erklärt, daß die Kärntner, ob windisch oder deutsch, bis jetzt ein einig Volk waren und es bleiben wollen, und daß die Verschiedenheit der Sprache nie ein trennendes Element ihrer Zusammengehörigkeit sein dürfe. Das Herzogtum Kärnten solle ungeteilt bleiben wie bisher.[10]

Markus Pernhart, Hochosterwitz (Foto: Galerie Magnet, Völkermarkt). Die Liebe zum schönen Land ist vordringlichstes Element des Heimatbewußtseins der Kärntner. Die im 19. Jahrhundert entstandenen Panoramen und Landschaftsbilder von Markus Pernhart drücken auf künstlerisch-emotionaler Ebene aus, was viele Kärntner bewegt.

II.
DAS „KÄRNTNER VOLK“ – EINERLEI ODER ZWEIERLEI? IDEE UND WIRKLICHKEIT IM LAUFE DER GESCHICHTE.

ENTSTEHUNG DES KÄRNTNER VOLKS – MITTELALTERLICHE ASSIMILATION.

Die Auffassung von der völkischen Einheit des Landes war durch Jahrhunderte Teil des spezifischen Landesbewußtseins, das seit der frühen Neuzeit in der damals üblich werdenden Formel „ein Vaterland und ein Volk“ Ausdruck fand. Eben damals, im 16. Jahrhundert, hat auch der Kärntner Historiker Michael Gothard Christalnick, der über Auftrag der Landstände eine umfangreiche Geschichte des Landes schrieb, jenen Satz formuliert, der seither in Abständen immer wieder „geflügelt“ wurde. Er lautet: „Denn es haben sich die windischen Kärntner mit den Deutschen in Kärnten also gewaltiglich vereiniget und untereinander vermischet, daß aus ihnen einerlei volk ist worden“.[11]

Wie entstand das Kärntner Volk? Im Zuge der sogenannten Völkerwanderung, jener gewaltigen europäischen Migrationswelle, mit der nach dem Ende des Weströmischen Reichs das Mittelalter beginnt, wanderten um das Jahr 600 slawische Gruppen in Kärnten ein. Sie vermischten sich mit der einheimischen kelto-romanischen Bevölkerung und bildeten den slawisch dominierten Stamm der Karantanen. In dieser Bezeichnung steckt das keltische Wort karant (Stein, Fels), das später in lateinischer Form als Carantania/Carantanus in den Urkunden vorkommt und aus dem dann die deutsche Bezeichnung Kärnten hervorgeht. Spätestens im 8. Jahrhundert ist den italienischen Nachbarn bereits die neue Bezeichnung für das alte Noricum geläufig; sie sprechen von den Carontani und dem Land als Carantanum.

Der Stammesstaat der Karantanen war die bei weitem früheste mittelalterliche Staatsbildung im Ostalpenraum. Sein Mittelpunkt lag auf dem Zollfeld, in Karnburg, so nimmt man an. Mitte des 8. Jahrhunderts wird das karantanische Stammesfürstentum von den Bayern unterworfen und gehört dann bald zusammen mit dem Herzogtum Bayern zum Frankenreich Karls des Großen. Die einheimischen slawischen Fürsten wurden um 820 abgesetzt; bayrisch-fränkische Grafen, königliche Beamte, übten fortan die Gerichts- und Militärhoheit aus. Mit der Einführung neuer Verwaltungs- und Rechtsformen kam es allmählich zum Umbau der Sozialordnung – mit deutschen Lehensherren, in der Folge auch mit deutschen Stadtbürgern, und slowenischen und deutschen Bauern.[12]

Ende des 9. Jahrhunderts ist der Karolinger Arnulf, Urenkel Kaiser Karls des Großen, mit der Verwaltung Karantaniens betraut worden. Das Land wurde für ihn Machtbasis und Sprungbrett, von hier aus gelang ihm 887 der Staatsstreich. 896 wurde er Kaiser und erhielt als solcher schon im 11. Jahrhundert den Beinamen „von Kärnten“. Die Karnburg erhob er zur Kaiserpfalz, und auch Moosburg besitzt eine Karolinger- bzw. Arnulf-Tradition. Arnulf hat den Landesausbau in Kärnten vorangetrieben. Er bedachte weltliche und geistliche Gefolgsleute, wie Bischöfe und Adel, mit großen Landschenkungen. Die so Ausgestatteten holten Bauern von ihren Stammgütern im Reich und siedelten sie auf den neuen Ländereien an. Diese Menschen, größtenteils bayrischer Herkunft, lebten nun neben den einheimischen slawischen Bauern, bebauten und rodeten gemeinsam mit ihnen das Land. Ein Prozeß der friedlichen Vermischung begann, der bis zum Ende des Mittelalters andauerte und bei den Bauern in den nördlichen Teilen Kärntens ein Vordringen des bairisch-deutschen Sprachelements unter gleichzeitiger Zurückdrängung des slawisch-slowenischen mit sich brachte. Im Süden setzte sich das Slowenische durch; das mittelalterliche deutsche Bauerntum wurde hier von der slowenischen Mehrheitsbevölkerung aufgesogen. Noch vorhandene slowenische Sprachinseln im nördlichen Teil Kärntens verschwanden allmählich. Zu Beginn der Neuzeit (um 1500) hatte sich eine slowenisch-deutsche Sprachgrenze herausgebildet, die von Hermagor über den Dobratsch, die Ossiacher Tauern, den Magdalensberg, den Südabhang der Saualpe und weiter in südöstlicher Richtung zur kärntnerisch-steirischen Grenze verlief. Das Lavanttal gehörte vornehmlich zum deutschen Siedlungsgebiet. Das Bürgertum der Städte und Märkte war auch im Süden überwiegend deutsch, der Adel vollständig.[13]

Vor dem 19. Jahrhundert dachte man nicht in ethnisch-nationalen Kriterien. In einer agrarisch-feudalen Welt war es kein Thema, ob ein Untertan sich deutsch oder slowenisch äußerte; für den Grundherrn zählte er als derjenige, der den Boden bewirtschaftete und die Grundrente sicherstellte. Der deutsche Adel Kärntens hat aber etwa zur Zeit der Reformation (16. Jahrhundert) die Übersetzung der Bibel ins Slowenische finanziell unterstützt

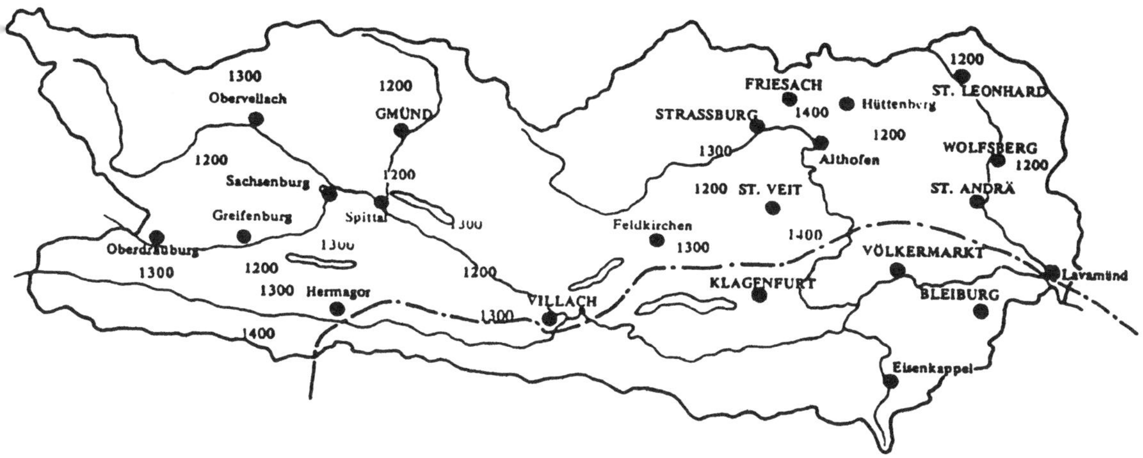

–·–·–· Äußerste Nordgrenze des slowenischen Sprachgebietes um 1900 (einschließlich der Gebiete mit geringem Anteil Slowenischsprachiger).
1200 = um 1200 noch slowenischer Bevölkerungsanteil
1300 = um 1300 noch slowenischer Bevölkerungsanteil
1400 = um 1400 noch slowenischer Bevölkerungsanteil
Das Zurückweichen des Slowenischen von ca. 1200 bis ca. 1900. Karte aus: Pohl, Minderheitensprachen als kulturelles Erbe der Region, 98.

und dadurch zur Ausbildung der slowenischen Schriftsprache beigetragen. Erst die Krise des ständisch-feudalen Herrschaftssystems, der Aufstieg bürgerlicher Schichten und die allgemeine soziale Mobilisierung schufen im 19. Jahrhundert dann die Grundlage für die Entstehung des Nationalismus.[14]

ROMANTISCHER KULTURNATIONALISMUS. „NATÜRLICHER STROM DER GERMANISIERUNG."

Im 16. Jahrhundert war, wie erwähnt, die Vermischung der Kärntner so weit gediehen, daß Christalnick von einem „einerlei volk" sprechen konnte; einerlei Volk – allerdings mit zwei Sprachen. Die Sprachgrenze, die sich zu Beginn der Neuzeit verfestigt hatte, aber erst im 19. Jahrhundert beschrieben wurde, war keine statische Grenze, sondern befand sich besonders in der Umgebung der Landeshauptstadt Klagenfurt ständig in Bewegung. Urban Jarnik, Pfarrer von Moosburg und slowenischer Sprachforscher, sagte 1826 in der Zeitschrift „Carinthia", daß „diese fortschreitende Germanisierung Kärntens" ein Strom sei, „der sich schon vor Jahrhunderten aus natürlichen Veranlassungen gebildet, und dem man, weil das Volk einmal aus altem Triebe dessen Richtung genommen hat, nicht leicht Einhalt tun wird.“ Er schätzte, daß jährlich an die 4000 Slowenen auf die deutsche Seite wandern – „eine große Schule zur Erlernung deutscher Sprache ..., die durch keinen Zwang, sondern durch den freien Willen des Volkes“ funktioniere. Aus Jarniks Worten spricht Betroffenheit über den Rückgang der slowenischen Sprache. Zum Gegensteuern rief Anton Martin Slomšek, damals Spiritual im gemeinsamen Klagenfurter Priesterseminar der Diözesen Gurk und Lavant, in seiner zu Pfingsten 1838 in Moosburg gehaltenen Predigt „Die Pflicht, seine Sprache in Ehren zu halten“ auf.

Urban Jarnik gilt als der herausragende Kärntner Vertreter des romantischen slowenischen Kulturnationalismus, wie er sich in der ersten Hälfte des 19. Jahrhunderts entwickelte. Er war Dichter, Sprachforscher, Volkskundler und schrieb u. a. in der Zeitschrift Carinthia. Das Herausarbeiten der nationalen Wurzeln wurde damals sowohl von den Deutschen als auch von den Slowenen nebeneinander und völlig friedlich betrieben. Die eine Seite zeigte Verbundenheit mit der deutschen Dichtung, die andere beschäftigte sich vor allem mit der slowenischen Sprache. Diese wies viele lokale Dialekte auf. Vereinheitlichung wurde durch die 1808 erschienene „Grammatik der slowenischen Sprache in Krain, Kärnten und Steyermark“

„Kulturnationalismus“: Urban Jarnik veröffentlichte 1811 in der Zeitschrift „Carinthia“ das Gedicht „Na Slovence“. Er sagt darin: „Auch die slowenische Muse wagt zu singen, ihr ist die deutsche freundlich zugetan geworden, schwesterlich sitzt sie an ihrer Seite“. Vgl. Baum, Urban Jarnik, 66f. Foto: Ulrich P. Schwarz.

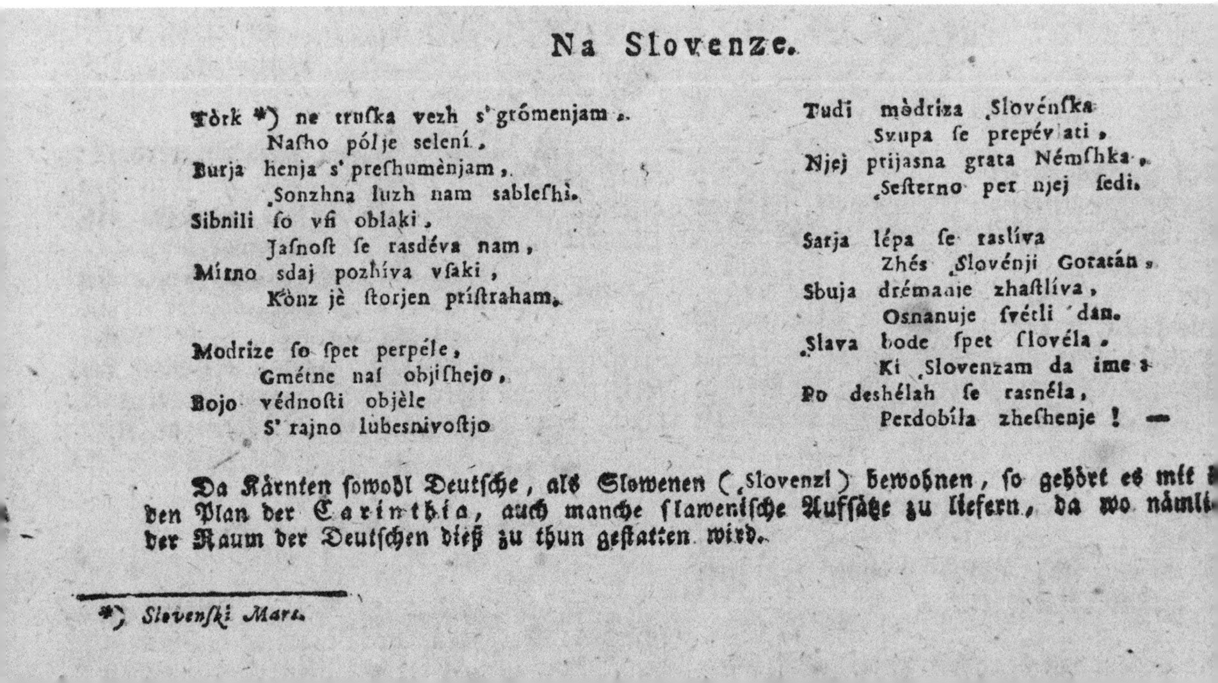

Na Slovenze.

Tòrk *) ne truſka vezh s' grómenjam,
Naſho pólje selení,
Burja henja s' preſhumènjam,
Sonzhna luzh nam sableſhi.
Sibnili ſo vſi oblaki,
Jaſnoſt ſe rasdéva nam,
Mirno sdaj pozhíva vſaki,
Kònz jè ſtorjen príſtraham.

Modrize ſo ſpet perpéle,
Gmétne naſ objiſhejo,
Bojo védnoſti objèle
S' rajno lubesnivoſtjo

Tudi mòdriza Slovénſka
Svupa ſe prepévati,
Njej prijasna grata Némſhka,
Seſterno per njej ſedi.

Sarja lépa ſe rasliva
Zhés Slovénji Goratán,
Sbuja drémanje zhaſtlíva,
Osnanuje ſvétli dan.
Slava bode ſpet ſlovéla,
Ki Slovenzam da ime;
Po deshélah ſe rasnéla,
Perdobíla zheſhenje! —

Da Kärnten sowohl Deutsche, als Slowenen (Slovenzi) bewohnen, so gehört es mit in den Plan der Carinthia, auch manche slawenische Aufsätze zu liefern, da wo nämlich der Raum der Deutschen dieß zu thun gestatten wird.

*) Slovenſki Marz.

des Bartholomäus Kopitar und nach 1848 durch das Reichsgesetzblatt-Slowenisch vorangetrieben. Die Bezeichnungen „Windisch“ und „Krainerisch“ sind ab Beginn des 19. Jahrhunderts allmählich durch den Begriff „Slowenisch“ erweitert worden. Die Schriftsprache wurde später zum wichtigsten Kampfmittel in der sozialemanzipatorischen und politischen nationalen Auseinandersetzung.[15]

NATIONALE PLURALITÄT ODER „EINERLEI VOLK“ UND „KÄRNTNER NATION“?

Im Revolutionsjahr 1848 wurde der Boden der harmonischen Koexistenz im gemeinsamen kulturellen Bemühen verlassen, jener der Politik betreten. Der „Kulturnationalismus“ hatte Nationalbewußtsein geweckt; aus dem „einerlei Volk“ der Kärntner zweier Zungen wurden, zumindest in den Augen der slowenischen nationalen Führer, zwei Nationalitäten. Die nationalslowenische Bewegung trat in den Kampf um soziale Emanzipation und politische Machtpositionen ein und entfernte sich zunehmend von den deutschen Kärntnern. Am Ende des Wegs stand als Ziel die nationale Autonomie – 1848 erstmals als Forderung nach dem „Vereinten Slowenien“ artikuliert.

Den Eintritt in die neue Phase wollte man von seiten der deutschen Mehrheit lange nicht wahrhaben: Das Bekenntnis zur nationalen Pluralität blieb aus. Man beharrte auf dem traditionellen ständischen Nationsbegriff von „ein Vaterland und ein Volk“. Am 17. August 1848 meldete sich der Abgeordnete Ritter von Jacomini im Landtag zu Klagenfurt namens der „Kärntner Nation“ zu Wort und lehnte aus Gründen der Sprachenvermengung und der Verschlingung der volkswirtschaftlichen und politischen Bestrebungen in Kärnten eine ethnographische Teilung ab. Der Historiker Heinrich Hermann sagte noch 1860, daß keine nationale Sonderung zu erkennen sei. Ein Gailtaler Bürgermeister äußerte sich im selben Jahr zur Schulsituation ähnlich: „Man suchte unter uns seit jeher vereinten Kärntnern Zwietracht zu stiften, während wir Kärntner als eine vereinte Nation friedlich und einverständlich miteinander leben wollen“. 1863 wandte sich der Abgeordnete Joseph Mayer, Guts- und Fabriksbesitzer aus der Kurie der Landgemeinden, im Landtag gegen das Hochspielen und Ausbeuten der Sprachenfrage, um dadurch politische Positionen zu erreichen. „Vor dem Jahre 1848“, sagte er, „lebten die Deutschen und Slowenen in großer Harmonie; man wußte nichts von zwei Nationalitäten, es kam keinem Ein-

Pro-österreichische Volksabstimmungspropaganda 1920 (Werbe-Verschlußmarke von Leo Kainradl): Hinweis auf die jahrhundertealte gemeinsame Kultur von Kärntner Slowenen und Kärntner Deutschen trotz zweier Sprachen. Sammlung Gerd Orehounig.

zigen zur klaren Erkenntnis, daß wir zwei Nationalitäten angehörten … Das Jahr 1848 kam und und mit dem Jahr 1848 die slowenische Agitation …“[16] Janko Pleterski nennt dies in dem 1970 in Laibach erschienenen großen Sammelwerk zur Kärntner Volksabstimmung (Koroški plebiscit) eine Geisteshaltung, die den Slowenen das Recht auf eine eigene Nation absprach und sie in die deutsche politische Nation integrieren wollte.[17]

Einer, der schon 1848 klarer sah, war der Kleriker Vinzenz Rizzi, Deutschliberaler und Herausgeber der Klagenfurter Zeitung wie auch der Carinthia. Er erfaßte die Bedeutung und Sprengkraft des Nationalismus. „Wer da glaubt, diese Idee werde aus den Herzen und Köpfen verschwinden, der irrt!“ Rizzis Rezept: Aufhören, den nationalen Gegensatz zu leugnen und die Gleichheit der beiden Volksgruppen anerkennen. Andreas Einspieler, Weltgeistlicher, Katechet an der Oberrealschule in Klagenfurt, Publizist, Herausgeber verschiedener Zeitschriften, Führer der Kärntner Slowenen in der zweiten Hälfte des 19. Jahrhunderts, eloquenter Landtags-

Vinzenz Rizzi (1848): „Wer da glaubt, diese Idee (der Nationalismus) werde aus den Herzen und Köpfen verschwinden, der irrt!“ Sein Rezept: Aufhören, den nationalen Gegensatz zu leugnen und die Gleichheit der beiden Volksgruppen anerkennen. Foto: Geschichtsverein für Kärnten.

abgeordneter und Kämpfer für die Gleichberechtigung des Slowenischen bei Ämtern, vor Gerichten und in Schulen, hat etliche von Rizzis Formulierungen übernommen.[18]

KATHOLISCH – KAISERTREU – SLOWENISCH VERSUS ANTIKATHOLISCH – LIBERAL – DEUTSCH. „NEMČURJI“. POLARISIERUNG.

Zur Zeit des neoabsolutistischen Regimes in den fünfziger Jahren des 19. Jahrhunderts verschlechterte sich das Klima in Kärnten. Die Anhänger des slowenischen Nationalismus im Land entstammten überwiegend der bäuerlichen und kleinbürgerlichen Schicht, wurden vom katholischen Klerus geleitet und waren konservativ, katholisch und kaisertreu. Seitens der Wiener Regierung ist auch aus diesem Grund, und um das Einfließen liberalen Gedankenguts zu verhindern, die slowenischnationale Bewegung protegiert worden. Das wirkte sich etwa auf dem Gebiet des Schulwesens aus; der dafür zuständige Klerus führte an manchen Volksschulen die slowenische Unterrichtssprache ein. Laut Erlaß von 1851 hatte sich die Unterrichtssprache nach der Predigtsprache zu richten. 1852 wurde der Hermagoras-Verein zur Verbreitung slowenischer Bücher gegründet. Auch in Verwaltung und Justiz förderte das neoabsolutistische Regime die slowenische Schriftsprache. Der deutsche Teil der Bevölkerung fühlte sich damals von Wien im Stich gelassen. Eine Welle des antikatholischen und antiösterreichischen Liberalismus war die Folge. Zum nationalen Gegensatz gesellte sich dadurch auch ein weltanschaulicher.

Die Beschränkung der slowenischnationalen Bewegung auf die katholisch-kleinbürgerlichen Schichten bremste allerdings deren Entwicklung. Denn ein erheblicher Teil der slowenischen Volksgruppe konnte sich mit der nationalslowenischen klerikalen Partei nicht identifizieren. Viele slowenische Bauern tendierten zum Kärntner Bauernbund, der in gemischtsprachigen Wahlkreisen immer wieder slowenische Kandidaten für die Landtags- und Reichsratswahlen nominierte. Die nationalen Slowenen stempelten die slowenischen Bauernbündler als nationale Verräter, Nemčurji (Deutschtümler), ab.[19] Auch die Sozialdemokratie, die schon zu Ende der Monarchie in Kärnten erstaunlich stark wurde, zog Slowenen an. Sie trat bei diversen Erste-Mai-Feiern gegen jedwede Nationalitätenhetze auf. Dennoch wurde von der Kärntner Sozialdemokratie als selbstverständlich angesehen, daß ein slowenischer Arbeiter, sobald er sich der Partei anschloß, sein nationales Bekenntnis den Zielen der Arbeiterbewegung unterordnete. Deutschtum galt den Sozialdemokraten als gleichbedeutend mit Fortschritt, Slowenentum stand für eine eher rückschrittliche Einstellung. Gleichermaßen hat das nationale Slowenentum lieber auf Sozialdemokraten in seinen Reihen verzichtet.[20]

Die liberale Ära seit den sechziger Jahren des 19. Jahrhunderts hatte einiges verändert: Das Reichsvolksschulgesetz 1869 brachte die Neuorganisation des Schulwesens und die sogenannten utraquistischen Schulen mit dem Anfangsunterricht in der Muttersprache des Kindes und dem späteren Übergang auf die deutsche Sprache. Die Versuche, eine slowenische Amtssprache in Südkärnten einzuführen, hatten sich als nicht zielführend erwie-

Werner Berg (1904–1981), Kirchgang. (Aus: Kreuzer, Kärntner Porträts. 100 Lebensbilder aus zwölf Jahrhunderten, Klagenfurt 1993, 217. Bild im Besitz von Dr. Harald Scheicher.) Der Maler setzte Motive seiner Südkärntner Wahlheimat künstlerisch um. Die Kärntner Slowenen waren durch Jahrhunderte überwiegend kleine und mittlere Bauern – konservativ, katholisch und kaisertreu. Die Sozialstruktur der slowenischen Volksgruppe hat sich erst in der 2. Hälfte des 20. Jahrhunderts völlig verändert – kulturelle Stellung und intellektuelles Potential wurden stark verbessert.

**Vse naše Nemčurje bi skupaj pobrav
v en žakel zavezov in v Dravco zagnav.**

Pro-jugoslawische Volksabstimmungspropaganda 1920. Übersetzt: „Alle unsere Nemčurji würde ich einsammeln, in einem Sack verschnüren und in die Drau werfen." Nationale Verräter, Deutschtümler, wurden zurückgewiesen. Vgl. Neumann, Kärnten 1918–1920. Ereignisse–Dokumente–Bilder, 100. Foto: Landesmuseum für Kärnten.

sen, weil Amtsdrucke wie das Reichsgesetzblatt in slowenischer Schriftsprache von den üblicherweise aus der bäuerlichen Schicht stammenden Gemeindevertretern nicht verstanden wurden. Das liberale Vereinsgesetz von 1867 bewirkte die explosionsartige Entstehung von Vereinen, besonders ab den 1880er Jahren. Die slowenischnationalen Vereine, die den deutschnationalen entgegengesetzt wurden, schlossen sich zunehmend zur Stärkung der eigenen Position an Dachverbände in Laibach an. Die Polarisierung im Land ist auch daran zu erkennen, daß die zahlreichen neuen Vereine zwar auf Anhieb einem nationalen oder einem ideologischen Lager zuzuordnen sind, ihre Statuten jedoch kaum regionale Bezüge aufweisen. Die „Kärntner Nation", das „einerlei Volk und Vaterland", die gemeinsame Heimat, waren in ihnen nicht präsent.[21]

Seit 1880 wurde bei den Volkszählungen alle zehn Jahre auch die Umgangssprache der Bevölkerung erhoben. 1880 gaben noch rund 30% der Kärntner Gesamtbevölkerung Slowenisch als Umgangssprache an, 1910 nur mehr 21%. (1910: 381.314 Einwohner, davon 301.205 deutschsprachig,

80.109 slowenischsprachig.) Die Gründe für die fortschreitende Assimilierung waren vorwiegend wirtschaftlicher und sozialer Natur. Sie betraf jene Gebiete, die für Jarniks „natürlichen Strom der Germanisierung“ anfällig waren – die Umgebung von Klagenfurt, Industrie- und Fremdenverkehrsorte, Gebiete entlang der Straßen und Eisenbahnen. Verkehrsmäßig abgeschiedene bäuerliche Gemeinden wurden davon weniger erfaßt.[22] Der unabhängig von der Assimilierungstendenz festzustellende wirtschaftliche, soziale und kulturelle Aufstieg der Slowenen seit den 1860er Jahren bewirkte jedoch, daß sie zunehmend selbstbewußter in den Nationalitätenkampf eintraten; starke Akzente setzte die Taborbewegung (Tabore waren Volksversammlungen unter freiem Himmel) 1870/71. Auf der Grundlage des nationalen Gleichheitsartikels XIX im Staatsgrundgesetz über die allgemeinen Rechte der Staatsbürger aus dem Jahr 1867 wurden die mangelnde nationale Gleichheit und die Germanisierung durch Verwaltung und Schulwesen beklagt.

Wie überall in der Monarchie kristallisierten sich auch in Kärnten Doppelidentitäten, hier österreichisch-deutsch und österreichisch-slowenisch, heraus. Für „Kärnten“ blieb im nationalslowenischen Lager wenig Platz. Selbst die gemeinsame Geschichte sah man differenziert. 1914 wurde in Laibach eine slowenische „Wallfahrt“ auf das Zollfeld geplant, um der letzten Einsetzung eines Kärntner Landesfürsten beim Fürstenstein vor 500 Jahren zu gedenken. Der Habsburger Herzog Ernst der Eiserne hatte sich 1414 dem bäuerlichen Zeremoniell mit dem Herzogbauern und seinen in slowenischer Sprache gestellten Fragen unterzogen. Danach war das Einsetzungszeremoniell auf die feudalen Bräuche beim Herzogstuhl beschränkt gewesen, bis auch diese im 17. Jahrhundert endeten. Hatte der deutsche Adel Kärntens im 16. Jahrhundert u. a. im Hinblick auf die alten Fürstensteinbräuche Stolz auf die so spezielle und alte Geschichte des Landes geäußert, so wurde nun seitens der Slowenen der Fürstenstein nicht mehr als Gesamtkärntner Symbol gesehen, sondern als Symbol des slowenischen Volkes. Dieses Rechtsdenkmal stand damals nicht mehr auf seinem ursprünglichen Aufstellungsort bei Karnburg, sondern in den Sammlungen des Geschichtsvereines (heute Landesmuseum). Die Wallfahrt auf das Zollfeld wurde angesichts der zu erwartenden Unruhen untersagt. Bald danach ist am 28. Juni 1914 der österreichische Thronfolger Franz Ferdinand in Sarajewo von einem serbischen Nationalisten ermordet worden. Der Erste Weltkrieg begann.[23]

J. F. Fromiller: Zeremonie der Herzogseinsetzung beim Fürstenstein; Vorzeichnung für das Fresko im Wappensaal des Landhauses zu Klagenfurt. (Richard Milesi in: Die Brücke 4/1976).

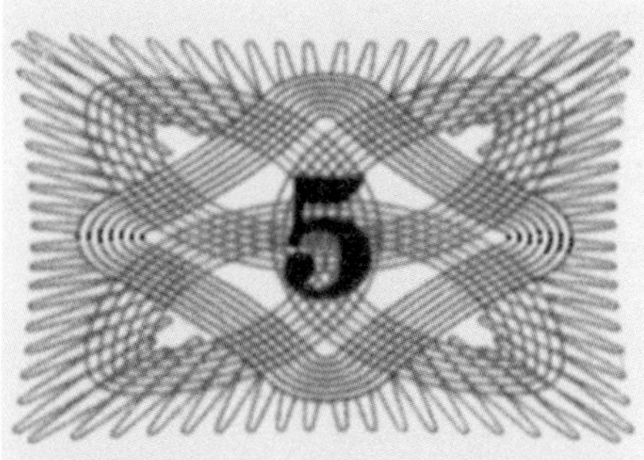

1991 ließ die eben gegründete Republik Slowenien mißbräuchlich auf ihrem Übergangsgeld, den Tolar-Bons (Sammlung Gerda und Horst Wanek), den Kärntner Fürstenstein abbilden. Dieses „älteste Herrschaftszeichen, das auf österreichischem Boden verwendet wurde und erhalten blieb“ (Wolfram, 344), gehörte zum Kärntner Herzogseinsetzungszeremoniell, das sich aus dem bäuerlichen, in „windischer“ Sprache abgewickelten, Akt beim Fürstenstein, dem anschließenden Hochamt und Mahl in Maria Saal und der nachmittägigen Huldigung und Lehenvergabe beim Herzogstuhl zusammensetzte und sich in dieser komplexen Form im Laufe der Jahrhunderte herausgebildet hatte. Der älteste Teil, der Brauch beim Fürstenstein, hat seine Wurzeln vermutlich in der Epoche des slawisch-karantanischen Fürstentums im 7. und 8. Jahrhundert. In der Weiterverwendung der archaischen Formen der Einsetzung beim Fürstenstein durch die deutschen Herzöge offenbart sich die der Entwicklung Kärntens eigene Kontinuität. Eine Kontinuität und Einheit, die von den Ständen im 16. Jahrhundert besonders betont wurde, als sie wegen des slawischen-karantanischen Abschnitts der Kärntner Geschichte in einer ersten Welle des Landespatriotismus Kärnten zum „Windischen Erzherzogtum“ hochstilisierten, um ihm so den Vorrang vor den anderen, nicht so alten, Erbländern der Habsburger zu sichern. Der Nationalismus ab dem 19. Jahrhundert polarisierte. Der Fürstenstein wurde von der nationalslowenischen Bewegung nicht mehr als Symbol der Gesamtkärntner Geschichte gesehen, sondern nur als Symbol des slowenischen Volkes. Der frühe slawisch-karantanische Staat mit dem Zentrum auf dem Zollfeld hat sich nie über die Karawanken hinaus erstreckt. Krain und die Krainer wurden seit den ersten Nennungen (im 8. bzw. 9. Jh.) stets deutlich von Karantanien und den Karantanen unterschieden. Niemals in der Geschichte hat ein auf dem Fürstenstein eingesetzter slawisch-karantanischer Fürst etwa in der Untersteiermark oder in Krain, also dem Territorium des heutigen Slowenien, geboten. Der Fürstenstein kann kein Symbol des slowenischen Staates sein. Vgl. Ogris, Fürstenstein und Herzogstuhl, 740f.; vgl. Fräss-Ehrfeld, Vom Stammesfürstentum der Karantanen zum Land Kärnten, 343ff.

Der Fürstenstein zu Karnburg, auf dem sich im Mittelalter die Zeremonie der Einsetzung des Kärntner Herzogs durch den Edlingbauern abspielte. Bleistiftzeichnung von Markus Pernhart um 1850.

Der Herzogstuhl auf dem Zollfeld, wo der Herzog von Kärnten die Lehen vergab, nachdem er in der Kirche zu Maria Saal (im Hintergrund) dem feierlichen Hochamt beigewohnt hatte. Bleistiftzeichnung von Markus Pernhart um 1850.

III.
SCHICKSALSJAHRE 1918–1920.

1.
DAS ENDE DES ERSTEN WELTKRIEGS UND DER ZUSAMMENBRUCH DER HABSBURGERMONARCHIE.

KÄRNTEN WAR KRIEGSSCHAUPLATZ. DIE KARNISCHE FRONT UND KÄRNTNER GRENZE HÄLT.

Am 23. Mai 1915 trat Italien auf seiten der Entente (Frankreich, Rußland, England, ab 1916/17 u. a. noch Portugal, Rumänien, die USA und Griechenland) in den Krieg gegen die Mittelmächte (Deutsches Reich und Österreich-Ungarn, denen sich die Türkei und Bulgarien anschlossen) ein. Daraufhin wurde neben der Front im Westen gegen Frankreich und der im Osten gegen Rußland eine dritte europäische Front im Südwesten errichtet. Den Österreichern stand im Moment der Kriegserklärung eine deutliche italienische Übermacht gegenüber. In Kärnten wurde das Volksaufgebot der Kärntner Freiwilligen Schützen mobilisiert. Als Oberkommandierender der vier Regimenter fungierte Landeshauptmann Leopold Baron Aichelburg-Labia. Kommandanten waren u. a. Karl Gressel aus Mauthen und Georg Teppner, der Mitinhaber und Verwalter der Warmbad-Villacher Kurbetriebe. Letzterer wurde dann Kommandant des bewährten Feldregiments der Kärntner Freiwilligen Schützen, das aus dem ursprünglich größeren Volksaufgebot von Vaterlandsverteidigern hervorging.[24] Der Not gehorchend sind unmittelbar nach dem Kriegseintritt Italiens Polen, Tschechen und Ungarn, Leute ohne Gebirgserfahrung, von Galizien an die Karnische Front abkommandiert worden. Sie taten zusammen mit der an der Grenze eingesetzten Infanterie und den einheimischen freiwilligen Kräften ihr Bestes; der befürchtete Einfall des Feindes ins Gailtal blieb aus.

Der Kamm der Karnischen Alpen mit dem Plöckengebiet als zentralem Abschnitt – hier gab es die einzige befahrbare Verbindung über die Grenze – wurde Schauplatz eines erbitterten Hochgebirgskrieges. Anfänglich ging

Kärntner Freiwillige Schützen, Halbbataillon „Mittelgailtal", am Tag der Vereidigung (13. Mai 1915) in Hermagor. Vorne stehend 2. von links: Regimentskommandant Major Karl Gressel aus Mauthen, der später als Abwehrkämpfer initiativ an der Befreiung von Arnoldstein (5. Jänner 1919) mitwirkte. Sammlung Reinhold Kandolf.

es um den Besitz der Bergspitzen. Die Rückeroberung des Kleinen Pal, Hauptstützpunkt der Plöckenverteidigung, am 14. Juni 1915 war eine Leistung des steirischen Landsturmbataillons 10. Sie war mitentscheidend für das erfolgreiche Halten der Karnischen Front. Am 11. Juni 1915 gelang den Kärntner Gebirgsschützen (Gebirgsschützenregiment 1) die Inbesitznahme des Monte Peralba. Hier und auf dem benachbarten Luggauer Grenzkamm bewährten sich dann im letzten Kriegsjahr unter dem Kommando von Hauptmann Karl Gressel die Steirischen Freiwilligen Schützen und die Salzburger Freiwilligen Schützen.[25]

Ab 1916 übernahmen heimische Truppen im Plöckengebiet die Verteidigung der Kärntner Grenze: Die Achterjäger (Feldjägerbataillon Nr. 8) waren auf dem Kleinen Pal eingesetzt, die Khevenhüller des heimischen k. u. k. Infanterieregiments Graf von Khevenhüller Nr. 7 auf dem Cellon. Seit Juli 1915 stand die Karnische Front im Zeichen der besonderen Form des Stellungskrieges im Gebirge. Die Leistung der technischen Spezialformationen erwies sich dabei als besonders wichtig: Sie bauten Kavernen, Schützengräben und Unterkünfte im Fels. Seilaufzüge erschlossen erst allmählich

Kärntner Schützen von Anton Kolig – Teile des 1929 anläßlich des bevorstehenden Volksabstimmungsjubiläums vom Land Kärnten in Auftrag gegebenen Freskenzyklus im Landhaus zu Klagenfurt, der 1938 abgeschlagen wurde. (Richard Milesi in: Die Brücke 12/1980). Die Wehrbereitschaft der Kärntner gilt als traditionell ausgeprägt. Einsatz und Gefallenenquote der Kärntner Truppen waren im Ersten wie im Zweiten Weltkrieg überdurchschnittlich hoch. Vgl. Burz, Vom Zauber der militärischen Montur in einem Grenzland, 168–172.

das Gebirge und erleichterten den Nachschub. Die Eisenbahn von Hermagor nach Kötschach wurde, ebenso wie die Straße auf das Naßfeld, während des Krieges errichtet. Die zwei Kriegswinter in den Bergen bedeuteten eine große Herausforderung – Lawinen forderten jeweils mehr als 1000 Opfer.

Der Stellungskrieg bot immer wieder Gelegenheit zu mutigen Unternehmungen: So wurde der 26. März 1916 in Erinnerung an ein erfolgreiches Überrumpelungsmanöver zu einem Bataillonsgedenktag der Achterjäger. Die Karnische Front hielt. Auch in den elf Angriffsschlachten am Isonzo zwischen Juni 1915 und September 1917 gelang den Italienern weder der erstrebte Einfall nach Kärnten noch die Abschnürung des österreichischen Hafens Triest. Hingegen ist den Österreichern nach der Durchbruchsschlacht am oberen Isonzo, im Gebiet von Flitsch und Tolmein, am 24. Oktober 1917 die Zurückdrängung der Italiener bis an die Piave geglückt. Die Karnische Front hatte damit ihre Rolle ausgespielt und die Truppen folgten der Offensive, die nach dieser 12. Isonzoschlacht an der Südwestfront in Fluß gekommen war.

Der Krieg dauerte noch über ein Jahr. Die Soldaten kämpften und starben auch noch, als die Monarchie längst nur mehr auf dem Papier existierte, da ein Nationalstaat nach dem anderen sich von ihr verabschiedete. Erst am 3. November 1918 wurde in der Villa Giusti in Abano von Italien als Beauftragtem der Entente mit Österreich-Ungarn der Waffenstillstand unterzeichnet. Die Bedingungen waren hart. Vor allem das darin formulierte Recht für Truppen der Ententemächte, sich auf österreichischem Boden frei zu bewegen, d. h. mit anderen Worten, jeden Teil Österreichs besetzen zu können, stellte für alles Folgende einen großen Risikofaktor dar.[26]

DAS GROSSREICH ÖSTERREICH-UNGARN ZERFÄLLT: WAR ES „VÖLKERKERKER“ ODER VORBILD? GEÄNDERTER BLICKWINKEL IM ZEICHEN DER EU.

Mit dem Ende des Ersten Weltkriegs bricht die historische Struktur Europas zusammen: sein Staatensystem, wie es seit der Neuordnung auf dem Wiener Kongreß 1815 bestanden hatte, sein gesellschaftlicher Aufbau, seine dominierende Position in der Welt. Traditionelle Führungsmächte wie die Donaumonarchie und das russische Zarenreich verschwinden von der Bildfläche. Auch das Türkische Reich kollabiert und damit das dritte der multinationalen Großreiche (neben dem der Romanows und dem der Habsburger). Die Strukturierung in Nationalstaaten tritt an die Stelle. Reine Nationalstaaten können sich allerdings wegen der „historisch bedingten ethnischen Gemengelage“ nirgends bilden. Nur bei wenigen der neuen Staaten – Deutschösterreich gehört dazu – umfaßte die Staatsnation mehr als 90 Prozent der Bevölkerung. Ein Staat wie Jugoslawien war hingegen in seiner ethnischen Zusammensetzung nicht anders als es die Habsburgermonarchie gewesen war – multinational. Die Friedensverträge von Paris legten den neuen Staaten zwar Minderheitenschutzbestimmungen auf, aber die vom „nationalen Joch“ der Monarchie befreiten Völker erwarteten sich eine Verbesserung ihrer Lebensbedingungen und waren zu Toleranz wenig geneigt. Die Unterdrückung der Minderheiten führte zu einem „Konglomerat von assimilatorischen und diskriminierenden, irredentistischen und revisionistischen Tendenzen, die die nationalistischen Grundstimmungen von 1918 vielfach ins Chauvinistische übersteigerten und im Nationalismus zunehmend ein Vehikel für die Krisen in den politischen, wirtschaftlichen und gesellschaftlichen Strukturen suchten“.[27]

Die neuen europäischen Großmächte, Frankreich, Großbritannien und Italien, planten, die nationalen „Nachfolgestaaten“ der Monarchie als einen „cordon sanitaire“ zwischen den besiegten Großmächten Deutschland und Rußland einzurichten. Dies funktionierte nicht – der traditionelle Stabilisierungsfaktor zwischen Deutschland und Rußland, die Habsburgermonarchie, fehlte. Der Völkerbund mischte sich nicht wirklich ein. Das Ende des Ersten Weltkrieges hatte die Auflösung der großen Wirtschaftseinheiten wie der Habsburgermonarchie gebracht; die neuen Kleinstaaten strebten nach dem Aufbau getrennter Volkswirtschaften. Das Deutsche Reich war als potentielle Großmacht erhalten geblieben. Schon Ende der zwanziger Jahre wandten sich die neuen Staaten dem deutschen Absatzmarkt zu. Auch die demokratischen Verfassungen zerbrachen und autoritäre Diktaturen traten an die Stelle – in Jugoslawien 1929, in Österreich 1933.[28]

1918 hatten die Nationalitäten der Monarchie ihre Befreiung aus dem „Völkerkerker“ bejubelt und euphorisch ihre glückliche Zukunft in nationalen Einzelstaaten begrüßt. Die Freude über die Selbständigkeit währte aber nur 20 Jahre. Dann gerieten alle „Nachfolgestaaten“ der Monarchie in den Sog Deutschlands und wurden schließlich von Hitler kassiert. Nach dem Zweiten Weltkrieg wiedererstanden, sind die meisten dieser Staaten schließlich bald in den Machtbereich der Sowjetunion geraten. Der Warschauer Pakt stand der NATO gegenüber. Nur Österreich gelang es, nach zehnjähriger Besatzung seine Entwicklung als Teil des Westens zu nehmen. 1989 fiel der Eiserne Vorhang. Wieder waren die alten Länder der Monarchie frei, mittlerweile sind es noch mehr als 1918. So haben sich etwa die

Slowenen aus dem Zusammenschluß mit den anderen südslawischen Völkern gelöst und bildeten erstmals in ihrer Geschichte 1991 einen eigenen Nationalstaat. Tschechen und Slowaken beendeten ihre Verbindung (seit 1918) im Jahr 1993.

Die einstigen Nachfolgestaaten, die Jahrzehnte totalitärer Herrschaft hinter sich haben und dem Eintritt in das Vereinte Europa zusteuern, sehen heute die Monarchie in einem anderen Licht. Vieles, was die EU hat bzw. anstrebt und auch für Erweiterungskandidaten bringen soll, gab es schon in der sich über rund 677.000 km^2 erstreckenden und 52 Millionen Einwohner zählenden Donaumonarchie: keine Staatsgrenzen zwischen den Völkern, keine Handelsschranken und Zollmauern; eine einzige Währung, eine einzige gemeinsame Armee, in der alle Völker dienten, und eine gemeinsame Außenpolitik. Nur daß die Mitgliedsstaaten der EU selbständig sind und demokratisch regiert werden. Die Selbständigkeit kann allerdings angesichts der diskriminierenden Politik von 14 EU-Ländern gegenüber dem 15. Mitglied, Österreich, ab Anfang des Jahres 2000 bezweifelt werden.

DIE BILDUNG DES SHS-STAATES.

Als Kaiser Karl in Richtung Selbständigkeit seiner Völker hin zu handeln anfing und mit dem Manifest vom 16. Oktober 1918 diese aufforderte, nationale Selbstverwaltungen einzuführen, aber am Bestand des Staatsganzen festzuhalten, war es zu spät, um die Monarchie noch zu retten. Damals hatten die meisten Nationalitäten schon die Morgenluft der vollkommenen Freiheit gewittert und sich durch Bildung eigener Nationalausschüsse von der Monarchie zu lösen begonnen.

Auch die Entente-Mächte hatten die bis ins letzte Kriegsjahr verfolgte Strategie der Erhaltung des Habsburgerreichs als Gegengewicht zu Rußland einerseits und Deutschland andererseits aufgegeben. Rußland war durch die bolschewistische Oktoberrevolution des Jahres 1917 aus dem Konzert der europäischen kriegführenden Mächte ausgeschieden; durch den Friedensvertrag von Brest-Litowsk (3. März 1918) ließ es endgültig den Krieg hinter sich. Das alte Mächtegleichgewichtsdenken schien nun nicht mehr zielführend.

Im letzten Kriegsjahr wurde von den Alliierten schließlich auch den diversen Exilgruppen aus der Monarchie, die seit längerem versucht hatten, von den Regierungen der westlichen Ententemächte als legitime Vertretungen neu zu gründender Nationalstaaten anerkannt zu werden, grünes Licht

Kaiser Karl besucht die Truppen an der italienischen Front. Abgebildet ist sein Gespräch mit dem 66jährigen Kärntner Schützen Simon Haberl in Tarvis. (Foto: Prinz Liechtenstein, Rosegg). Das Kanaltal und Tarvis gehörten bis 1918 zu Kärnten. Nach dem Waffenstillstand von Italienern besetzt, wurde dieses Gebiet im Staatsvertrag von Saint-Germain Italien zugesprochen.

signalisiert. Der tschechoslowakische Nationalrat in Paris ist ab Juni 1918 von den wichtigen alliierten Mächten als Exilregierung akzeptiert, die Tschechoslowakei gleichzeitig als kriegführende Nation in den Kreis der Entente aufgenommen worden. Am 26. September 1918 proklamierte Thomas G. Masaryk in Paris den selbständigen tschechoslowakischen Staat. Nicht anerkannt wurde der Südslawische Ausschuß, der in London unter Vorsitz des Kroaten Dr. Ante Trumbić wirkte. Am 20. Juli 1917 hatten er und der Ministerpräsident des Königreiches Serbien, Nikola Pašić, die Deklaration von Korfu mit dem Programm des zukünftigen gemeinsamen Königreiches der Serben, Kroaten und Slowenen unter der Dynastie der Karadjordjević unterzeichnet. Während die k. u. k. Armee weiter an der italienischen Front kämpfte, gingen die Nationalitäten der Monarchie – im Exil und auch zu Hause – daran, sich zu verselbständigen.

Am 6. Oktober 1918 trat in Agram (Zagreb) ein „Nationalrat der Slowenen, Kroaten und Serben“ (Narodno vijeće Slovenaca, Hrvata i Srba, abgekürzt SHS) als oberste Gewalt für die Südslawen der Habsburgermonarchie zusammen. Nationalräte der einzelnen südslawischen Völker hatten sich schon vorher gebildet – in Laibach der slowenische Nationalrat am 16. August 1918. Am 29. Oktober 1918 kommt es zur Ausrufung des SHS-Staates in Agram. Als zum neuen Staat gehörig werden angeführt: Slowenien und Kroatien mit Fiume (Rijeka), Dalmatien, Bosnien-Herzegowina, Istrien, Triest, Görz, Krain, Steiermark, Kärnten, Teile des Banats, der Batschka und der Baranja. Der Nationalrat in Laibach verkündet am 29. Oktober die Loslösung Krains von der Monarchie und den Anschluß an den südslawischen Staat. Am 30. Oktober übernimmt er die Regierungsgewalt über alle von Slowenen bewohnten Gebiete der Monarchie. Am 31. Oktober 1918 wurde in Laibach die slowenische Nationalregierung aufgestellt – an der Spitze stand als Präsident Josef Ritter von Pogačnik.

Der erste SHS-Staat, als Staat der Slowenen, Kroaten und Serben der einstigen Monarchie, wurde von den Alliierten nicht anerkannt und bestand nur wenige Wochen. Am 1. Dezember 1918 kam es durch Zusammenschluß der Monarchie-Südslawen mit den Königreichen Serbien und Montenegro zur Gründung des „Königreichs der Serben, Kroaten und Slowenen“ (Kraljevstvo Srba, Hrvata i Slovenaca – abgekürzt ebenfalls SHS). Der Serbe Stojan Protić wurde Ministerpräsident, der Slowene Anton Korošec stellvertretender Vorsitzender des Ministerrates, der Kroate Ante Trumbić Außenminister der ersten SHS-Regierung. Diesen Staat haben ab Februar 1919 die Alliierten nacheinander anerkannt. Am 3. Oktober 1929 ließ König Alexander den bisherigen Namen des Königreiches auf „Königreich Jugoslawien“ (Kraljevina Jugoslavija) ändern.[29]

DEUTSCHÖSTERREICH – EINE „REPUBLIK VON REPUBLIKEN“.

Am 21. Oktober 1918 trafen die 1911 gewählten Reichsratsabgeordneten der deutschen Siedlungsgebiete der österreichischen Reichshälfte im Niederösterreichischen Landhaus in der Wiener Herrengasse zusammen und deklarierten sich als „Provisorische Nationalversammlung des selbständigen deutschösterreichischen Staates“. Diesen beabsichtigte das deutsche Volk in Österreich in Ausübung seines Selbstbestimmungsrechtes zu

Das Parlament in Wien auf einer zu Beginn der Ersten Republik in Umlauf befindlichen Marke, die mit „Kärnten Abstimmung“ überdruckt und vor der Kärntner Volksabstimmung zum dreifachen Nennwert verkauft wurde (gültig vom 16. 9. bis 10. 10. 1920). Mit dem Erlös der sog. „Abstimmungsmarken“ finanzierte man einen großen Teil der Abstimmungspropaganda. Sammlung Gerd Orehounig.

bilden. Noch ließ die Versammlung die Entscheidung über die künftige Staatsform, ob konstitutionelle Monarchie oder Republik, offen.

Die Provisorische Nationalversammlung wählt am 21. Oktober einen Vollzugsausschuß, der den Sozialdemokraten Dr. Karl Renner mit der Ausarbeitung von Richtlinien für die künftige Regierung und Verfassung beauftragt. Am 30. Oktober 1918 übernimmt der Vollzugsausschuß – nun „Staatsrat“ genannt – die Staatsgewalt auf dem deutschen Siedlungsgebiet der österreichischen Reichshälfte der Monarchie. Leiter der Staatskanzlei und damit erster Regierungschef wird Renner. Die Minister hießen Staatssekretäre, ihre Ministerien Staatsämter. Das Außenamt leitete kurz der Sozialdemokrat Dr. Victor Adler, nach seinem Tod sein Parteigenosse Dr. Otto Bauer. Ebenfalls Sozialdemokrat war Dr. Julius Deutsch, der das Staatsamt für Heerwesen überhatte. Die Erste österreichische Republik funktionierte in den zwei Anfangsjahren als Proporzdemokratie, in der ein Interessensausgleich zwischen dem sozialdemokratischen und dem christlichsozialen Lager stattfand.[30]

Am 12. November 1918 proklamierte die Provisorische Nationalversammlung Deutschösterreich als Republik und beschloß überdies einstimmig den Anschluß an Deutschland. Am 14. November 1918 nahm die Nationalversammlung ein Gesetz über „die politische Machtübernahme in den Ländern" an. Durch den Kollaps der Monarchie waren auch die einzelnen Erb- bzw. Kronländer, die fast durchwegs lange vor Beginn der habsburgischen „Herrschaft zu Österreich" als selbständige Herzogtümer des Reiches existiert hatten – von der Anciennität her mit Kärnten an der Spitze – wieder frei geworden. Jedes einzelne konstituierte sich neu und vollzog in einem zweiten Schritt den Beitritt zum Staat Deutschösterreich. Die Beitrittserklärungen der Länder, die sich als eigenberechtigte, selbständige Provinzen diesem Staat anschlossen, erfolgten ab Anfang November 1918. Neben dem Kernland Niederösterreich setzten diesen Schritt Vorarlberg (3. 11.), die Steiermark (6. 11.), Salzburg (7. 11.), Kärnten (11. 11.), Tirol (14. 11.) und Oberösterreich (18. 11.). Das Burgenland wurde erst 1921 Teil Österreichs.[31] Unter dem Namen Republik Österreich ist der neue Staat am 29. Mai 1919 von den Alliierten anerkannt worden.

Das Gesetz vom 14. November 1918 über „die Machtübernahme in den Ländern" war, ebenso wie die Provisorische Verfassung vom 30. Oktober 1918, zentralistisch konzipiert. Dagegen wurden in den Ländern bald Proteste laut. Es kam zu partikularistischen Tendenzen, zu Anschlußbewegungen an Deutschland bzw. die Schweiz und zu Autonomiebestrebungen. Diese Entwicklung vollzog sich unter dem Motto „Los von Wien", hatte mit der traditionellen Anti-Wien-Stimmung in den Ländern zu tun, mit einem Antizentralismus und einem Antisozialismus, der sich mit Antisemitismus mischte. Dem „roten Wien" standen sechs „schwarze" Bundesländer (Nieder- und Oberösterreich, Steiermark, Salzburg, Tirol, Vorarlberg) und zwei Bundesländer ohne absolute Mehrheiten (Kärnten, später Burgenland) gegenüber. Die Länder wehrten sich auch gegen das ökonomische Bleigewicht Wien, einst Metropole eines Riesenreiches, im geschrumpften Staat ein „Wasserkopf", für dessen Versorgung der Rest des Landes „bluten" mußte. Dies fiel umso mehr ins Gewicht, als große Versorgungsengpässe bei Lebensmitteln und Kohle, Betriebsstillegungen in Industrie und Verkehr, die Expansion bolschewistischer Ideen unter den Arbeitern usw. den Aufbau des Staatswesens schwierig machten. Ein gemeinsames Staatsbewußtsein fand sich zu Beginn der Republik ausgeprägt nur bei den Sozialdemokraten. Sie traten auch in den Ländern für den Zentralismus und gegen föderalistisch-partikularistische Strömungen ein. Allerdings hat etwa in Kärnten die Sozialdemokratie, die in der ersten Nachkriegswahl am 16. Februar 1919 zur stärksten Einzelpartei wurde, in den schweren Jahren 1918 bis 1920, als die Landeseinheit gefährdet war, den Weg des Konsenses mit den anderen Parteien nie verlassen, auch wenn sich die Landespolitik mitunter gegen Wien richtete.[32]

Das Selbstbewußtsein der Länder war zu Beginn der Ersten Republik sehr groß, der Weg zur staatlichen Einheit mit Hindernissen gepflastert. Karl Renner sprach in seinen Erinnerungen davon, daß der neue Staat eigentlich eine „Republik von Republiken“ war und daß die vorher bescheidenen Länder der „Krone“ zu äußerst selbstbewußten Bundesländern geworden seien.[33]

„FÜR DEN STAAT DEUTSCHÖSTERREICH UND INSBESONDERE FÜR KÄRNTEN ...“. NEUE SELBSTÄNDIGKEIT DES LANDES KÄRNTEN.

Am 11. November 1918 trat Kärnten als gesonderte, eigenberechtigte Provinz dem Staat Deutschösterreich bei und anerkannte die am 21. Oktober 1918 konstituierte Provisorische Nationalversammlung von Deutschösterreich. So heißt es in der Vorläufigen Verfassung des Landes Kärnten, die am 11. November von der Vorläufigen Kärntner Landesversammlung beschlossen wurde. Im Beschluß bzw. im Antrag dazu wird auch die Vorgeschichte dieses denkwürdigen Tages mitgeteilt: Nach dem Oktobermanifest (16. 10.) nahmen Vertreter der deutschen politischen Parteien des Landes in einer gemeinsamen Sitzung am 26. Oktober 1918 miteinander Fühlung auf und schufen eine vorläufige Organisation der Landesverwaltung in Form eines einverständlich bestellten siebenköpfigen Vollzugsausschusses. Dieser traf die Vorbereitungen für das Zusammentreten der Landesversammlung (Landtag) und erarbeitete den Entwurf einer Vorläufigen Landesverfassung. Der Vollzugsausschuß verpflichtete weiters sämtliche Staatsbehörden von Landesregierung bis Berghauptmannschaft durch Angelobung von deren Vorständen zur Dienstleistung „für den neuen Staat Deutschösterreich und insbesondere für Kärnten“.[34]

Der Vollzugsausschuß machte auch der Kärntner slowenischnationalen Partei den Vorschlag, bis zur – so die Formulierung – „verfassungsmäßigen Auseinandersetzung des Staates Deutsch-Österreich mit dem südslawi-

Hotel Trabesinger, Völkermarkter Straße, Klagenfurt: Sitz des Generalkommissärs für Slowenisch-Kärnten. Foto: Stadtplanung Klagenfurt/DI Kraigher.

schen Staat" Vertreter in die Provisorische Landesversammlung zu entsenden. Diese Partei (Stimmenanteil 1911: 10,7 %) lehnte jedoch eine Mitarbeit im neuen Landtag ab.[35] Bald würde sich ohnehin alles ändern, davon war man überzeugt. Seit 19. September existierte in Klagenfurt bereits ein Slowenischer Nationalrat für Kärnten (Narodni svet za Slovensko Koroško) als Sektion des Laibacher Nationalrates; daneben amtierte, vom 2. November 1918 bis April 1919, ein von der Slowenischen Nationalregierung in Laibach bestellter „Generalkommissär für Slowenisch-Kärnten" im Hotel Trabesinger in Klagenfurt. Diese Funktion bekleidete Domvikar Franz Smodej, der sich als Redakteur der Kärntner slowenischen Zeitung „Mir" (Frieden) und als Sekretär des „Katholisch-politischen und wirtschaftlichen Vereins für die Slowenen in Kärnten" bewährt hatte. Der Slowenische Nationalrat für Kärnten, in dem die Rechtsanwälte Dr. Janko Brejc und Dr. Josef Müller sowie der Holzhändler Janko Tavčar eine wichtige Rolle spielten, erhob am 17. Oktober Anspruch auf ganz Kärnten.[36]

Am 11. November 1918 fand am Vormittag die Abschiedssitzung des alten, 1909 gewählten, seit 1914 nicht mehr zusammengetretenen Kärntner Landtages statt. Der bisherige Landeshauptmann Leopold Freiherr von

Aichelburg-Labia sowie der Landespräsident Karl Graf Lodron-Laterano wurden verabschiedet. Am Nachmittag konstituierte sich schließlich die Vorläufige Kärntner Landesversammlung, die als wichtigsten Tagesordnungspunkt die Vorläufige Verfassung des Landes Kärnten beschloß. In diesen Tagen ist viel von „vorläufig“ die Rede und der Landeshauptmann wird als Landesverweser bezeichnet; Grund dafür ist das Verfassungsprovisorium, das in Kärnten wegen Abwehrkampf und Volksabstimmung besonders lang andauerte. Landtagswahlen konnten in Kärnten erst am 19. Juni 1921 abgehalten werden. Bis dahin waren die Abgeordneten der Landesversammlung (Landtag), die am 11. November zum ersten Mal zusammentrat, nicht gewählt, sondern nach dem Schlüssel der letzten Wahlen vor dem Krieg, nämlich der nach dem allgemeinen und geheimen Männerwahlrecht durchgeführten Reichsratswahlen 1911, von den Parteien ernannt und entsendet. Die 58 Mitglieder der Landesversammlung setzten sich aus 27 Deutschfreiheitlichen (die vier deutschnationalen Parteien – Kärntner Bauernbund, Deutsche Volkspartei, Alldeutsche und Verband „Deutsche Einheit“ – schlossen sich zur „Deutschdemokratischen Partei“ zusammen), 18 Sozialdemokraten und 11 Christlichsozialen sowie je einem Soldaten- und Offiziersvertreter zusammen.

Infolge der Auseinandersetzungen mit Jugoslawien gab es in Kärnten im Zeitraum zwischen 1918 und 1920 nur zwei Wahlen, die Nationalratswahl vom 16. Februar 1919, an der allerdings das besetzte Südostkärnten mit Völkermarkt nicht teilnahm, und die Gemeinderatswahl vom 1. August 1920 in Restkärnten ohne die zwei Abstimmungszonen. Obwohl die Sozialdemokraten aus der Nationalratswahl vom Februar 1919 als stärkste Einzelpartei hervorgingen, akzeptierten sie im Landtag bis 1921 die ihrer Stärke nicht entsprechende Position. Dies zeugt von Vernunft – angesichts der Bedrohung des Landes war Konsens von entscheidender Bedeutung.[37]

In der ersten Sitzung der Kärntner Landesversammlung am 11. November 1918 wurde durch Parteienvereinbarung ein zehngliedriger Landesausschuß (später Landesrat genannt) als oberste Vollzugsgewalt bestellt. Dieser wählte aus seiner Mitte die eigentliche Regierung – als Landesverweser (Landeshauptmann) den Deutschfreiheitlichen Dr. Arthur Lemisch und als seine beiden Stellvertreter den Sozialdemokraten August Neutzler und den Christlichsozialen Dr. Gustav Frank. Landesverweser Lemisch sprach in der Festsitzung des Kärntner Landtages nach der Volksabstimmung vom „Umsturztag des 11. November 1918, an welchem das autonome Kärnten, auf sich selbst angewiesen, eine provisorische Regierung und Verwaltung

„Landtagsklub der Großdeutschenvereinigung und des Kärntner Bauernbundes. Zur Erinnerung an die Festsitzung am 25. Nov. 1920." 1. Reihe Mitte: Dr. Arthur Lemisch, Landesverweser. Foto: Helga Axmann. Die Großdeutsche Volkspartei gab es ab September 1920.

bildete ...". Der Übergang vom alten auf den neuen Staat hatte sich problemlos und fließend gestaltet. Das Neue, Revolutionäre nach dem Zusammenbruch der Monarchie wird, wie der Aussage von Lemisch zu entnehmen ist, nicht im Übergang zu einer anderen Staatsform (die Landesversammlung erklärte sich schon am 11. November mehrheitlich für die Republik) gesehen, sondern in der neuen Selbständigkeit. Auch in der christlichsozialen Zeitung „Kärntner Tagblatt" ist der Bericht über die Eröffnungssitzung der Landesversammlung mit „Selbstverwaltung des Landes Kärnten" betitelt.[38]

Selbständigkeit, Autonomie war ein wichtiges Thema. Der Text, den Staatskanzler Renner für die Beitrittserklärungen der Länder vorgab, ist von den Kärntnern mit einer Abänderung in die Vorläufige Verfassung hineingeschrieben worden. Diese bestand in der Klausel, wonach man die am 21. Oktober 1918 konstituierte Nationalversammlung von Deutschösterreich nur „unter Wahrung des vollen Selbstbestimmungsrechtes der Kärntner Landesversammlung“ anerkannte. Auf diese Sonderstellung Kärntens wurde immer wieder hingewiesen: So bemerkte ein christlichsozialer Abgeordneter am 12. November 1918 im Landtag: „Wir haben gestern die Verfassung beschlossen und ausdrücklich jenen Teil herausgenommen, der uns verpflichtet hätte, daß wir alle Gesetze der Nationalversammlung auch für uns als geltend anzuerkennen haben.“[39] Besonders das bürgerliche Lager, Christlichsoziale und Deutschfreiheitliche, unterstrich die Selbständigkeit des Landes Wien gegenüber. „Nicht Staats-, sondern Länderpolitik zu machen“ sei die Parole, sagte der deutschfreiheitliche Abgeordnete Dr. Otto Steinwender im Dezember 1919 im Landtag. In einem Beschluß der Kärntner Vorläufigen Landesversammlung vom 14. Dezember 1918 wurde die „Eigenart des Landes Kärnten“ betont. Das Land betreffende Verfügungen der Bundesregierung durften „nur im vorherigen Einvernehmen mit dem Kärntnerischen Landesausschuß geregelt werden“. Als am 21. März 1919 das Gesetz über die Einberufung des Verfassunggebenden Landtages beschlossen wurde, ist darin wiederum die selbständige Stellung des Landes Kärnten hervorgehoben.[40]

Durch die Provisorische Verfassung vom 11. November 1918 wurde auf jeden Fall die Kompetenz des Kärntner Landeshauptmanns und der Regierung bedeutend erhöht. Denn die Administration des Landes ist fortan ungeteilt geführt worden. Vorher war die landesfürstliche Verwaltung Aufgabe der k. k. Landesregierung mit dem Landespräsidenten gewesen, der seinen Sitz im Landesregierungsgebäude (Klagenfurt, Arnulfplatz) hatte. Die autonome Verwaltung mit relativ geringen Befugnissen oblag dem Landesausschuß bzw. dem Landeshauptmann, der im Landhaus saß. Der Wirkungskreis der bisherigen k. k. Landesregierung und des k. k. Landespräsidenten ging nun auf den Landesausschuß bzw. die Landesregierung und den Landeshauptmann über.[41]

2.
DAS WARTEN AUF DIE FRIEDENSKONFERENZ.

DER US-PRÄSIDENT WOODROW WILSON, DAS SELBSTBESTIMMUNGSRECHT UND DIE HOFFNUNG EUROPAS AUF EINEN NEUEN STIL IN DER POLITIK.

Die Vereinigten Staaten von Amerika waren erst 1917 nach Proklamation des uneingeschränkten U-Boot-Krieges durch die Oberste Heeresleitung der Mittelmächte in den Krieg eingetreten. Der dadurch ermöglichte Nachschub an Menschen und Material entschied die militärische Auseinandersetzung zugunsten der Entente. Nach dem Krieg nahm der amerikanische Präsident Woodrow Wilson in Europa nicht nur als Vertreter der wichtigsten alliierten Siegermacht, sondern wegen seiner Friedensideen eine Führungsposition ein. Er war 1918/19 die Bezugsperson für alle jene, die im Hinblick auf die Nachkriegs- und Friedensregelungen ihre Hoffnung auf einen neuen Stil in der Politik – Absage an Diktat und Hinwendung zu demokratischen Methoden – setzten. Wilson hatte angekündigt, daß der Neuordnung Europas der Grundsatz des Selbstbestimmungsrechtes zugrunde gelegt werden müsse. Nationale Aspirationen, so sagte Wilson am 11. Februar 1918 vor dem amerikanischen Kongreß, gelte es von nun an zu respektieren; und Völker könnten in Zukunft nur mehr mit ihrer eigenen Zustimmung regiert und beherrscht werden; Selbstbestimmung sei keine bloße Phrase, sondern ein unumstößliches Prinzip des Handelns, das kein Staatsmann künftig ungestraft ignorieren könne.

Die Forderung nach Selbstbestimmung war nicht neu. Das Selbstbestimmungsrecht für die Nationen gehörte auch zu den Grundsatzerklärungen der russischen Oktoberrevolution. Als zündend und revolutionär erwies sich aber die Idee des US-Präsidenten, das Selbstbestimmungsrecht als Basis für die Neuordnung Europas zu proklamieren. Er selbst hat den Ausdruck „self-determination“ nur selten verwendet, wohl aber sind die Völker, um die es ging, exzessiv auf dieses politische Schlagwort abgefahren. Dabei wurde viel Unterschiedliches, teilweise sogar Entgegengesetztes unter diesem Überbegriff subsumiert. Die Wissenschaft hat darauf hingewiesen, wie vage der Ausdruck Selbstbestimmung war; daß im angelsächsischen Kulturkreis etwas anderes (nämlich die Zustimmung der Regierten, d. h. die demokratisch-innerstaatliche Komponente) darunter verstanden wurde als

US-Präsident Woodrow Wilson auf seiner Triumphfahrt durch London im Jänner 1919. Er galt nach Kriegsende als Verkünder einer neuen Ära und Inkarnation der Gerechtigkeit. Siegmund Knaus (Kärntner Freiheitskampf, 1. Teil, 180) spricht vom damals weitverbreiteten Glauben an den „Halbgott Wilson". Der französische Premier Clemenceau bemerkte allerdings zynisch in Anspielung auf Wilsons Deklaration der Vierzehn Punkte, selbst Gott habe nur Zehn gebraucht (Kromer, 47).

in den neuen Nationalstaaten, die das Selbstbestimmungsrecht mit dem Nationalitätenrecht verquickten, wonach jede Nation einen eigenen Staat bilden sollte.[42]

Selbstbestimmung war auch in Kärnten 1918/19 ein oft gebrauchtes Wort. „Unter Wahrung des vollen Selbstbestimmungsrechtes der Kärntner Landesversammlung" vollzog Kärnten den Beitritt zu Deutschösterreich – Selbstbestimmung steht hier in seiner innerstaatlich-demokratischen Bedeutung für Autonomie. Nationales Selbstbestimmungsrecht war gemeint, als schon am 13. Oktober 1918 seitens der deutschen Volksräte Südösterreichs in Klagenfurt das uneingeschränkte Selbstbestimmungsrecht des deutschen Volkes verlangt wurde,[43] oder der Beitritt Kärntens zum Staat Deutschösterreich am 11. November 1918 „kraft des Selbstbestimmungsrechtes der Völker" erfolgte. Der Sozialdemokrat Florian Gröger betonte an jenem 11. November, daß die Sozialdemokratie seit jeher für das Recht der Selbstbestimmung eingetreten sei, für andere Völker wie auch für das eigene Volk.[44] Ähnlich argumentierte die slowenische Sozialdemokratie, als sie die Gewährung des Selbstbestimmungsrechtes in Kärnten urgierte.[45] Bei der Ausrufung des SHS-Staates am 29. Oktober 1918 in Agram werden ohne viele Floskeln die zum neuen Staat gehörenden Länder aufgezählt, darunter Kärnten und die Steiermark. Erst als die internationale Anerkennung des Staates der Slowenen, Kroaten und Serben auf sich warten ließ, wählte man eine zurückhaltendere Ausdrucksweise. In der „Genfer Deklaration" vom 9. November 1918 wird die Grenzziehung gegenüber den Nachbarstaaten „nach dem Grundsatz des Nationalitätenrechtes und des Rechtes der Selbstbestimmung jedes Volkes" angekündigt.[46]

Das Selbstbestimmungsrecht zitierte der Vollzugsausschuß der Provisorischen Nationalversammlung für Deutschösterreich in Wien, als er am 30. Oktober 1918 in einer Note an Präsident Wilson Anspruch auf sämtliche Gebiete der ehemaligen Monarchie erhob, die mehrheitlich von Deutschen bewohnt waren. Man anerkenne die tschechoslowakische und die südslawische Nation als völlig unabhängige Staaten, fordere aber Selbstbestimmung auch für die deutsche Nation in Österreich. So für die 3,5 Millionen Deutschen in Böhmen, Mähren und Österreichisch-Schlesien, die sich Österreich anschließen wollen; Gerechtigkeit wurde auch bei der Grenzziehung gegen Italien sowie gegen den südslawischen Staat verlangt. Für den Fall der Nichteinigung in Abgrenzungsfragen der umstrittenen Gebiete erklärte sich der Vollzugsausschuß in seiner Note an Wilson damit einverstanden, durch Volksabstimmungen unter Kontrolle neutraler Mächte eine Entscheidung herbeizuführen.[47]

Bei der Konstituierung des Landes Kärnten berief man sich solcherart auf das Selbstbestimmungsrecht, daß damit das Instrument des Volksentscheids direkt angesprochen erscheint. In der Konstituierungsurkunde vom 11. November 1918 hieß es hinsichtlich des Territoriums des Landes Kärnten, es werde durch „das geschlossene deutsche Siedlungsgebiet des ehemaligen Herzogtumes Kärnten und jene gemischtsprachigen Siedlungsgebiete dieses Herzogtumes" gebildet, „die sich auf Grund des Selbstbestimmungsrechtes ihrer Bewohner dem Staatsgebiete des Staates Deutschösterreich verfassungsmäßig anschließen".

So uneinheitlich und unreflektiert das Schlagwort von der Selbstbestimmung 1919 auch verwendet wurde, bezogen auf den Einsatz des Plebiszits gibt es allgemeingültige Aussagen. Diese laufen auf die Feststellung

Beurkundung

über die Konstituierung des Landes Kärnten und seiner vorläufigen Landesverwaltung.

Zu Klagenfurt, am 11. November 1918.

Beurkundung.

Am Montag, den 11. November 1918, um 3 Uhr nachmittags, sind im Landtagssitzungssaale des Landhauses zu Klagenfurt die von den deutschen politischen Parteien des Landes Kärnten in die vorläufige Landesversammlung von Kärnten entsendeten Vertreter, und zwar:

1. 5 Abgeordnete der Alldeutschen Partei für Kärnten,
2. 14 Abgeordnete des Kärntner Bauernbundes (davon 2 abwesend),
3. 11 Abgeordnete der christlichsozialen Landespartei für Kärnten (davon 1 abwesend),
4. 2 Abgeordnete des völkischsozialen Verbandes „Deutsche Einheit" in Villach,
5. 6 Abgeordnete des Deutschen Volksvereines für Kärnten,
6. 18 Abgeordnete der sozialdemokratischen Landespartei für Kärnten (davon 1 abwesend),
7. 1 von der Offiziersversammlung in Klagenfurt vom 10. November 1918 gewählter Abgeordneter und
8. 1 von der Mannschaftsversammlung der Kärntner Truppen in Klagenfurt vom 10. November 1918 gewählter Abgeordneter (zusammen 58 Abgeordnete, davon 54 anwesend),

zur konstituierenden Landesversammlung für Kärnten

zusammengetreten und haben beschlossen, wie folgt:

„Auf Grund des Beschlusses der konstituierenden Nationalversammlung von Deutschösterreich vom 21. Oktober 1918 und in Befolgung des Auftrages des von ihr eingesetzten Vollzugsausschusses vom 29. Oktober 1918 haben wir, vom deutschen Volke unseres Landes nach den Ergebnissen der Reichratswahl vom Jahre 1911 auf Grund der Vereinbarung der deutschen politischen Parteien entsendeten Abgeordneten, uns zur **vorläufigen Landesversammlung** vereinigt, konstituiert und beschlossen, wie folgt:

I. Hauptstück.

Wir erklären im Namen des von uns vertretenen Volkes und Gebietes kraft des Selbstbestimmungsrechtes der Völker:

1. Das geschlossene deutsche Siedlungsgebiet des ehemaligen Herzogtumes Kärnten und jene gemischtsprachigen Siedlungsgebiete dieses Herzogtumes, die sich auf Grund des Selbstbestimmungsrechtes ihrer Bewohner dem Staatsgebiete des Staates Deutschösterreich verfassungsmäßig anschließen, bilden unter dem Namen „Land Kärnten" eine gesonderte, eigenberechtigte Provinz des Staates Deutschösterreich, vollziehen hiemit den Beitritt zu diesem Staate und erkennen unter Wahrung des vollen Selbstbestimmungsrechtes der Landesversammlung, die Montag, den 21. Oktober 1918, im Landhause zu Wien konstituierte Nationalversammlung von Deutschösterreich an.

2. Das „Land Kärnten" tritt zu gleichen Rechten und zu gleichen Pflichten den übrigen zum Staate Deutschösterreich vereinigten Ländern zur Seite, gelobt, deren Schicksal in unverbrüchlicher Gemeinschaft und brüderlicher Einmütigkeit zu teilen und erwartet, daß deren gesetzliche Vertretungen dieses Gelöbnis annehmen und im gleichen Geiste erwidern.

Die Vorläufige Verfassung des Landes Kärnten vom 11. November 1918 (Plakatausschnitt, Kärntner Landesarchiv). Hier heißt es u. a.: Zum Land Kärnten gehören das geschlossene deutsche Siedlungsgebiet und jene gemischtsprachigen Siedlungsgebiete, die sich aufgrund des Selbstbestimmungsrechtes ihrer Bewohner dem Staat Deutschösterreich anschließen. Martin Wutte bemerkte in der Carinthia I 1921 dazu, daß die in Kärnten lebenden ca. 80.000 Slowenen schließlich das Recht darauf gehabt hätten, in dieser für sie so entscheidenden Frage gehört zu werden. Vgl. Neumann, Durch den Abwehrkampf zur Volksabstimmung, 706.

hinaus, Plebiszite seien das nächstliegende Mittel, dem Prinzip der Selbstbestimmung Geltung zu verschaffen. Das Instrument der Volksabstimmung war aus der Französischen Revolution und den damaligen neuen demokratischen Idealen geboren und in den nationalen Bewegungen von 1848 wiederbelebt worden. Die Ansätze zu demokratischem Vorgehen wurden jedoch im Laufe des 19. Jahrhunderts immer wieder zugunsten von Gewaltlösungen über Bord geworfen – 1871 ereignete sich als klassisches Beispiel einer solchen Vorgangsweise die deutsche Einverleibung von Elsaß-Lothringen. Das Plebiszit als Mittel der Entscheidungsfindung bei Souveränitätsfragen erlebte nach dem Ersten Weltkrieg den Höhepunkt seiner Entwicklung, obwohl – absolut gesehen und gemessen an den zahlreichen Forderungen nach Plebisziten – von den alliierten Friedenmachern in Paris nur wenige Volksabstimmungen zur Lösung von Grenzfragen fixiert wurden. Die notwendigen Vorkehrungen für solche Plebiszite waren aufwendig, die Entscheidung wurde hinausgezögert. Deshalb favorisierte z. B. auch Wilson nicht Volksabstimmungen, sondern schnelle und abschließende Erledigungen am „Grünen Tisch“ aufgrund von Statistiken und Expertengutachten.[48]

KÄRNTEN: EWIGE UNTEILBARKEIT ODER SELBSTBESTIMMUNGSRECHT? HISTORISCHE, „NATÜRLICHE“ ODER NATIONALE GRENZEN? SÜDSLAWISCHE UND ÖSTERREICHISCHE LÖSUNGSVORSCHLÄGE.

Das Oktobermanifest Kaiser Karls vom 16. Oktober 1918 zielte auf die Umwandlung der österreichischen Reichshälfte in einen Bundesstaat; und zwar solcherart, daß jeder Volksstamm auf seinem Siedlungsgebiet ein eigenes staatliches Gemeinwesen bilden sollte. Das hätte die Teilung Kärntens zur Folge gehabt. Der alte k. k. Landesausschuß, jenes vom Landeshauptmann angeführte Gremium, dem die autonome Verwaltung des Landes zukam, erklärte Kärnten am 25. Oktober 1918 für unteilbar. Die Slowenen, so hieß es, wohnten nicht in geschlossenen Siedlungsgebieten und die Karawanken stellten eine „natürliche“ Grenze gegen Süden hin dar.

Der slowenische Nationalrat für Kärnten hatte schon am 17. Oktober 1918 „das ganze Gebiet des jetzigen Herzogtums Kärnten“ für den südslawischen Staat gefordert. Die Deutschen hätten kein Recht auf Südkärnten, verlautete bereits Anfang September in der Zeitschrift „Slovenski narod“. Und weiter: „Der Besitzer des slovenischen Kärnten ist der slovenische

Kärntner, ist der Südslave". Die historischen Grenzen müssen erhalten bleiben, Kärnten ist unteilbar, meldete Mitte Oktober das führende katholisch-nationale Laibacher Blatt „Slovenec". Da das Land vor 1000 Jahren slowenisch besiedelt gewesen sei, und, so die einschlägige Auffassung, noch immer weitgehend slowenisch besiedelt ist, gehöre ganz Kärnten zum neuen Slowenien. Dieser Staat müsse „natürliche Grenzen" haben: die Drau könne keine Grenze sein, die Karawanken noch weniger, daher müßten es die Hohen Tauern sein. Kärnten war also unteilbar. Das befand der Kärntner Landesausschuß genauso wie der slowenische Nationalrat.[49]

In Kärntner Regierungskreisen schwenkte man frühzeitig um; man beharrte nicht auf der Unteilbarkeit, sondern unterwarf sich dem Wilson'schen Selbstbestimmungsrecht. Laut Vorläufiger Verfassung vom 11. November 1918 gehörten zum Land Kärnten die geschlossenen deutschen Gebiete und jene gemischtsprachigen, deren Bewohner sich aufgrund des Selbstbestimmungsrechtes dazu bekannten. Dieser Schwenk wurde von der Gegenseite nicht vollzogen. Die Südslawen ließen zwar den ursprünglichen Maximalanspruch auf das ganze Land fallen und erhoben im Laufe der kommenden Monate unterschiedlich realistische Gebietsforderungen – insgesamt ca. neun Varianten.[50] Eine Volksabstimmung wurde jedoch jugoslawischerseits immer abgelehnt.

Der Generalkommissär für Slowenisch-Kärnten, Vikar Franz Smodej, verlangte Anfang November 1918 in Verhandlungen mit Kärntner Parteienvertretern die sogenannte „lebende ethnische Grenze", die nur geringfügig von der Sprachgrenze abwich und Klagenfurt und Villach nicht inkludierte. Diese Grenzlinie querte das Gailtal bei Hermagor und verlief über Gailtaler Alpen und Dobratsch zur Gail, dieser entlang bis zur Mündung in die Drau, der Drau nach bis zur Wernberger Schlinge, weiter über die Ossiacher Tauern, dann südlich von Moosburg vorbei über Krumpendorf und Loretto zur Glanfurt, westlich von Ebenthal nach Norden, östlich von Maria Saal zum Magdalensberg, in weiterer Folge entlang der Grenze des politischen Bezirkes Völkermarkt zur Drau und über die Gegend von Lavamünd auf die Ausläufer der Koralpe.

Die weitestgehende konkrete jugoslawische Forderung (abgesehen vom irrealen Traum des 17. Oktober 1918) – auf Antrag Smodejs am 4. Jänner 1919 vom Laibacher Nationalrat erhoben, aber sogar intern sofort kritisiert – verlief von der tirolisch-kärntnerischen Grenze den Gailtaler Alpen entlang, berührte im weiteren Verlauf die Gerlitzen, Gnesau, den Wintertalernock, erreichte die steiermärkisch-kärntnerische Landesgrenze, folgte dann dem Kamm der Saualpe nach Süden, querte südlich von St. Andrä das La-

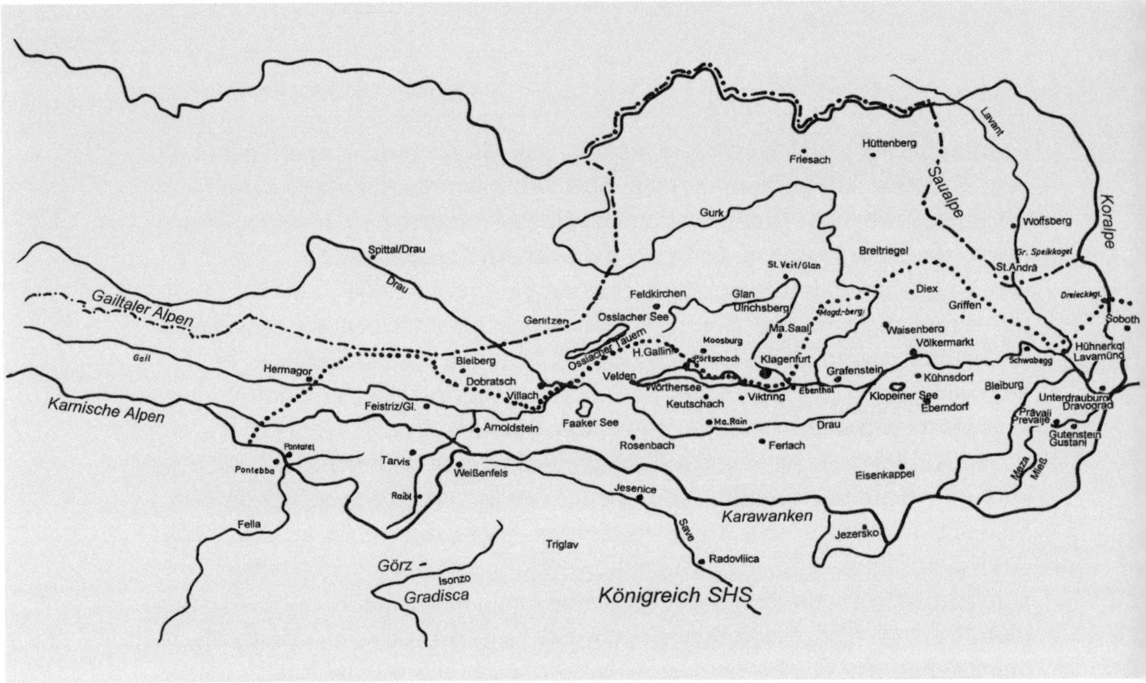

Jugoslawische Grenzforderungen in Kärnten – Smodejs „lebende ethnische Grenze“ vom November 1918 (........) und der weitgehende Anspruch vom 4. Jänner 1919 (– · – · – ·). Entwurf Fräss-Ehrfeld.

vanttal und stieß beim Großen Speikkogel in der Koralpe auf die Landesgrenze. Eine solche Lösung hätte viele rein deutschsprachige Gebiete erfaßt wie das Lesachtal, das obere Gailtal, den Bleiberger Graben, die Stadt Villach und deren nordwestliche und nordöstliche Umgebung, den südlichen und östlichen Teil des Gerichtsbezirkes Feldkirchen, die Stadt Klagenfurt mit ihrer nordwestlichen und nördlichen Umgebung (Zollfeld), den politischen Bezirk St. Veit und den Gerichtsbezirk St. Paul im Lavanttal. Begründet hat der Laibacher Nationalrat diese Grenzziehung mit der geographischen und wirtschaftlichen Einheit des Klagenfurter Beckens und des Gailtales, der Ausrichtung der Flußgebiete der Gurk und Glan nach Klagenfurt und der Existenz von Grundbesitzungen des aus Görz stammenden „slowenischen“ Grafen Christalnigg in Eberstein (Görtschitztal) und von Dr. Janko Brejc südlich von Friesach (Grießerhof). Unausgesprochen vorhanden war sicher das Streben nach Besitz der Bergbaugebiete Hüttenberg und Bleiberg wie der Städte Klagenfurt und Villach.[51]

Wie erwähnt, hatte die Kärntner Provisorische Landesversammlung am 11. November 1918 „das geschlossene deutsche Siedlungsgebiet des ehemaligen Herzogtumes Kärnten und jene gemischtsprachigen Gebiete, die

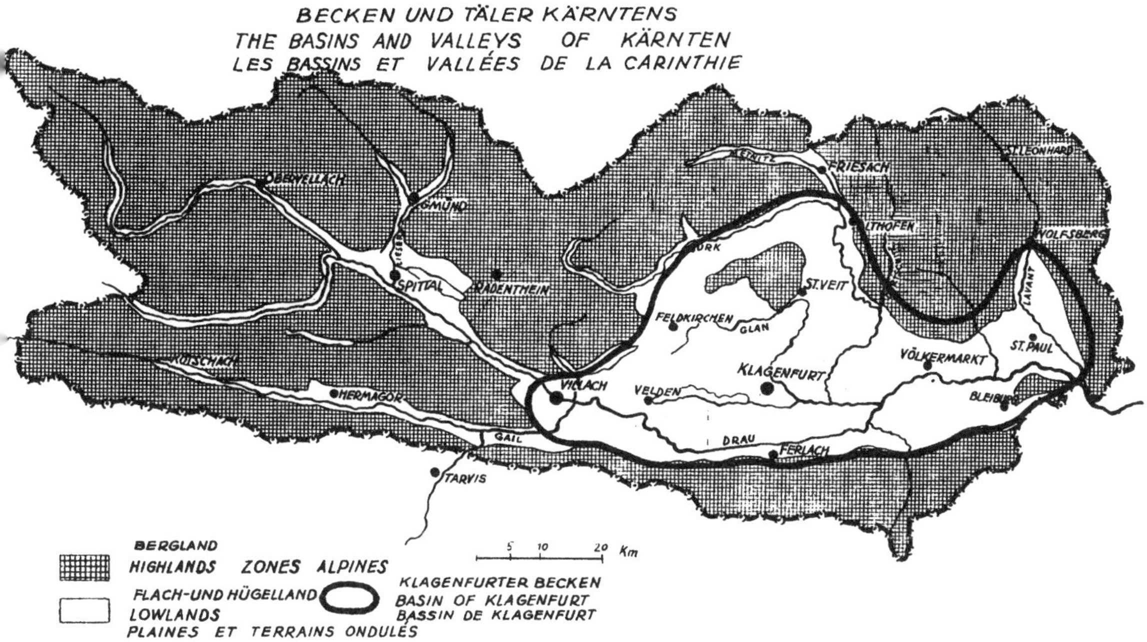

Das Klagenfurter Becken (Aus: Zehn Karten von Kärnten zur Erläuterung der Denkschriften der Provisorischen Kärntner Landesregierung vom 12. September 1945 und 1. Oktober 1945 – Nr. 2). Von Deutschkärntner wie auch von slowenischer Seite wurde immer wieder die geographische und wirtschaftliche Einheit und Unteilbarkeit des Klagenfurter Beckens betont. Auf der Friedenskonferenz in Paris ist die Causa Kärnten zumeist unter dem Titel „Frage des Klagenfurter Beckens" (Klagenfurt Basin) abgehandelt worden.

sich auf Grund des Selbstbestimmungsrechtes ihrer Bewohner dem Staat Deutschösterreich anschließen" zum „Land Kärnten" gezählt. Im III. Hauptstück der Provisorischen Verfassung vom 11. November 1918 hieß es, daß diese gemischtsprachigen Gebiete bis zur Durchführung der endgültigen Bestimmungen einstweilen unter der Verwaltung des Landes Kärnten bleiben. Als am 22. November 1918 die Provisorische Nationalversammlung in Wien ein Gesetz „über Umfang, Grenzen und Beziehungen des Staatsgebietes von Deutschösterreich" beschloß, war darin die „Gebietshoheit über das geschlossene Siedlungsgebiet der Deutschen innerhalb der bisher im Reichsrat vertretenen Königreiche und Länder" festgehalten, genauer über „die Länder Österreich unter der Enns (Niederösterreich) einschließlich des Kreises Deutsch-Südmähren und des deutschen Gebietes um Neubistritz (Nová Bystřice), Österreich ob der Enns (Oberösterreich) einschließlich des Kreises Deutsch-Südböhmen, Salzburg, Steiermark und

Der Grießerhof bei Micheldorf nahe Friesach (Foto: Bürgermeister Heinz Wagner, Micheldorf), Besitz des Advokaten Dr. Janko Brejc, maßgeblicher Vertreter der kämpferischen Kärntner nationalslowenischen Bewegung. Aus seinem Kreis ging die Kampfschrift „Aus dem Wilajet Kärnten" (1913) hervor, die bezugnehmend auf türkische Verhältnisse die Slowenen Kärntens als unterdrücktes Volk darstellt. Kärntner Antwort im April 1914: „Die Wahrheit über Kärnten." Brejc war zu Kriegsende Wortführer im Slowenischen Nationalrat für Kärnten, wechselte im Oktober 1918 in die Regierung nach Laibach und avancierte im Jänner 1919 zum slowenischen Regierungschef.

Kärnten ‚mit Ausschluß der geschlossenen jugoslawischen Siedlungsgebiete', die Grafschaft Tirol mit Ausschluß des geschlossenen italienischen Siedlungsgebietes, Vorarlberg, Deutschböhmen und Sudetenland sowie die deutschen Siedlungsgebiete von Brünn, Iglau und Olmütz". In der am selben Tag verabschiedeten „Staatserklärung über Umfang, Grenzen und Beziehungen des Staatsgebietes von Deutschösterreich" hieß es hingegen: „Das Herzogtum Kärnten, das eine wirtschaftliche und geographische Einheit bildet und dessen slawische Bevölkerung in ihrer erdrückenden Mehrheit eben aus diesen Gründen von einer Angliederung an das durch den Zug der Karawanken scharf abgeschiedene südslawische Gebiet nichts wissen will, bleibt mit Ausnahme der jenseits der Wasserscheide gelegenen Gemeinde Seeland des Gerichtsbezirkes Eisenkappel in seiner Gänze Bestandteil des österreichischen Staatsgebietes. Dem deutschen Sprachgebiet Kärnten ist die Gemeinde Weißenfels des bisherigen Herzogtums Krain zugeschlagen.“ Der letzten Verfügung lag ein längst zwischen den Landesausschüssen von Krain und Kärnten abgesprochener Gebietstausch zwischen der überwiegend deutschsprachigen Gemeinde Weißenfels (Fusine in Val Romana) östlich von Tarvis und der überwiegend slowenischsprachigen Gemeinde Seeland (Jezersko) südwestlich des Seebergsattels zugrunde. Die Kärnten betreffende Bestimmung in der Staatserklärung entsprach nicht dem im Staatsgebietsgesetz formulierten „Ausschluß der geschlossenen jugoslawischen Siedlungsgebiete“. Die überwiegend slowenischsprachigen Gerichtsbezirke Rosegg, Eisenkappel, Eberndorf und Bleiburg waren in das deutschösterreichische Staatsgebiet miteinbezogen. Der Staatserklärung vom 22. November 1918 entsprechend formuliert war dann auch die „Vollzugsanweisung des Deutschösterreichischen Staatsrates vom 3. Jänner 1919 über die das deutschösterreichische Staatsgebiet bildenden Gerichtsbezirke, Gemeinden und Ortschaften“.[52]

„DEN SÜDSLAWISCHEN TRUPPEN KEINEN WIDERSTAND ENTGEGENSETZEN ...“. MILITÄRPOLITISCHE LAGE KÄRNTENS IM NOVEMBER 1918.

Nach dem Waffenstillstand am 3. November 1918 mußte man in Kärnten zunächst mit dem Rückfluten von etwa einer halben Million Soldaten von der Südwestfront fertig werden; dies dauerte bis über die Mitte des Monats November. Die für den Transport verantwortlichen Eisenbahner, der Verkehrsausschuß unter Leitung von Gustav Axmann und der die Lebensmittelversorgung organisierende Ernährungsausschuß der Landesversammlung mit Vinzenz Schumy an der Spitze leisteten Großes. Plünderungen waren während jener Zeit eine ständige Gefahr; deshalb forderte der Landesausschuß schon am 1. November die Gemeinden auf, Bürgerwehren zu bilden.[53]

Wehrhaftigkeit wurde zunehmend auch deshalb ein Thema, weil nach dem Waffenstillstand der Kampf um das Staatsgebiet des Staates Deutschösterreich einsetzte. Die auf dem Territorium der ehemaligen Habsburgermonarchie durch die einzelnen Nationalitäten gegründeten sogenannten

Ing. Vinzenz Schumy (1878–1962): ab 1918 Landesrat, 1919 Mitglied der österreichischen Friedensdelegation, maßgeblich im Kärntner Heimatdienst, 1923–1927 Kärntner Landeshauptmann. Zeichnung von Leo Kainradl.

„Nachfolgestaaten" waren bestrebt, das von ihnen beanspruchte Gebiet umgehend militärisch abzusichern. Durch vollendete Tatsachen rechnete man sich, wie schon erwähnt, eine bessere Ausgangsposition bei den bevorstehenden Friedensverhandlungen in Paris aus.

In Kärnten rückten ab 7. November 1918 Truppen der Laibacher Regierung ein. Außerdem besetzten italienische Soldaten das Kanaltal; am 16. November war Tarvis in ihrer Hand, am 21. November Thörl. Dieses Gebiet war Italien – allerdings nur bis zur Wasserscheide – 1915 im sogenannten Londoner Vertrag zusammen mit Südtirol, Görz, Triest, Istrien und Teilen von Dalmatien für den Kriegseintritt auf seiten der Entente in Aussicht gestellt worden (Karte S. 115). Laut Waffenstillstandsbedingungen konnte sich Italien als Ententemacht frei auf österreichischem Boden bewegen. Der Wehrausschuß der Kärntner Landesversammlung, dem die Leitung der Landesverteidigung oblag, wies am 8. November 1918 militärische Kommandanten und Kommandanten der Bürgerwehr für den Fall einer Kollision mit Entente-Abordnungen an, sich als Organe zur Aufrechterhaltung von Ruhe und Ordnung auszugeben. Man war aber nicht nur gezwungen, die Ententeverbände gewähren zu lassen, die Kärntner Verantwortlichen sahen zunächst auch ohne Gegensteuern zu, wie Truppen der Laibacher Regierung einen Ort nach dem anderen okkupierten.[54]

Aus einem privaten Foto-Album: Landesverweser-Stellvertreter August Neutzler und Landesrat Dr. Gustav Axmann im November 1918 in Angelegenheiten des Verkehrsausschusses unterwegs in Kärnten. Foto: Boyneburg.

Es mangelte an einer bewaffneten Macht. Die k. u. k. Armee war in Auflösung; bei Kriegsende standen in Klagenfurt nur die Ersatzbataillone der heimischen Truppenkörper, insgesamt nicht mehr als 150 brauchbare Soldaten, zur Verfügung. Allerdings gab es Heeresvorratslager in Villach, St. Veit und Klagenfurt. Die k.u. k. Kommanden waren erloschen, der Wehrausschuß der Kärntner Landesversammlung übernahm die Leitung der militärischen Angelegenheiten. Österreichweit hat man ab Anfang November 1918 auf Freiwilligenbasis mit der Aufstellung der Volkswehr als Wehrmacht der Republik begonnen. Anfang November wurde bereits seitens der Wiener Regierung den Kärntner Bezirkshauptmannschaften angeordnet, Volkswehren zu bilden, ebenso erging später an die Kärntner Gemeinden die Aufforderung, an der Aufstellung der Volkswehr mitzuwirken. Am 7. November berief der Wehrausschuß der Kärntner provisorischen Landesversammlung alle zum Militärdienst tauglichen Männer vom 18. bis 36. Lebensjahr ein. Diese allgemeine Einberufung mußte ein paar Tage später aufgrund einer Weisung aus Wien zurückgenommen werden. Die Volkswehr war zunächst als reines Berufsheer konzipiert; erst im Februar 1919 schuf die Regierung die Möglichkeit, zusätzlich gewisse Jahrgänge zum

Malgaj-Kompanie. Foto: Kärntner Volksabstimmungskalender 1935/Mai. „Die jungen Soldaten..., blau-weiß-rote Bänder an den Mützen, sonst in der alten, vertrauten österreichischen Uniform.“ (Perkonig, Heimat in Not, 43).

Dienst zu verpflichten. Die Zentralregierung befürchtete in jenen Nachkriegstagen ständig, mit dem Vorwurf der Verletzung des Waffenstillstands konfrontiert zu werden. Das Schreckgespenst einer möglichen Besetzung des Landes durch alliierte Truppen und des Endes der so dringend benötigten Kohlen- und Nahrungsmittellieferungen ging um. Die Diskussionen im Kärntner Wehrausschuß am 14. und 15. November 1918 waren von Passivität geprägt. Dementsprechend erließ der Ausschuß am 16. November den Befehl, südslawischen Truppen keinen Widerstand entgegenzusetzen.[55]

Noch am 7. November 1918 hatten sich Vertreter der deutschösterreichischen und der Laibacher Regierung bei Verhandlungen in Graz darauf geeinigt, die Entscheidung über die Grenzen dem kommenden Friedenskongreß zu überlassen. Am selben Tag dringen jedoch bereits slowenische Soldaten des ehemaligen k. u. k. Infanterieregiments Nr. 87 aus Cilli unter Oberleutnant Franz Malgaj ins kärntnerische Mießtal ein und nehmen Prävali, Gutenstein und den Bahnhof von Unterdrauburg ein. Der Vormarsch läuft als Aktion zur Bekämpfung von Plünderungen. Gleichzeitig erhält am 8. November der ehemalige k. u. k. Hauptmann des Generalstabes Alfred Lavrič von Zaplaz von der Laibacher Regierung den Befehl, über den Seebergsattel und den Loiblpaß nach Kärnten vorzurücken, das Land (zunächst südlich der Drau) zu besetzen und dem jugoslawischen Staat an-

„Der Bruder von gestern, der Feind von morgen“ (Franz Theodor Czokor, 70f.): Oberleutnant Franz Malgaj, Inhaber der goldenen Tapferkeitsmedaille, trat in Kärnten auf südslawischer Seite gegen einstige Armeekameraden an. Am 7. November 1918 rückt er ins Mießtal ein, am 23. November besetzt er Bleiburg, am 30. November Völkermarkt. Am 7. Mai 1919 fällt er bei Gutenstein im Mießtal. Foto: Kärntner Landesarchiv.

zugliedern. Lavrič okkupiert Eisenkappel, Eberndorf, Kühnsdorf und am 19. November 1918 auch Ferlach.

Am 12. November 1918 war Oberstleutnant Ludwig Hülgerth vom Wehrausschuß des Landtages zum Oberkommandierenden der Volkswehr in Kärnten ernannt worden. Der Wehrausschuß hatte schon am 8. November Kärnten aus der früheren Unterstellung unter das Militärkommando in Graz gelöst. Dies wurde am 25. November vom Staatsamt für Heerwesen in Wien bestätigt: Kärnten erhielt ein eigenes Militärkommando und Hülgerth den Titel „Befehlshaber von Kärnten“ (ab 27. Dezember Landesbefehlshaber in Klagenfurt). Der neuernannte Oberkommandant Hülgerth berichtet am 14. November im Wehrausschuß über den Vormarsch der südslawischen Truppen und regt ein demonstratives militärisches Vorgehen an, um Lavrič südlich der Drau zu halten. Der Wehrausschuß spricht sich dagegen aus – man hält eine derartige Aktion für sinnlos. Ergebnis war der schon erwähnte Befehl, den südslawischen Truppen keinen Widerstand zu leisten.[56]

Der Passivität und Mutlosigkeit auf Kärntner Regierungsseite stand südslawische Siegessicherheit gegenüber. „Mit den Deutschen wird es eine leichte Abrechnung“, hieß es in der von Smodej redigierten Zeitung „Mir“.

Die Laibacher Nationalregierung forderte am 14. November 1918 den Agramer Nationalrat auf, Hermagor, Villach, Klagenfurt, St. Veit an der Glan, St. Johann am Brückl, Völkermarkt, St. Andrä und Unterdrauburg durch Ententetruppen (gemeint serbische) besetzen zu lassen. Tags darauf verlangt der Laibacher Präsident Josip von Pogačnik beim Staatsamt in Wien, sofort sämtliche Nationalwehren in Kärnten aufzulösen und alle deutschen Truppen aus den slowenischen Gegenden im Land abzuziehen. Die Kärntner Landesregierung urgiert in Wien die Einleitung von Verhandlungen mit Laibach über eine vorläufige Regelung der Grenzfragen. Laibach will erst darauf eingehen, wenn das „slowenische Gebiet" in Kärnten von deutschen Truppen frei ist. Staatssekretär Otto Bauer telegrafiert dem Kärntner sozialdemokratischen Parteiobmann Florian Gröger, man möge doch sofort die Kärntner Sicherungstruppen aus dem Gebiet südlich der Drau entfernen. Offenbar zur Vermeidung eines Konflikts mit dem südslawischen Nachbarn läßt die Regierung den Gesetzesentwurf für das am 22. November 1918 verabschiedete Staatsgebietsgesetz abändern. Im Entwurf hatte sich das Gebiet der Republik Deutschösterreich auf ganz Kärnten mit Ausnahme der Gemeinde Seeland (Jezersko) erstreckt. Im Gesetz scheint dann nur noch ein Rumpfkärnten als zum Staatsgebiet gehörig auf, nämlich Kärnten „mit Ausschluß der geschlossenen jugoslawischen Siedlungsgebiete". Die gleichzeitige „Staatserklärung" bezog allerdings, wie bereits bekannt, ganz Kärnten in das österreichische Staatsgebiet mit ein.

Am 23. November unterrichtet Bauer Laibach: In Kärnten stünden keinerlei Truppen, nur Wachmannschaft und Bürgerwache zur Sicherung der Ruhe. Erneut wird beantragt, die Regelung der Grenzfragen der Friedenskonferenz vorzubehalten. Am selben Tag rückt Malgaj in Bleiburg ein. In Ferlach schließen am 23. November Hülgerth, Landtagsabgeordneter Dr. Josef Pflanzl und Lavrič ein Demarkationslinienabkommen, das der südslawischen Seite die vorläufige Verwaltung östlich von Gailitz und Gail und südlich der Drau bis Pirk östlich von Völkermarkt zugesteht. Am 25. November 1918 werden Rosenbach und Rosegg von jugoslawischem Militär okkupiert.

Das Oberkommando im östlichen Teil Südkärntens (Bezirkshauptmannschaft Völkermarkt) war damals durch die Laibacher Regierung an General Rudolf Majster übertragen worden. Der Slowene Majster, ehemals k. u. k. Major und Kommandant des Landsturmbezirkskommandos 26 in Marburg, von der Laibacher Regierung zum Generalmajor ernannt, hatte sich am 1. November 1918 handstreichartig des Stationskommandos von Marburg bemächtigt, am 23. November die Marburger Schutzwehr entwaffnet und damit militärisch die Stadt übernommen. In der Folge kommt es zur raschen Besetzung der ganzen Untersteiermark mit Cilli und Pettau. Widerstand der Bevölkerung wurde später unterbunden, indem man Marburger Bürger als Geiseln aushob. General Majster und Oberst Passy vom Militärkommando Graz schlossen am 27. November in Marburg einen Vertrag über die „Besetzung der gemischtsprachigen Gebiete in der Steiermark und in Kärnten durch jugoslawische Truppen". St. Paul im Lavanttal, Feldkirchen, Villach und Hermagor wären demzufolge in den jugoslawisch besetzten Teil gefallen. Die Kärntner Landesregierung protestierte, ebenso die Wiener Regierung. Der Vertrag wurde annulliert. Auch der Versuch, ein südslawisches Kommando nach Klagenfurt zu verlegen – Lavrič erschien unter Bedeckung von sechs mit Handgranaten bewaffneten Soldaten am 28. November im Landhaus zu Klagenfurt –, konnte abgebogen werden. Allerdings ging man slowenischerseits daran, im besetzten Südkärntner Gebiet die politische Verwaltung, die Gerichte, Steuerämter, Gendarmerie und den Eisenbahnverkehr an sich zu reißen. Neue Bezirkshauptmannschaften in Ferlach und Völkermarkt wurden mit südslawisch gesinnten Beamten besetzt. In die Gemeindeverwaltungen schleuste man „Gerenten" ein. In Arnoldstein hat sich der Gemeindeausschuß mutig gegen die Übernahme der Gemeindeverwaltung zur Wehr gesetzt.

Poststempel Velikovec (Völkermarkt) vom 13. 3. 1919 (Sammlung Gerd Orehounig). Völkermarkt wurde am 30. November 1918 jugoslawisch besetzt, am 2. Mai 1919 befreit, am 2. Juni 1919 (bis nach der Volksabstimmung) wieder besetzt. Auch im Postwesen wurde versucht, vollzogene Tatsachen zu schaffen. Während der SHS-Besetzungsphasen vom November 1918 bis November 1920 waren insgesamt 52 Kärntner Postämter durchgehend bzw. zeitweise südslawisch verwaltet. Die Ortstagesstempel wurden slowenisiert. (Vgl. Posch, 482f.)

Am 29. November 1918 verhandelt Majster mit Kärntner Abgesandten in Marburg. Noch während geredet wird, rückt Malgaj nach Völkermarkt vor. Der Wehrausschuß der Kärntner Landesversammlung organisiert am 1. Dezember 1918 einen Gegenstoß, aber der Versuch einer Befreiung von Völkermarkt scheitert. Die Besetzung kärntnerischer Orte geht weiter – am 2. Dezember Griffen und Unterdrauburg, am 3. Dezember Lavamünd und St. Paul. Die südslawischen Truppen tragen zum Teil serbische Uniformen. Das kompliziert die Sache zusätzlich. Serbien ist ein alliierter Staat, und Ententetruppen steht aufgrund des Waffenstillstandsvertrags vom 3. November das Besetzungsrecht in Deutschösterreich zu. Am 3. Dezember protestiert Landesverweser Lemisch bei der Regierung in Wien, weil SHS-Truppen im Namen der Entente Kärnten okkupieren. Truppen sollen fortan den Auftrag eines Ententekommandos vorweisen.[57]

5. DEZEMBER 1918: KÄRNTNER LANDESVERSAMMLUNG (LANDTAG) BESCHLIESST DEN BEWAFFNETEN WIDERSTAND. DIE VOLKSWEHR FORMIERT SICH.

Am 5. Dezember 1918 wird in einer vertraulichen Sitzung der Kärntner Landesversammlung auf Antrag deutschfreiheitlicher Abgeordneter durch alle im Landtag vertretenen Parteien der Beschluß gefaßt, „angesichts des dem Selbstbestimmungsrechte der Völker hohnsprechenden Vorgehens jugoslawischer Truppen in Kärnten“ dem Eindringen derselben „mit allen Kräften entgegenzutreten“. Nur Ententetruppen, die sich aber als solche legitimieren müssen, soll kein Widerstand geleistet werden. Die Wiener Regierung spricht sich am 7. Dezember gegen den militärischen Widerstand aus und empfiehlt, die Entscheidung der Friedenskonferenz abzuwarten.[58]

Alle politischen Parteien im Landtag, Deutschfreiheitliche, Christlichsoziale und Sozialdemokraten, haben den weitreichenden Entschluß vom 5. Dezember mitgetragen. Die anfängliche Opposition von Sozialdemokraten und Christlichsozialen, die Blutvergießen vermeiden wollten und auf die Friedenskonferenz setzten, wurde überwunden. Die Sozialdemokraten allerdings formulierten schriftlich einen gewissen Vorbehalt – genügend verläßliche Truppen und Munition müßten vorhanden sein und das „Bürgertum“ müßte sich gleichermaßen zur Verfügung stellen. Die Sozialdemokratie war von ihrer Ideologie her gegen militärische Auseinandersetzungen. Noch am 3. Dezember 1918 hatte sich die Kärntner sozialdemokrati-

Landtagsabgeordneter Dr. Fritz Dörflinger (auf dem Bild) und Genossen (Dr. Angerer, Burger, Dr. Bartel, J. Winkler und Ing. Schueler) aus dem deutschfreiheitlichen Lager brachten am 5. Dezember 1918 im Landtag den Antrag ein, der zum Beschluß des bewaffneten Widerstandes führte. Foto: Reinhold Gasper.

sche Landtagsfraktion zur „brüderlichen Solidarität mit den Völkern aller Nationen“ bekannt – denn nur dies sei „Gewähr für den Weltfrieden und die Befreiung des Proletariats aus den Fesseln des Kapitalismus“.[59] Auch die südslawischen Sozialdemokraten protestierten im Jänner 1919 gegen die „Gewalt- und Eroberungspolitik“ ihrer Regierung in Kärnten.[60] Im Wehrausschuß der Kärntner Landesversammlung, dem der Sozialdemokrat Peter Melcher präsidierte, war am 14. November 1918 und danach bewaffnetes Vorgehen verworfen worden.

Die pazifistisch orientierten Soldatenräte, von den Volkswehrsoldaten in allen österreichischen Garnisonen zur Vertretung ihrer Interessen und Rechte gewählte Organe (sie saßen auch im Wehrausschuß des Kärntner Landtages und beim Kärntner Oberkommando), verfolgten teilweise linksradikale Ziele und erschwerten den Aufbau einer funktionierenden bewaffneten Macht. Einige Soldatenräte lehnten noch im Jänner bzw. Frühjahr 1919 jede Art von militärischem Zurückschlagen ab. Allerdings hatte sich am 29. November 1918 der damals neu konstituierte, sozialdemokratisch dominierte Soldatenrat in Klagenfurt gegen das provokatorische Vorgehen der Laibacher Truppen und für das Setzen einer demonstrativen Aktion an

Landtagspräsident Julius Lukas, Sozialdemokrat, erzählte Freunden vertraulich vom 5. Dezember 1918 im Landtag: Nachdem die Entscheidung zum bewaffneten Widerstand gefallen war, seien ihm in dem Bewußtsein der ungeheuren Verantwortung Tränen in die Augen getreten. Als er scheu zur Seite blickte, sah er am Nebenfenster den sonst so harten Abgeordneten Michael Paulitsch (christlichsozial) stehen, und der habe gerade so nasse Augen gehabt wie er. (Carinthia I 1960, 571; Foto ebda, 554).

der Demarkationslinie ausgesprochen. Nur dürfe dadurch, wie es hieß, nicht abermaligem Blutvergießen Vorschub geleistet werden. Im Wehrausschuß stimmte der Vertreter des Soldatenrats für die Befreiung des besetzten Völkermarkt (gescheiterter Versuch am 1. Dezember 1918), und vereinzelt herrschte auch in sozialdemokratischen Versammlungen Kampfstimmung. Prominente Sozialdemokraten berichteten später, sie hätten zwar die „kriegerische Politik" in Kärnten nicht gutgeheißen, wohl aber den Abwehrkampf, weil die Jugoslawen die Angreifer waren und Kärnten sich verteidigen mußte. Die Kärntner Landesversammlung hatte am 11. November 1918 den Anspruch auf die Landeseinheit zugunsten des Selbstbestimmungsrechtes der Kärntner Slowenen aufgegeben. Die Gegenseite legte hingegen „gewaltsames, imperialistisches, gegen den Willen der Bevölkerung gerichtetes Vorgehen" an den Tag – so der Text einer Denkschrift der Kärntner Landesregierung vom 8. Jänner 1919.[61]

Mit dem Beschluß der Landesversammlung zum militärischen Widerstand am 5. Dezember 1918 wurde dem Befehlshaber, der bis dahin in allem dem Wehrausschuß unterstand, für die militärischen Aktionen freie Hand gelassen. Eine Operationsabteilung unter Leitung von Hauptmann Franz Xaver Kohla war fortan mit der Aufgabe betraut, die militärischen Truppeneinsätze zu koordinieren. Nachfolger Kohlas wurde Anfang Mai 1919 Oberstleutnant Siegmund Knaus. Zum Stellvertreter Hülgerths ist Major Thomas Kliman ernannt worden.[62]

Stefan Moser, Gastwirt aus Maria Gail, Initiator einer der ersten spontanen Abwehraktionen der Bevölkerung gegen die SHS-Besatzer, die zur Einnahme der Dörfer Gendarmen aus Slowenien schickten. Die Gailtaler, die Pustritzer und Griffener wie die Lavanttaler haben mit ihrem Widerstandswillen andere mitgerissen.

Mittlerweile war man mit der Aufstellung der Volkswehr vorangekommen. Bis Anfang Dezember standen in Klagenfurt drei Bataillone bereit. Soldaten und Offiziere des Kärntner Gebirgsschützen-Regiments Nr. 1 bildeten den Grundstock des Volkswehr-Bataillons 1; das Volkswehrbataillon 2 rekrutierte sich aus dem Kärntner Infanterie-Regiment Graf Khevenhüller Nr. 7 und das dritte Volkswehrbataillon aus den Kärntner Freiwilligen Schützen. Diese heimischen Verbände waren bis zum Ende des Krieges in schwere und verlustreiche Kämpfe verwickelt gewesen; nun formierten sich die Überlebenden wieder, um die Heimat zu verteidigen. Später sollte in jeder Bezirkshauptmannschaft je ein Bataillon Volkswehr aufgestellt werden. Der Landesbefehlshaber verfügte Anfang Dezember über rund 600 Mann kampfbereite Truppe der Volkswehr. Die Gegenseite konnte in Kärnten etliche Soldaten mehr einsetzen.

Zunächst rollte die jugoslawische Okkupationswelle weiter. Ab 8. Dezember wurden Klein St. Veit bei Brückl und Tainach besetzt. SHS-Nachschub marschierte in den Raum Völkermarkt und am 11. Dezember erreichten rd. 500 Mann durch den Karawankentunnel Rosenbach. Am 9. Dezember war es in Maria Gail durch die einheimische Bevölkerung, geleitet vom Gastwirt Stefan Moser, zur Vertreibung von SHS-Besetzern gekommen. Der Pfarrer und ein Lehrer, die sich als Schrittmacher der neuen, jugoslawischen Zeit aufgespielt hatten, mußten fliehen. Auch in St. Stefan und anderen Orten des unteren Gailtales erwuchsen aus den Reihen der Bevölkerung, der deutschen wie der slowenischen, spontane Abwehrmaßnahmen, die zur Befreiung der Gebiete von südslawischer Gendarmerie führten.[63]

Zwischen 9. und 12. Dezember 1918 fanden Verhandlungen in Laibach statt. Die Vertreter der slowenischen Nationalregierung verlangten die Räumung und Übergabe der „geschlossenen slowenischen Gebiete" bzw. die „lebende ethnische Grenze". Dr. Brejc brachte das Argument der Abstammung ins Spiel – Slowene sei, wer slowenisches Blut in den Adern habe, auch wenn er sich derzeit politisch zum Deutschtum bekenne. Die von Kärnten angebotene Übergabe der Gerichtsbezirke Bleiburg, Eberndorf und Eisenkappel – vorbehaltlich der endgültigen Grenzbestimmung durch die Friedenskonferenz – wurde abgelehnt. Die Kärntner ließen daraufhin die Verhandlungen platzen, obwohl die Slowenen angekündigt hatten, Klagenfurt und Villach zu besetzen.[64]

DIE ALLGEMEINE VERSORGUNGSLAGE. WIEN UND DER KÄRNTNER GRENZKONFLIKT.

Grundmotiv der österreichischen Politik vom Herbst 1918 bis Mitte 1919 war die Vermeidung jedes bewaffneten Konflikts. Der in seiner wirtschaftlichen Existenz bedrohte Staat Deutschösterreich sollte nicht zusätzlich durch militärische Aktionen gefährdet werden. Hinsichtlich der Versorgung mit Lebensmitteln und Kohle war die Regierung in Wien auf die Entente, auf Ungarn, die Tschechoslowakei und den SHS-Staat angewiesen. Am 7. November und am 12. Dezember 1918 fanden in Graz bzw. Laibach die ersten Wirtschaftsverhandlungen zwischen Deutschösterreich und dem SHS-Staat statt, 1919 und auch noch 1920 wurden mehrere Kompensationsverträge vereinbart: Die Jugoslawen lieferten Lebensmittel, die Österreicher Industrieerzeugnisse, wie z. B. Lokomotiven. Das Ausmaß der Abhängigkeit Österreichs wird anhand folgender Angaben deutlich: Im zweiten Halbjahr 1919 – damals war die Hungerkrise auf dem Höhepunkt – bezog Österreich vom SHS-Staat rund ein Viertel seiner Bohnen-, 56 % der Hafer-, 60 % der Mais- und 71 % der Schlacht- und Zugviehimporte, obwohl der Anteil Jugoslawiens am österreichischen Gesamtimport nur bei 3 % lag. Schon deshalb ist verständlich, daß der österreichischen Regierung die Aufrechterhaltung von guten Beziehungen zum SHS-Staat wichtiger war als die umgehende Lösung von Grenzkonflikten. Diese sollten von der Friedenskonferenz entschieden werden – immer wieder geäußerte Forderung Wiens.[65]

Die Lebensmittelnot war sicher auch einer der Gründe dafür, daß in der Untersteiermark auf die Herausforderungen zu Kriegsende anders reagiert wurde als in Kärnten. Hier herrschte zwar ebenfalls Hunger, aber das Land konnte sich selbst ernähren. Anders in der Untersteiermark, die während des Krieges als agrarisches Nachschubland für die steirischen Städte, für Wien und die Armee ausgeblutet worden war. Im Sommer 1918 wurde in Marburg schon große Not an Lebensmitteln registriert. Als sich gegen Kriegsende der nationale Umbruch anbahnte, blieb die Versorgungsfrage das Hauptthema für die deutsche Stadtverwaltung. Eng damit verbunden war die Gefahr von Unruhen und Meutereien. Immerhin kam es am 22. Februar 1919 zu einem kommunistischen Umsturzversuch in Graz.

Um Ordnung und Versorgung zu gewährleisten, gab man in der Untersteiermark nationalpolitischen Bedingungen der Gegenseite nach und schränkte so den eigenen politischen Spielraum ein. Die Marburger Stadtverwaltung nahm mit dem slowenischen Nationalrat, der sich auch hier konstituiert hatte, Verbindung auf, um die nötigen Lebensmittellieferungen aus dem slowenischen Gebiet sicherzustellen, falls der Nachschub aus Graz ausblieb. Das funktionierte gegen politische Zugeständnisse – Absetzung der deutschen Bezirkshauptleute in der Untersteiermark und Aufnahme von slowenischen Kommissären in den neu gebildeten Wirtschaftsrat. Am 1. November 1918 besetzte Major Majster das Marburger Stationskommando. Trotzdem wurde bei den Wirtschaftsverhandlungen am 7. November in Marburg von Deutschösterreich die nationale Frage nicht angeschnitten. Die Gegenseite hatte hingegen die Räumung des rechten Drauufers von Truppen zur Bedingung für den Eintritt in Verhandlungen gemacht. In den Kreisen der Marburger Verwaltung vertraute man hinsichtlich der Wahrung des deutschösterreichischen Besitzstandes in der Untersteiermark auf die Zusicherungen aus Wien und Graz.[66]

Aus den Verhandlungsprotokollen der Staatsregierung von Herbst 1918 bis Frühsommer 1919 ist der Stellenwert der einzelnen Grenzkonflikte für Wien klar erkennbar: den Sudetenländern wurde die größte Bedeutung zugemessen, gefolgt von Südtirol, Kärnten und der Untersteiermark. Für das am 1. Dezember 1918 konstituierte Königreich SHS war Kärnten ein Nebenschauplatz. Die strittigen Grenzen gegen Italien und Rumänien beherrschten die jugoslawische Politik. Allerdings ist in der Folge durch die sich lange hinziehende militärische Konfrontation die Frage Kärnten auch für Belgrad über den anfangs nur peripheren Stellenwert hinausgewachsen.[67]

Obwohl der Kärntner Frage in Wien keine Priorität zugemessen wurde, war das Staatsamt für Äußeres dennoch ab November 1918 intensiv mit die-

Dr. Otto Bauer, Staatssekretär für Äußeres – Sorge um das Staatsganze erschwert die Hilfe für Kärnten.

ser Problematik befaßt. Die Landesregierung in Klagenfurt suchte ständig Rat, Unterstützung und später Rückendeckung. Der Staatssekretär für Äußeres, Dr. Otto Bauer, bot auf diplomatischer Ebene insofern Hilfestellung, als er in Agram und Laibach protestierte, beschönigte, darauf beharrte, daß man alles freundschaftlich lösen werde. Ab Dezember 1918 wurden dann auch Protestnoten an neutrale Staaten (wie die Schweiz und Schweden) zur Weiterleitung an die Alliierten gesandt. Der direkte Kontakt mit der Entente war schwer erreichbar. Zu den Maximen der damaligen Wiener Politik gehörte die Aufrechterhaltung guter Beziehungen zu Alliierten und Nachbarn. Unter dieser Voraussetzung half man Kärnten so lange, als dadurch die Gesprächsbasis mit den Jugoslawen nicht verlorenging. Karl Renner berichtet in seinen Erinnerungen von einer starken Unterstützung der Kärntner durch Wien, wenn man dies auch nicht immer offen zeigen konnte. Die Protestnote der Laibacher Regierung vom 24. Dezember 1918 unterstreicht diese Aussage, denn hier wird das deutschösterreichische Staatsamt für Äußeres des Doppelspiels bezichtigt, weil es nach außen das Vorgehen der Kärntner verurteile, ihm insgeheim aber zustimme. Zustimmung fiel leicht, solange die Kärntner in der Defensive blieben und die Besetzung „slowenischer" Gebiete in Kärnten duldeten. Als am 5. Dezember die Kärntner Landesversammlung den Widerstand gegen eindringende südslawische Truppen beschloß, lief dies gegen die Regeln der Wiener Politik und mußte offiziell abgelehnt werden. Auch gegen die Aufstellung von Alarmkompanien und später die Kündigung und Überschreitung der Demarkationslinie hat Otto Bauer protestiert. Ab diesem Zeitpunkt begann sich in Kärnten die Überzeugung breit zu machen, daß die Wiener Zentralstellen den Anliegen der Kärntner gleichgültig gegenüberstünden, eine Auffassung, die bis heute unausrottbar ist.

In letzter Zeit wurde in historischen Arbeiten versucht, dieses gängige Geschichtsbild zu korrigieren. Tatsächlich hat die österreichische Regierung im Zuge des weiteren Verlaufs der Ereignisse ab Dezember 1918 Kärnten immer wieder auf diplomatischer, militärischer und vor allem wirtschaftlicher Ebene unter die Arme gegriffen.[68] Alles aber wäre von geringem Nutzen gewesen, wenn sich unser Land nicht nach der Phase der Ohnmacht im November 1918 von dem durch Wien vorgegebenen, von der Angst vor Komplikationen mit den Alliierten diktierten Weg des Gewährenlassens und Auf-die-Friedenskonferenz-Vertrauens befreit hätte. Eine unwidersprochen hingenommene Besetzung eines Teiles von Kärnten durch südslawische Truppen wäre von der Friedenskonferenz als fait accompli akzeptiert und nicht weiter hinterfragt worden. Im vergleichbaren Fall Untersteiermark ist es so geschehen. Die Nachfolgestaaten der Donaumonarchie wurden nämlich nicht von der Friedenskonferenz (Beginn 18. Jänner 1919) geschaffen, sie entstanden unmittelbar nach Kriegsende bzw. schon davor aus eigener Kraft. Die alliierten Friedenmacher – mit Problemen vom Bosporus bis Dänemark konfrontiert – haben weitgehend vollzogene Tatsachen zur Kenntnis genommen und nur dort eingegriffen, wo offene Krisenherde den Frieden gefährdeten. Als der US-Offizier Sherman Miles in offizieller Mission im Jänner 1919 in die österreichische Untersteiermark kam, hat er ohne weiteres den Okkupator des Gebiets, den slowenischen General Majster, gewissermaßen als Gouverneur begrüßt, mit ihm diniert und die Situation besprochen. Er gab zwar zu bedenken, daß die USA den jugoslawischen Staat noch nicht anerkannt hätten und man amerikanischerseits die De-facto-Regierung der Jugoslawen in der Untersteiermark genau beobachten wolle. Mit keinem Wort wurde jedoch angedeutet, daß erst die Friedenskonferenz über das Schicksal der Untersteiermark entscheiden werde.[69]

DER FREIBACH, ALTE GRENZE MIT NEUER BRISANZ.

Angesichts der militärischen Lage in Kärnten Mitte Dezember 1918 schien die Aufrechterhaltung der Landeseinheit illusorisch. Fazit: Man würde den Jugoslawen Zugeständnisse machen müssen. Schon in der Provisorischen Verfassung Kärntens vom 11. November 1918 war in dieser Hinsicht Flexibilität signalisiert worden: Nur jene gemischtsprachigen Siedlungsgebiete Kärntens wurden beansprucht, deren Bewohner sich aufgrund des Selbstbestimmungsrechtes freiwillig dem Staat Deutschösterreich anschließen wollten. Unter Berufung auf das Selbstbestimmungsrecht hatte die Wiener Regierung bisher ausschließlich dann gegen die Okkupation von Teilen Kärntens durch südslawische Truppen protestiert, wenn Gebiet mit deutschsprachiger Bevölkerung wie die Stadt Völkermarkt betroffen war oder wenn deutsche Städte wie Klagenfurt und Villach bedroht wurden. Die Argumentation des Außenamtes gegen den am 27. November 1918 zwischen General Majster und Oberst Passy abgeschlossenen Vertrag über die „Besetzung der gemischtsprachigen Gebiete in der Steiermark und in Kärnten durch jugoslawische Truppen“ lag ebenfalls auf dieser Linie: Man annullierte den Vertrag, weil die ausgehandelte Besetzung durch Jugoslawien sich auch auf rein deutsche Gegenden erstreckte.[70]

Militärische Lage Mitte Dezember 1918 (Karte Knaus, Kärntner Freiheitskampf, Anhang – Ausschnitt). Eingezeichnet: der Freibach.

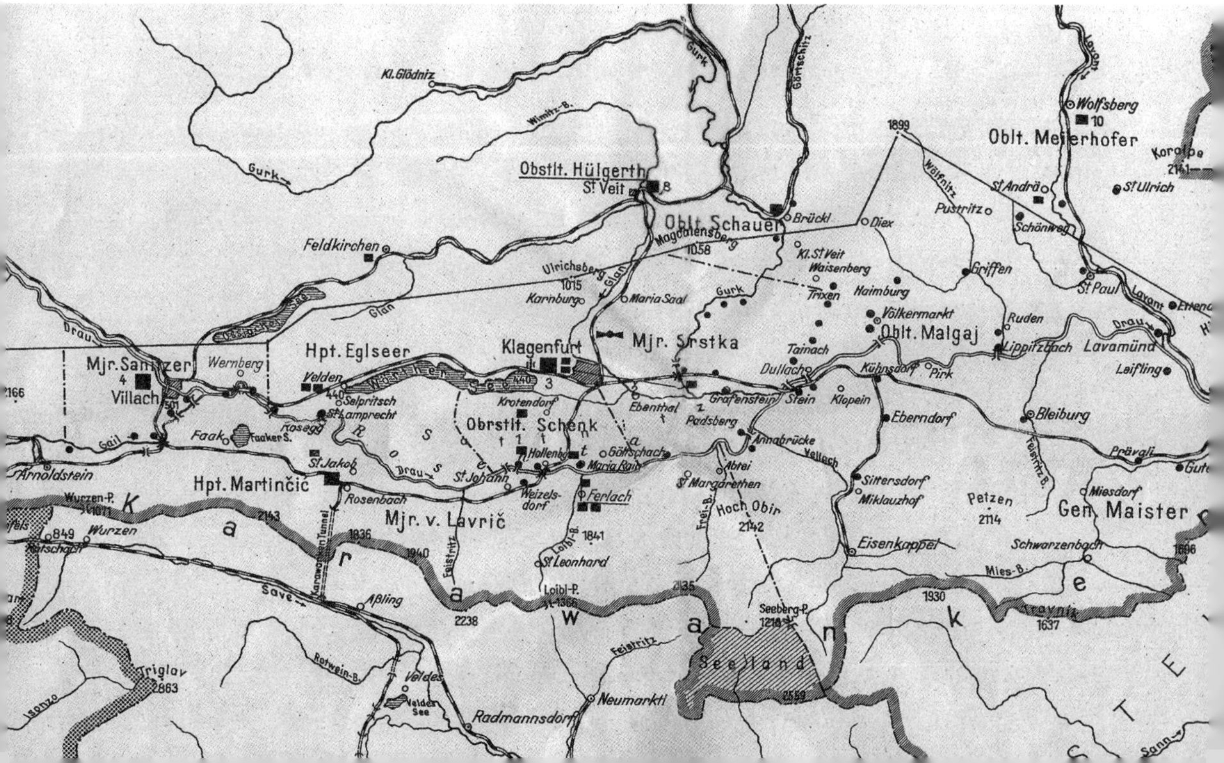

Dr. Martin Wutte (1876–1948), Historiker, Sekretär des Geschichtsvereines für Kärnten, Leiter des Kärntner Landesarchivs (ab 1923). Er stellte sich mit seinem Wissen in den Dienst Kärntens. Als Experte war er Mitglied der österreichischen Friedensdelegation in Paris. Mit seinem 1922 erschienenen Buch „Kärntens Freiheitskampf" begründet er die Zeitgeschichtsforschung in Österreich.
Zeichnung von Leo Kainradl.

Daß man in Kärntner Regierungskreisen die damalige Ohnmacht realistisch einschätzte, beweist die Existenz einer Mitte Dezember 1918 sicher von Dr. Martin Wutte erarbeiteten, von Lemisch unterzeichneten „Denkschrift über die Möglichkeit einer Teilung Kärntens".[71] Sie entstand über Anforderung des Staatsamtes für Äußeres: Die Kärntner Regierung sollte, so hieß es, die „unabweisbaren Forderungen" als Grundlage für weitere Verhandlungen vorlegen. Nach einleitenden Bemerkungen über die geographische, wirtschaftliche und kulturelle Einheit des Landes und der Aufzählung jener Gebiete, die auf jeden Fall bei Kärnten bleiben müßten, werden auch einige Teilungsmöglichkeiten erörtert – allerdings, so ist festgehalten, auf der Basis des Selbstbestimmungsrechtes, d. h. unter Berücksichtigung der Wünsche der betroffenen Bevölkerung. Folgende Abtretungen an Jugoslawien waren vorstellbar: 1. Die Gerichtsbezirke Bleiburg, Eberndorf und Eisenkappel – ein Gebiet, das im Norden durch die Drau, im Süden durch die Karawanken und im Westen durch den Freibach, die jahrhundertealte Grenze zwischen den Landgerichten Hollenburg und Stein, begrenzt war. In diesen drei Gerichtsbezirken war eine große slowenische Bevölkerungsmehrheit gegeben. Als zweites Kärntner Gebiet, das möglicherweise von Kärnten abgetrennt werden konnte, erwähnt die Denkschrift das obere Rosental mit den überwiegend slowenischsprachigen Gemeinden Ledenitzen und St. Jakob (nicht jedoch Rosenbach) sowie den mehrheitlich slowenischsprachigen Gemeinden Rosegg und Finkenstein mit der Drau als „natürlicher Grenze“ im Norden. Drittens, schließlich, rechnete man auch den mehrheitlich deutschsprachigen Markt Unterdrauburg nicht zu den unverzichtbaren Gebieten.[72]

„KÄRNTEN ALS GANZES ZU ERHALTEN – WÄRE DAS NICHT EINE NATIONALE TAT?“ IN VELDEN ENTSTEHT DIE IDEE EINER KÄRNTNER REPUBLIK.

Mitte Dezember 1918 war Südkärnten von jugoslawischen Truppen besetzt, die Lage schien gefährlich bis ausweglos. Da ließ am 12. Dezember 1918 eine Einschaltung in der Villacher Zeitung unter dem Titel „Kärnten den Kärntnern“ aufhorchen. Die Landsleute wurden darin zum Nachdenken darüber animiert, wie man Kärnten für sein Volk als Ganzes erhalten könne. Am 25. Dezember wird in derselben Zeitung die Antwort darauf gegeben – durch die Schaffung einer unabhängigen Kärntner Republik. Wenn nur die Kärntner in ihrem Land das Sagen hätten und Einflüsse von außen, von Wien, Laibach, Agram, nicht wirksam werden könnten, nur dann bestünde die Chance, Kärnten als Einheit zu bewahren, anstatt es zu zerstören. Als verantwortlich für den Aufruf zur Gründung einer Kärntner Republik zeichneten 12 Veldener, an der Spitze der Arzt Dr. Gottfried Engstler und der Hotelier Anton Wrann.[73] Die Ereignisse in Kärnten in den Jahren 1918 bis 1920 sind detailreich und bis heute grundlegend in Martin Wuttes Werk „Kärntens Freiheitskampf 1918–1920“ dargestellt. Durch Erschließung neuer Quellen und wegen neuer Sichtweisen haben Historiker aber in den letzten Jahren das Geschichtsbild erweitert, ohne daß sich dessen Grundzüge veränderten.

Warum entstand ausgerechnet in Velden eine derartige Initiative? Der Ort spiegelte im kleinen die volkstumsmäßige Situation in Südkärnten. Hier lebten im Jahr 1900 493 Personen mit deutscher, 146 mit slowenischer Umgangssprache. Die aufstrebende Fremdenverkehrsgemeinde wurde in das dramatische Geschehen der damaligen Zeit unmittelbar hineingezogen, was wirtschaftlich nur abträglich sein konnte. Bereits Ende November 1918 war die Nachbargemeinde Rosegg von Truppen der Laibacher Regierung besetzt worden; die Gefahr für Velden wuchs. Seit Oktober 1918 gab es hier eine Bürgerwehr.[74] Am 11. Dezember bereits wurde auf Anordnung von

Verleihung der Ehrenbürgerschaft an Landeshauptmann Ludwig Hülgerth (4. von rechts in der hinteren Sitzreihe) im Februar 1936 in Velden. Vorne ganz rechts mit dem Rücken zum Beschauer Med.-Rat Dr. Gottfried Engstler, der zusammen mit dem Hotelier Anton Wrann Ende 1918/Anfang 1919 Wortführer jener „Veldener Gruppe“ war, die für die Errichtung einer „Kärntner Republik“ eintrat. Foto: Verwaltungs- und Heimatarchiv der Marktgemeinde Velden.

Landesbefehlshaber Hülgerth der „Kampfabschnitt Velden“ eingerichtet – der Raum war wichtig für die Aufrechterhaltung der Verbindung zwischen Klagenfurt und Villach. Velden ist Stützpunkt der Kärntner Marinekompanie geworden, die sich aus ehemaligen Kärntner Angehörigen der k. u. k. Kriegsmarine, später verstärkt durch freiwillig mitmachende Wiener Marineure, formiert und Hauptmann Karl Eglseer zum Kommandanten gewählt hatte. Sie bildete in der Folge mit der aus der Bürgerwehr hervorgegangenen Veldener Volkswehrkompanie und der Maria Gailer Sturmkompanie die „Kampfgruppe Velden“, die während des ganzen Abwehrkampfes im Raum Rosenbach eingesetzt wurde.[75]

Um ihr Ziel zu erreichen, wollten die „Freunde der Kärntner Republik“ 100.000 Unterschriften sammeln. Zu diesem Zweck wurden Flugblätter verteilt und fanden im Jänner 1919 Volksversammlungen in Velden, Schiefling, Klagenfurt und auch in Arriach statt. Die Unterschriften sollten schließlich an die Friedenskonferenz gesandt werden, um die Forderung nach Selbstbestimmung für die Kärntner zu untermauern. Die Alliierten würden erkennen müssen, daß Deutsche und Windische im Land sich einig darin seien, ihr Land ungeteilt und unabhängig erhalten zu wollen und daraufhin erlauben, daß die Kärntner in einer Abstimmung über ihr zukünftiges Schicksal selbst entscheiden.[76]

Hinter der Idee der Kärntner Republik, das wurde auf dem Höhepunkt der Agitation immer wieder betont, stand allein die Sorge um die Landeseinheit. Partikularistisches Los-von-Wien-Streben wurde genausowenig forciert wie die Politik eines Anschlusses an Deutschland. Auf einem Flugblatt der Veldener Gruppe ist eindeutig formuliert: „Kärnten den Kärntnern! Nicht den Laibachern und nicht den Wienern, nicht den Serben und nicht den Berlinern". Daß die staatliche Unabhängigkeit eines kleinen Landes wie Kärnten auf Dauer nicht tragbar war, wußte man. Sie sollte nur eine Übergangsphase darstellen. Sobald sich die Welt rundum beruhigt habe, so hieß es, könne überlegt werden, wem man sich anschließt. Bis dahin aber müsse Kärnten den Kärntnern gehören, denn dies sei der einzige Weg, die windischen Landsleute bei Kärnten zu halten. „Nur die Liebe zur Heimat", so wörtlich, „kann in ihnen die Stimme des Blutes unterdrücken, die sie zum neuen Südslawenstaat ziehen muß." An die Führer beider Nationen im Land wurde appelliert, ihre nationalen Gefühle zurückzustellen: „Kärntens Einheit zu erhalten, wäre das nicht eine nationale Tat?" Für das einzig Trennende im Land erachteten die Veldener Republikfreunde das Sprachenproblem. Als Lösung schwebte ihnen eine den Kärntner Slowenen entgegenkommende Regelung vor: Die Beamtenschaft sollte beide Sprachen beherrschen und an der Spitze der Kärntner Republik abwechselnd ein deutscher und ein slowenischer Landsmann stehen.

Die Idee der Kärntner Republik scheint auch bei den Slowenen im Land Zustimmung gefunden zu haben, denn in einem Bericht an jugoslawische Politiker spricht Dr. Lambert Ehrlich, bis 1919 Theologieprofessor am Klagenfurter Priesterseminar, später Dekan der Theologischen Fakultät der Universität Laibach, Begleiter der Miles-Mission und ab März 1919 als Experte für Kärnten Mitglied der jugoslawischen Friedensdelegation in Paris, von der positiven Reaktion vieler Slowenen auf das neue Schlagwort. Die Kärntner Republik, so deren Meinung, würde ihnen die wirtschaftliche Verbindung mit den natürlichen Zentren Klagenfurt und Villach sichern. Tatsächlich mag die wirtschaftliche Argumentation der Veldener Gruppe ihre Wirkung nicht verfehlt haben. Für den Fall der Teilung des Landes sah man wirtschaftliches Unglück für alle voraus – für Slowenisch-Kärnten, weil es als Anhängsel Laibachs eine bedeutungslose Rolle im Südslawenreich spielen würde; für Deutsch-Kärnten, weil es allein nicht existieren

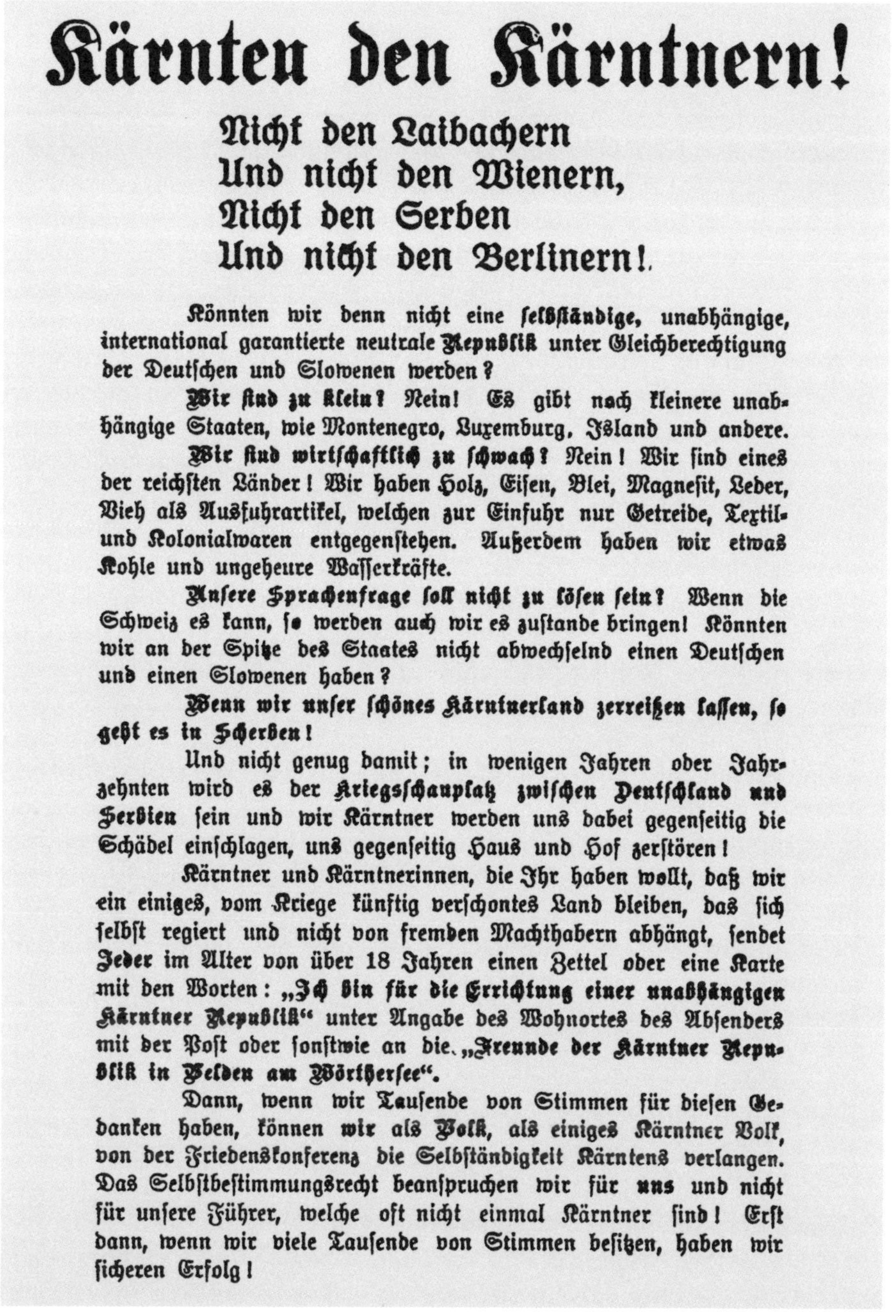

Kärnten den Kärntnern!

Nicht den Laibachern
Und nicht den Wienern,
Nicht den Serben
Und nicht den Berlinern!

Könnten wir denn nicht eine **selbständige**, unabhängige, international garantierte neutrale **Republik** unter Gleichberechtigung der Deutschen und Slowenen werden?

Wir sind zu klein? Nein! Es gibt noch kleinere unabhängige Staaten, wie Montenegro, Luxemburg, Island und andere.

Wir sind wirtschaftlich zu schwach? Nein! Wir sind eines der reichsten Länder! Wir haben Holz, Eisen, Blei, Magnesit, Leder, Vieh als Ausfuhrartikel, welchen zur Einfuhr nur Getreide, Textil- und Kolonialwaren entgegenstehen. Außerdem haben wir etwas Kohle und ungeheure Wasserkräfte.

Unsere Sprachenfrage soll nicht zu lösen sein? Wenn die Schweiz es kann, so werden auch wir es zustande bringen! Könnten wir an der Spitze des Staates nicht abwechselnd einen Deutschen und einen Slowenen haben?

Wenn wir unser schönes Kärntnerland zerreißen lassen, so geht es in Scherben!

Und nicht genug damit; in wenigen Jahren oder Jahrzehnten wird es der **Kriegsschauplatz zwischen Deutschland und Serbien** sein und wir Kärntner werden uns dabei gegenseitig die Schädel einschlagen, uns gegenseitig Haus und Hof zerstören!

Kärntner und Kärntnerinnen, die Ihr haben wollt, daß wir ein einiges, vom Kriege künftig verschontes Land bleiben, das sich selbst regiert und nicht von fremden Machthabern abhängt, sendet **Jeder** im Alter von über 18 Jahren einen Zettel oder eine Karte mit den Worten: **„Ich bin für die Errichtung einer unabhängigen Kärntner Republik“** unter Angabe des Wohnortes des Absenders mit der Post oder sonstwie an die **„Freunde der Kärntner Republik in Velden am Wörthersee“.**

Dann, wenn wir Tausende von Stimmen für diesen Gedanken haben, können **wir** als **Volk**, als einiges Kärntner Volk, von der Friedenskonferenz die Selbständigkeit Kärntens verlangen. Das Selbstbestimmungsrecht beanspruchen wir für **uns** und nicht für unsere Führer, welche oft nicht einmal Kärntner sind! Erst dann, wenn wir viele Tausende von Stimmen besitzen, haben wir sicheren Erfolg!

Flugblatt der „Veldener Gruppe“ – Werbung für eine selbständige Kärntner Republik. Dies sei der einzige Weg, die windischen Landsleute bei Kärnten zu halten, hieß es: „Nur die Liebe zur Heimat kann in ihnen die Stimme des Blutes unterdrücken, die sie zum neuen Südslawenstaat ziehen muß“. Aus Valentin, Die Idee einer „Kärntner Republik“, 64. Foto: Kärntner Landesarchiv.

könne und als geographischer Begriff von der Landkarte verschwinden werde.

Ende Jänner 1919 ist die Idee der Kärntner Republik eingeschlafen. Immerhin hatte man rund 25.000 Unterschriften gesammelt. Mit ein Grund für das baldige Ende dieser Initiative war die ablehnende Haltung seitens der Landesverwaltung. Auch die Sozialdemokratie war strikt dagegen – in der Beschränkung auf die kleine Einheit Kärnten sah man eine Gefahr für den Sieg des Sozialismus, der nur im größeren Rahmen durchgesetzt werden könne. Im Laufe des Jänner 1919 ergingen außerdem Zustimmungserklärungen etlicher Gemeinden inklusive der Veldener zu Deutschösterreich. Die Loyalitätsbezeugung Kärntens zu Österreich bei der Länderkonferenz in Wien im Februar 1919 war ebenfalls einer Weiterführung der Republik-Bestrebungen hinderlich. Den entscheidenden Einfluß auf die Einstellung der Aktivitäten der Veldener aber hatte die Befreiung eines großen Teiles von Kärnten im Zuge der erfolgreichen Abwehrkämpfe im Jänner 1919. Die Chance, daß eine Teilung des Landes vielleicht doch verhindert werden könnte, wuchs deutlich.

Partikularistische Tendenzen kamen fortan in Kärnten nicht mehr zum Tragen, während die starken Anschlußbewegungen in Vorarlberg, Tirol und Salzburg von 1919 bis 1921 inoffizielle Abstimmungen bzw. Volksbefragungen mit überwältigenden Mehrheiten für den Anschluß an die Schweiz bzw. an Deutschland mit sich brachten. In Tirol gab es neben dem Anschlußstreben an Deutschland zusätzlich eine Autonomiebewegung, die mit der in Kärnten am ehesten vergleichbar ist. Auch hier wollte man mit dem Plan zur Errichtung eines selbständigen, demokratischen und neutralen Freistaates von Kufstein bis Salurn die Teilung des Landes verhindern.[77]

KÄRNTNER ABWEHRKAMPF: WENDEPUNKT GRAFENSTEIN. DIE ENTSCHEIDENDEN JÄNNERTAGE 1919.

Nach dem Abbruch der Verhandlungen in Laibach am 12. Dezember 1918, als die SHS-Seite die Räumung und Übergabe der „geschlossenen slowenischen Gebiete in Kärnten" verlangt und die Besetzung von Klagenfurt und Villach angedroht hatte, kam es am 15. Dezember zu einem entscheidenden bewaffneten Zusammenstoß in dem nur 15 km von Klagenfurt entfernten Grafenstein. Zwei jugoslawische Kompanien unter Führung eines serbischen Offiziers waren tags zuvor hierher vorgerückt und wurden von Kärntner Volkswehreinheiten festgehalten. Da sie sich nur auf einen

Südslawische Portomarke auf einer Zahlungsanweisung, gestempelt Grabštanj (Grafenstein). Sammlung Gerd Orehounig. Mit der Befreiung von Grafenstein am 15. Dezember 1918 begann der Abwehrkampf. Anfang Juni 1919 wurde der Ort wieder besetzt, das Schloß geplündert. Bis zur Abstimmung war Grafenstein Teil der Zone A.

Befehl aus Laibach, nicht auf einen der serbischen Regierung und damit einer Entente-Macht berufen konnten, nahm man die SHS-Truppen gefangen. Mit der Rückgewinnung von Grafenstein war die unmittelbare Gefahr für Klagenfurt abgewendet. Das Staatsamt für Äußeres hatte telefonisch die bewaffnete Auseinandersetzung untersagt; der Tagespresse gegenüber kritisierte man jedoch die Südslawen, die zur „Befriedigung imperialistischer Machtgelüste vollendete Tatsachen" schaffen wollten.[78]

Die Rückgewinnung von Grafenstein leitete den Abwehrkampf ein. Seit dem Erfolg hier wußte man in Kärnten, was zu tun war. Spontane lokale Aktionen unterstützten das Vorgehen der Volkswehr. In verschiedenen Orten im Gailtal und besonders spektakulär in Maria Gail war jugoslawische Gendarmerie vertrieben worden. Nun stellten sich am 20. Dezember 1918 die Bauern von Pustritz beim Bierbaumerwirt nördlich von Griffen spontan jugoslawischen Angreifern entgegen. Am 27. Dezember gelang die Befreiung des unteren Lavanttales: Nachdem am Vortag eine südslawische Patrouille in Ettendorf (südöstlich von St. Paul) geplündert hatte, befreite das Wolfsberger Volkswehrbataillon, das sich damals gerade formierte, zusammen mit einheimischen Freiwilligen St. Paul und Lavamünd.[79]

Landesbefehlshaber Hülgerth konnte zu Beginn des Jahres 1919 schon mit rund 2500 Mann rechnen: Zu den bisherigen drei Klagenfurter Volkswehrbataillonen kamen nun die in Aufstellung befindlichen Volkswehrbataillone Villach, Spittal, St. Veit, Wolfsberg und Nötsch im Gailtal, die Volkswehrkompanie Jäger Nr. 8, die Kärntner Fliegerstaffel, eine Reiter- und eine Artillerieabteilung, die kompaniestarke Soldatenwache Klagenfurt

Hauptmann Julius Yllam, Kommandant der Kärntner Volkswehr-Fliegerstaffel in Annabichl. Er hatte die Idee zu einer Pioniertat besonderer Art – die Einrichtung einer Flugpostlinie zwischen Klagenfurt-Annabichl und Wolfsberg von Dezember 1918 bis März 1919. Durch die jugoslawische Besetzung der Völkermarkter Umgebung war die Verbindung in das Lavanttal unterbrochen – von Wolfsberg nach Klagenfurt mußte man den Umweg über Zeltweg–Judenburg–Friesach–St. Veit nehmen. Am Heiligen Abend 1918 um 11.30 Uhr startete in Annabichl ein Aufklärungsflugzeug zum ersten innerösterreichischen Postflug nach Wolfsberg. Die Post wurde ausgetauscht und um 12.30 Uhr der Rückflug angetreten. Vgl. Posch, 497–501. Foto: Reinhold Gasper.

(ehemalige Militärpolizei), die Marinekompanie Velden und eine Volkswehrkompanie Velden. Für die kleine deutschösterreichische Fliegertruppe war in jenen Tagen Klagenfurt-Annabichl der wichtigste Fliegerhorst. 24 Flugzeuge verschiedener Typen dienten der Kärntner Volkswehr-Fliegerstaffel unter dem Kommando von Hauptmann Julius Yllam hauptsächlich zu Aufklärungsflügen. Die Volkswehr wurde durch Alarmkompanien (später Heimwehren), für spezielle Einsätze zu den Waffen gerufene Freiwilligenverbände, verstärkt. Den Kärntner Truppen standen allerdings nur 600 Gewehre, 25 Maschinengewehre und 6 Geschütze zur Verfügung. Ab Ende Jänner war ein Panzerzug einsatzbereit, der später gute Dienste leistete.

Aber auch die südslawische Seite verstärkte ihre militärische Präsenz – 2100 Mann, davon 1600 Slowenen und 500 ehemalige serbische Kriegsgefangene, mit 42 Maschinengewehren und sieben Geschützen wurden nach Unterkärnten verlegt. Das Kommando West unter Major Lavrič ist durch ein Bataillon des Hauptmanns Martinčič, das Kommando Ost unter General Majster durch mehrere Bataillone aufgestockt worden. Am 1. Jänner 1919 protestierte der neubestellte „Befehlshaber der serbischen und jugoslawischen Truppen im Save- und Drautal" (Draudivision), der serbische General Krsta Smiljanić, gegen Überfälle auf serbische Abteilungen bei Grafenstein und St. Paul und wollte eine Untersuchung der Vorkommnisse. Hülgerth lehnte nach Beratung mit Lemisch ab und kündigte am 2. Jänner 1919 den Demarkationslinienvertrag vom 23. November 1918 auf.[80]

Im Laufe der ersten Jännerhälfte haben dann Volkswehrverbände und Alarmkompanien sukzessive das jugoslawische Militär aus dem Gailtal und dem Rosental sowie dem Völkermarkter Bereich zurückgedrängt. Am 5. Jänner wurde Arnoldstein (seit 15. Dezember 1918 besetzt) erstürmt und die Verbindung mit Villach hergestellt. Villacher Volkswehr und Alarmkompanien sicherten den Raum bis östlich des Faaker Sees. In der Nacht vom 5. auf den 6. Jänner 1919 nahm die Kampfgruppe Velden die Rosegger Brücke ein und in weiterer Folge St. Jakob. Beim Kampf um Rosegg ertranken drei Mann, einer fiel, vier wurden verwundet; die Gegenseite hatte zwei Gefallene, 13 Mann wurden gefangengenommen. Am 7. Jänner gelang die Überschreitung der Drau südlich von Klagenfurt bei der Hollenburg; Major Lavrič wurde im Zuge der Abwehr der Kärntner Angriffe auf Ferlach verwundet und in das Garnisonsspital nach Klagenfurt gebracht. Am 8. Jänner war Ferlach wieder in der Hand der Kärntner. Diese sperrten den Loiblpaß und das Rosental nach Osten. General Smiljanić und der in der Laibacher Regierung für die nationale Verteidigung zuständige Lovro Pogačnik versprachen, Verstärkung nach Kärnten zu entsenden. Ihr Beschluß kam zu spät. Am 10. Jänner waren die Kärntner auch im Völkermarkter Bereich wieder im Besitz von Tainach, Trixen und Griffen. Immerhin bewirkte der Nachschub, daß es nicht gelang, den Nordausgang des Karawankentunnels zu befreien und daß das Jauntal östlich vom Freibach und südlich der Drau, dazu St. Margareten i. R. und Völkermarkt nördlich der Drau sowie, als weiterer sogenannter Brückenkopf, Dullach am linken Ufer der Drau besetzt blieben. Am 14. Jänner 1919 trat eine Waffenruhe in Kraft. Kärnten hatte 26 Gefallene zu beklagen.[81]

Die slowenische Presse ließ an der Laibacher Regierung wegen des Debakels in Kärnten kein gutes Haar. Kritik war schon am Neujahrstag bei einer großen nationalen Versammlung im Hotel Union in Laibach laut geworden, als der Kärntner Generalkommissär Smodej und der Klagenfurter Rechtsanwalt Dr. Müller, Mitglied des Nationalrats für Slowenisch-Kärnten, den zu zögerlichen militärischen Einsatz in Kärnten anprangerten. Wie General Majster in der Untersteiermark, so hätte man auch in Kärnten vorgehen müssen, hieß es. Smodej stellte die Frage, was die Slowenen eigentlich für das Zollfeld zu tun gedächten. Das Zollfeld, im 7. und 8. Jahrhundert Zentrum des slawisch dominierten Stammesstaates der Karantanen, galt den Slowenen als Keimzelle ihrer Volks- und Staatswerdung. Die Laibacher Regierung versprach den Kärntner Delegierten die Bildung einer Freiwilligenlegion.

Ferlach: am 19. November 1918 jugoslawisch besetzt, am 8. Jänner 1919 befreit. Zeitgenössische Postkarte (Sammlung Gerd Orehounig).

Derartiges wirkte sich nicht mehr aus. Niemand habe ahnen können, sagte Dr. Brejc, daß sich die militärpolitische Lage in Kärnten so schnell ändern würde. Waren noch Mitte Dezember das ganze Gebiet südlich der Drau und der Gail zwischen Arnoldstein und Unterdrauburg, dazu noch die Gegend um Völkermarkt und das südliche Lavanttal bei St. Paul besetzt, so hatten ab Anfang Jänner innerhalb von vierzehn Tagen Kärntner Truppen das Land bis auf den südöstlichen Teil von SHS-Truppen befreit. Dr. Janko Brejc, Gründungsmitglied des Slowenischen Nationalrates für Kärnten, war Ende Oktober in die Laibacher Regierung gewechselt und avancierte Mitte Jänner 1918 zum Landespräsidenten.[82]

„HIE KÄRNTNER, HIE KRAINER!", NIEMALS „HIE DEUTSCHER, HIE SLOWENE!" – KÄRNTNER VOLK ALS EINHEIT?

Mit den erfolgreichen Jännerkämpfen waren die Überlegungen zwecks allfälliger Gebietsabtretungen, die Mitte Dezember von deutschösterreichischer und Kärntner Seite angestellt worden waren, vom Tisch. In der Vollzugsanweisung über das deutschösterreichische Staatsgebiet (3. Jänner 1919) ist ganz Kärnten mit Ausnahme der Gemeinde Seeland zum Staatsgebiet gerechnet.

Parallel zu den militärischen Vorstößen der Kärntner Anfang 1919 wurde seitens der Landesregierung auch eine diplomatische Demarche begonnen. Am 8. Jänner 1919 erging eine Denkschrift an die Entente-Staaten, die neutralen Länder und die Regierung in Laibach. Man reagierte darin auf ein Schriftstück Laibachs vom 24. Dezember 1918, in dem Übergriffe gegen die slowenische Bevölkerung Kärntens – u. a. die Bedrohung des slowenischen Kommissärs in Klagenfurt, die Verfolgung und Verhaftung slowenischer Pfarrer und die Plünderung von Pfarrhöfen – angeprangert wurden. Eine Suchaktion durch Soldaten im Hotel Trabesinger, dem Sitz des Kommissärs, hatte tatsächlich am 28. November stattgefunden, eine weitere bei der Hermagoras-Druckerei und der Laibacher Kreditbank tags darauf. Dabei waren Scheiben eingeschlagen und einige slowenische Aufschriften entfernt worden. Zu Plünderungen von Pfarrhöfen und zur Verhaftung einzelner slowenischer Pfarrer war es gekommen, einige Geistliche hatten vorbeugend die Flucht ergriffen. Dem gegenüber standen die Entfernung von deutschen Aufschriften im SHS-besetzten Kärnten, Requisitionen, willkürliche Verhaftungen von Bürgern und Geiselaushebungen: so etwa die Verhaftung des Bürgermeisters, eines Regierungskommissärs, eines Bezirksrichters und mehrerer anderer Personen in Völkermarkt durch Oberleutnant Malgaj sowie Geiselnahmen in St. Margareten und Ferlach. Auch seien, so der Kärntner Vorwurf, von SHS-Seite im besetzten Gebiet zwangsweise Soldaten rekrutiert worden.[83]

Abgesehen von Klarstellungen und Rechtfertigungen in Einzelfällen und der allgemeinen Ablehnung der SHS-Absicht, die Grenzen im Vorgriff auf die Friedenskonferenz durch ein Fait accompli lösen zu wollen, legte die Kärntner Regierung in der Denkschrift vom 8. Jänner 1919 ihre politischen Ziele, verglichen mit denen der Gegenseite, dar. Der „überhitzte Nationalchauvinismus" der Krainer hätte dazu geführt, so die Formulierung, daß die Kärntner ihre Heimat gegen deren „räuberischen Überfall" in harter Notwehr verteidigen mußten. Jahrhundertelang habe der Gegensatz immer nur „Hie Krainer, hie Kärntner" geheißen, nie „Hie Deutsche, hie Slowenen". Der Grund dafür sei einfach: Abgetrennt vom krainischen Süden durch den Karawankenwall, bilde Kärnten „kulturell, ethnisch und wirtschaftlich" eine Einheit. Das Kärntner Volk habe im Laufe seiner Geschichte den Unterschied zwischen deutsch und windisch kaum gefühlt, wohl aber sei der Gegensatz zwischen Kärntnern und Krainern sehr alt. Während der Kärntner in Ruhe und Frieden mit seinen anderssprachigen Landesgenossen und in freundschaftlicher Beziehung mit seinen Nachbarvölkern leben wolle, plane die Laibacher Regierung die Besetzung rein deutscher Siedlungsgebiete.

Am 10. Jänner 1919 wendet sich Staatssekretär Bauer an Laibach wie Agram. Er betont in seinem Schreiben abermals den Rechtsstandpunkt der deutschösterreichischen Regierung, wonach strittige Grenzen zwischen Nationalstaaten durch die Friedenskonferenz, womöglich aufgrund von Volksabstimmungen, fixiert werden sollten. Bis dahin müsse in Kärnten eine provisorische Demarkationslinie die beiden Einflußsphären trennen. Bauer bietet erneut diesbezügliche Verhandlungen an und kommt der Gegenseite durch seinen Vorschlag entgegen, jedem Staat jene Gebiete zu überlassen, „in denen jede Gemeinde in fortlaufendem Gebietszusammenhange vorwiegend oder ausschließlich von den Angehörigen des betreffenden Volksstammes besiedelt ist". Den Slowenen wären solcherart das Rosental, die Sattnitz und größere Teile des Gerichtsbezirkes Völkermarkt zugefallen, Gegenden, die gerade erst zurückerobert worden waren.[84]

Unter diesen Umständen wurden am 16. Jänner 1919 Waffenstillstandsverhandlungen in Graz unter dem Vorsitz des steiermärkischen Landeshauptmannes Dr. Wilhelm von Kaan aufgenommen. Sie dauerten bis

22. Jänner. Über die Festlegung einer Demarkationslinie in Unterkärnten verhandelten eine Kärntner und eine Laibacher Delegation. Erstere wollte die Freibach-Drau-Grenze akzeptieren, die zweite aber glaubte, auf Völkermarkt nördlich der Drau nicht verzichten zu können. Außerdem sollte das ganze Gebiet südlich der Demarkationslinie der Verwaltung der slowenischen Landesregierung unterstellt werden. Die Verhandlungen drohten am 18./19. Jänner zu scheitern. Da meldete sich der amerikanische Offizier Oberstleutnant Sherman Miles zu Wort.[85]

3.
DIE MILES-MISSION.

A. C. COOLIDGE – EINE LEKTION IN ZIVILCOURAGE. NICHTAUTORISIERTE EINMISCHUNG ZUR VERMEIDUNG VON BLUTVERGIESSEN.

An den Waffenstillstandsverhandlungen, die ab 16. Jänner 1919 in Graz stattfanden, nahmen zwei amerikanische Offiziere, Oberstleutnant Sherman Miles und Leutnant Leroy King, als stille Beobachter teil. Sie waren Mitglieder einer 19köpfigen US-Studienkommission, die unter Führung des Historikers und Diplomaten Archibald Cary Coolidge von Anfang Jänner bis Ende April 1919 in Wien stationiert war und zur Aufgabe hatte, aktuelle und vorurteilsfreie Informationen über die Vorgänge in den Gebieten der ehemaligen Donaumonarchie an die amerikanische Friedensdelegation in Paris zu liefern. Die alliierten Verhandlungsteams versammelten sich im Laufe der ersten Jännerhälfte in der französischen Hauptstadt. Am 18. Jänner 1919 wurde dann die große Friedenskonferenz eröffnet.

Als die Grazer Waffenstillstandsverhandlungen am Wochenende des 18./19. Jänner zu scheitern drohten und neue Kämpfe unvermeidlich schienen, machte Miles am 19. Jänner spontan den Vorschlag, das umstrittene Südkärntner Gebiet zu bereisen, dabei die Situation an Ort und Stelle zu studieren und dann eine vorläufige Demarkationslinie zu ziehen, die bis zur endgültigen Entscheidung durch die Friedenskonferenz Geltung haben sollte.[86]

Vor Graz, als Miles und King, damals in Laibach stationiert, von ihrem Chef Coolidge um den 14. Jänner herum beauftragt wurden, nach Kärnten

Archibald Cary Coolidge (1866–1928): Historiker, Professor und Bibliotheksdirektor an der Harvard University in Cambridge, Massachusetts. In einem Nachruf wurde er als „practical scholar" gelobt. Tatsächlich verkörperte Coolidge jenen in den USA sehr geschätzten Typ des Gelehrten, der mit seinem Know-how nicht im Elfenbeinturm der Wissenschaft bleiben wollte, sondern zwischen Lehraufträgen immer wieder seinem Land als Diplomat diente. Mit seiner geschulten Sensibilität für komplexe Zusammenhänge war er für Kärnten im Jänner 1919 genau der richtige Mann. Er ließ dem ehemaligen Feind Gerechtigkeit widerfahren und agierte damit so, wie man sich dies allenthalben nach Kriegsende von den Amerikanern erwartete. Um die Kämpfe in Kärnten zu beenden, Leben zu retten, überschritt er seine Kompetenzen und bewies Zivilcourage. In seinen Erinnerungen sagte er hinsichtlich seiner Bewilligung der Miles-Mission, dies sei der einzige Akt von Ungehorsam gegen die Obrigkeit gewesen, den er in seiner Karriere je beging. Foto: Kromer, 44.

zu fahren, weil sich dort infolge der kriegerischen Ereignisse die Lage zuspitze, waren sie darüber eher ungehalten gewesen. Aus den Briefen von Miles nach Wien geht hervor, daß er es nicht für richtig halte, wenn sich Amerikaner angesichts der vielen kleinen Krisenherde von der Untersteiermark über Kärnten bis zur Gottschee überall engagierten und somit verzettelten. Seiner Meinung nach sollten sie sich mit den wirklich wichtigen Fragen auseinandersetzen, wie etwa dem jugoslawisch-italienischen Konflikt an der Adria. Nachdem Miles in Graz seinen Vermittlungsvorschlag deponiert hatte, änderte sich der Ton in seinen Briefen und Berichten – nicht mehr Bedauern über die unfreiwillige Unterbrechung der wichtigen Adria-Mission herrscht vor, sondern Miles drängt, urgiert, will die Sache zu einem guten Ende führen, weil Menschenleben auf dem Spiel stehen.[87]

Widener Memorial Hall, die Bibliothek von Harvard, die weitgehend von Coolidge aufgebaut wurde. In der Halle befindet sich eine Erinnerungstafel mit dem Lebensmotto von Coolidge: Non sibi sed patriae (Nicht für sich, sondern für das Vaterland!). Hier wurde im September 1995 von einer offiziellen Kärntner Regierungsdelegation unter Leitung von Landeshauptmann Zernatto eine mit einer Inschrift versehene Messingplakette hinterlegt, die den Dank des Landes Kärnten für die Hilfe im Jahr 1919 zum Ausdruck bringt. Am Grab von Coolidge im Mount Auburn Cemetery, Cambridge, wurde ein Kranz niedergelegt.

Lt.Col. Sherman Miles leitete Ende Jänner/ Anfang Februar 1919 die Miles-Mission. Das Staatsamt für Äußeres schrieb damals in einer Presseaussendung: „Wie immer die Entscheidung der Kommission auch lauten möge, Kärnten und ganz Deutschösterreich werden es nie vergessen, daß inmitten einer noch von Kriegserregung und Haß durchtobten Welt die Amerikaner es waren, die sich dafür eingesetzt haben, daß dem Land Kärnten die Schrecken neuerlicher Kämpfe erspart bleiben und daß eine gerechte, dem Wunsch der Bevölkerung Rechnung tragende Lösung der bestehenden Schwierigkeiten gefunden werde." (Knaus, Kärntner Freiheitskampf, 1. Teil, 104).
Foto: Kromer, 44.

Nicht nur die Klagenfurter, auch die Laibacher Unterhändler haben in Graz den Interventionsvorschlag der Amerikaner aufgegriffen. Miles war sich über die Motive der Jugoslawen im klaren – sie befanden sich nach den für die Kärntner Seite erfolgreichen Jännerkämpfen in einer Position der Schwäche und das Einschreiten einer alliierten Stelle konnte nur hilfreich sein. Als später die Grazer Regierung Miles um die Ziehung einer Demarkationslinie auch in der Untersteiermark ersuchte, lehnte er in der Erkenntnis ab, daß Jugoslawien – in diesem Fall als unbehelligter Okkupator in einer Position der Stärke – einem solchen Unterfangen niemals zustimmen würde.[88]

Für Kärnten war das Angebot von Miles nicht ganz ungefährlich: Die Demarkationslinie sollte nämlich von der italienischen Besatzungszone im Kanaltal bis zur steirischen Grenze gezogen werden, wodurch sich die infolge der Jännerkämpfe entstandene Situation verschlechtern konnte. Tatsächlich stellten sich die deutschnationalen Parteienvertreter in der Kärntner Verhandlungsdelegation „in siegessicherer Stimmung" zunächst dagegen. Konsul Max Hoffinger vom Außenamt in Wien forcierte aber das Zustandekommen der Vereinbarung und erhielt dabei von Kärntner christlichsozialer und sozialdemokratischer Seite Unterstützung.[89] Ein Vertrag wurde schließlich abgefaßt und am 22. Jänner unterzeichnet. Ihm zufolge sollte die zu fixierende Demarkationslinie eine provisorische, nur für die Dauer der Friedenskonferenz gültige sein und keinesfalls ein Präjudiz bezüglich der endgültigen Grenze schaffen. Bei der Bestimmung der Demarkationslinie waren soweit als möglich die Wünsche der Bevölkerung bezüglich ihrer zukünftigen Staatszugehörigkeit zu berücksichtigen, vor allem war jedoch darauf Wert zu legen, daß es sich um eine klare und unverwechselbare geographische Linie handelte. Außerdem sollte eine friedliche Verwaltung des Landes bis zur Entscheidung durch die Friedenskonferenz gewährleistet sein, was gleichbedeutend war mit der Forderung nach einer Trennlinie, die das wirtschaftliche Leben des Gebietes nicht zerstören würde. Geordnete wirtschaftliche Verhältnisse erschienen der Mission Voraussetzung für den Frieden in einem Land. Bis zur Festsetzung der Begrenzung durch die Amerikaner galt die Linie, an der sich die Truppen zur Zeit der Verhandlungen befanden, als Demarkationslinie.[90]

Coolidge autorisierte das Unternehmen. Er handelte dabei aus der Dringlichkeit der Situation heraus – um vielleicht das Leben hunderter Menschen zu retten – eigenmächtig und verstieß gegen die ihm erteilten Instruktionen, die der Mission in Wien eine rein passive, der Information dienende Rolle vorschrieben. Die Mission war offizieller, aber nicht diplomatischer Natur, weil die meisten der Nachfolgestaaten der Monarchie noch nicht anerkannt waren. Coolidge hatte die strikte Anweisung bekommen, nichts im Namen der amerikanischen Regierung zu sagen oder zu tun. Der Kärntner Sache erwiesen Miles und Coolidge einen unschätzbaren Dienst. Durch ihr Vorgehen wurden die Kämpfe, allerdings nur vorübergehend, eingestellt. Die Miles-Mission eröffnete darüber hinaus den Kärntnern die Chance, durch direkten Kontakt mit Entente-Vertretern einigermaßen gleiche Bedingungen mit der Laibacher Landesregierung zu schaffen. Während für Deutschösterreich jede direkte Einflußnahme auf die Alliierten unerreichbar war, konnten sich nämlich die Slowenen auf dem Umweg über Serbien jederzeit vor Entente-Gremien Gehör verschaffen.

Obwohl Coolidge einsah, daß es für die Vereinigten Staaten gefährlich war, wenn sich ihre Vertreter als nichtautorisierte Schiedsrichter in delikate internationale Angelegenheiten einmischten und er „a thundering telegram" aus Paris erwartete, erlaubte er die Miles-Mission und setzte damit einen Akt der Zivilcourage. Er übernahm Verantwortung, weil Leben auf dem Spiel stand. In seinen Erinnerungen sagte er, dies sei der einzige Akt von Ungehorsam gegen die Obrigkeit gewesen, den er in seiner Karriere je beging.[91]

MILES & CO. – REISENDE FRIEDENMACHER. EINZIGARTIGE INTERVENTION EINER ALLIIERTEN MACHT.

Die Reise der Miles-Mission durch Kärnten dauerte neun Tage, vom 28. Jänner bis 6. Februar 1919. Sie führte quer durch das strittige Südkärntner Gebiet. In engem Kontakt mit der Bevölkerung stellte die Mission, bestehend aus den beiden Militärs Lt.Col. Sherman Miles und Lt. Leroy King, dem Geographen Major Lawrence Martin und dem Slawisten Robert Kerner, ihre Erhebungen an. Je ein Vertreter der Slowenen (zuerst Franz Smodej, ab 29. Jänner der Klagenfurter Theologieprofessor Dr. Lambert Ehrlich) und Kärntens (Fregattenkapitän Albert Peter-Pirkham) begleiteten die Amerikaner. Diese prüften eingehend die geographischen und wirtschaftlichen Aspekte und bemühten sich ehrlich, die wahren Gefühle der Bevölkerung zu erkunden: Sie sprachen mit unzähligen Menschen von Stadt und Land und haben zeitweise, um jeden Zufall auszuschließen, jeden einzelnen, den sie auf der Landstraße trafen, nach seinen Wünschen bezüglich der Staatszugehörigkeit befragt.

Von Lawrence Martin haben wir einen Bericht über seine Arbeit im amerikanischen Team, zehn Jahre nachher geschrieben, mit dem Titel „The Perfect Day of an Itinerant Peacemaker“ (Der Tagesablauf eines reisenden Friedenmachers). Laut Martin bestand das Wesen der Feldstudien der Mission darin, daß sie Menschen aller Alters- und Berufsgruppen (die Bauern auf ihren Höfen, die Kaufleute in den Ortschaften, die Priester in den Kirchen, Lehrer, Rechtsanwälte, Beamte etc.) interviewte: ob sie lieber von Österreich oder lieber von Jugoslawien regiert werden möchten, ob ihre Märkte vor dem Krieg nordwärts gegen Wien, ostwärts gegen Marburg oder südwärts gegen das jenseits der Karawanken gelegene Triest ausgerichtet gewesen seien, woher ihre Großväter gekommen seien, welche Sprache sie gesprochen hätten, wie die utraquistische Schule eingerichtet sei. Die Kommission begab sich auch, so berichtet Martin, auf die Friedhöfe, um die Inschriften der Grabsteine abzuschreiben. Die Grabinschriften und die jahrhundertealten Aufzeichnungen über Geburten, Todesfälle und Heiraten, die ihnen die Pfarrer in den alten Kirchenbüchern gezeigt hätten, seien für die Kommission ausschlaggebender gewesen als alte Karten. Obwohl Martin, wie er sagte, historische Argumente bei der Darbringung von Gebietsansprüchen nicht gelten ließ, erschien es ihm dennoch recht aufschlußreich, anhand alter Karten nachweisen zu können, daß der deutsche Charakter Südostkärntens nicht eine Erfindung der österreichischen Propaganda von

Landesverweser Dr. Arthur Lemisch (1865–1953), Landeshauptmann 1918–1921 und 1927–1931. (Gemälde von Hans Kleinert). Der geradlinige und starke Einzelgänger an der Spitze. Er übernahm die Verantwortung und gab die Richtung vor; alle vertrauten ihm.

Oberstleutnant Ludwig Hülgerth (1875–1939). (Gemälde von Paul von Ress). Landesbefehlshaber von Kärnten zur Zeit des Abwehrkampfes. Landeshauptmann von Kärnten 1934–1936.

Gefährlicher Drauübergang: Im Raum Feistritz–Weizelsdorf hatte sich am 6. September 1813 zwischen dem französischen Korps des Generals Grenier und dem österreichischen Korps des Feldzeugmeisters Hiller ein Gefecht abgespielt (Stich: Sammlung Ernst Fräss-Ehrfeld). 106 Jahre später gelang am 7. Jänner 1919 den Kärntner Truppen die Überschreitung der Drau südlich der Hollenburg und tags darauf die Rückgewinnung des jugoslawisch besetzten Ferlach. Vgl. S. 87f.

Rudolf Gallob, Alt-Landeshauptmannstellvertreter: Ettendorf im Lavanttal (Öl auf Leinwand, 1996). Der lokale Widerstand in Ettendorf gegen südslawische Patrouillen war der Ausgangspunkt für die Rückeroberung des unteren Lavanttales durch Wolfsberger Volkswehr und einheimische Freiwillige am 27. Dezember 1918. Die Abwehrbereitschaft im Lavanttal war besonders groß. Ab Jänner standen hier Alarmkompanien vier Monate lang im Dauereinsatz. Vgl. S. 85, 126, 130.

Griffen, zeitgenössische Postkarte (Sammlung Gerd Orehounig). Die Griffener und Pustritzer überreichten der Miles-Mission im Jänner 1919 eine Entschließung. Hier hieß es u. a.: „Wir am 27. Jänner 1919 am Platz von Griffen versammelten deutschen und slowenischen Bürger und Bürgerinnen der Ortsgemeinden Griffen und Pustritz bekunden hiemit vor Gott und aller Welt frei und unbeeinflußt unseren festen und unbeugsamen Willen, wie bisher auch in aller Zukunft offen und treu an unserem lieben gemeinsamen Heimatland Kärnten festzuhalten …“. Vgl. S. 98.

Slowenische Marke „Jugoslavija“ mit drei Falken; gleichzeitig mit der Kettensprenger-Marke herausgegeben, gestempelt Grebinj (Griffen). Sammlung Gerd Orehounig.

Grabstätte von Sherman Miles (1882–1966) auf dem Friedhof von Arlington, Washington D.C. Im September 1995 hat eine offizielle Kärntner Delegation mit Landeshauptmann Christof Zernatto, Landtagspräsident Adam Unterrieder und Landeshauptmannstellvertreter Karl Heinz Grasser an den Gräbern von Miles und Woodrow Wilson in Washington sowie am Grab von A. C. Coolidge in Cambridge, Massachussetts, Kränze niedergelegt und damit, 76 Jahre nach der von US-Seite dem Land Kärnten geleisteten Hilfe, gedankt. Damit wurde auch versucht, den Bekanntheitsgrad der Kärntner Plebiszitentscheidung von 1920 außerhalb von Kärnten und Österreich zu vergrößern. Vgl. S. 91–111.

Fregattenkapitän Albert Peter-Pirkham (1873 bis 1950) – geboren in Wien, Kriegsmarine, ab 1916 am Straußhof in Krumpendorf ansässig – war der „Diplomat" der Kärntner Abwehrkampf- und Volksabstimmungszeit. Er stellte sich nach Kriegsende der Kärntner Landesregierung zur Verfügung und wurde zusammen mit Dr. Jakob Baron Reinlein, später auch allein bei Verhandlungen u. a. mit Entente-Vertretern eingesetzt – Waffenstillstandsverhandlungen in Graz, Miles-Mission, Verhandlungen mit den Italienern im Sommer 1919. Schließlich ist er zum österreichischen Mitglied in der Plebiszitkommission ernannt worden. Sprach- und Weltgewandtheit waren sein Kapital, mit dem er Kärnten gute Dienste leistete. Vor allem aber traf er den richtigen Ton für die angelsächsische Mentalität von Coolidge, Miles u. a. Diese standen dem nationalen Pathos der Slowenen skeptisch gegenüber, genauso allerdings dem Eifer der Österreicher. So hat sich Coolidge das Überschwemmtwerden mit Karten und Broschüren verbeten. Vgl. Kromer, 54.

Ave, Wilson, Sloveni Carantani morituri Te salutant!

Slovenski Korotan.

Sestavil

dr. Moravski.

Izdalo in založilo

Slovensko zgodovinsko društvo za Koroško.

SHS

1919.

Natisnila tiskarna Družbe sv. Mohorja v Celovcu.

Titelblatt der von Dr. Valentin Rožič, Sekretär des Hermagoras-Vereins, unter einem Decknamen verfaßten und vom Slowenischen Geschichtsverein für Kärnten (1913 gegr.) im Frühjahr 1919 herausgegebenen Pro-SHS-Propagandaschrift. Der Zuruf an den US-Präsidenten „Ave, Wilson, Sloveni Carantani morituri Te salutant!" (Heil, Wilson, die zum Sterben verurteilten Kärntner Slowenen grüßen Dich!) auf dem Umschlag dieser Publikation wurde – auf die Slowenen allgemein bezogen – mündlich wiederholt, als der Laibacher Regierungschef Brejc zusammen mit Fürstbischof A. B. Jeglič u. a. am 5. Juni 1919 bei Wilson in Paris vorsprach. James T. Shotwell, Historiker und Mitglied der US-Friedensdelegation, berichtete in einem später von ihm verfaßten Buch über die häufigen Besuche der Jugoslawen und urteilt: „There is something grotesque about this nationality business." (Vgl. hier S. 113).

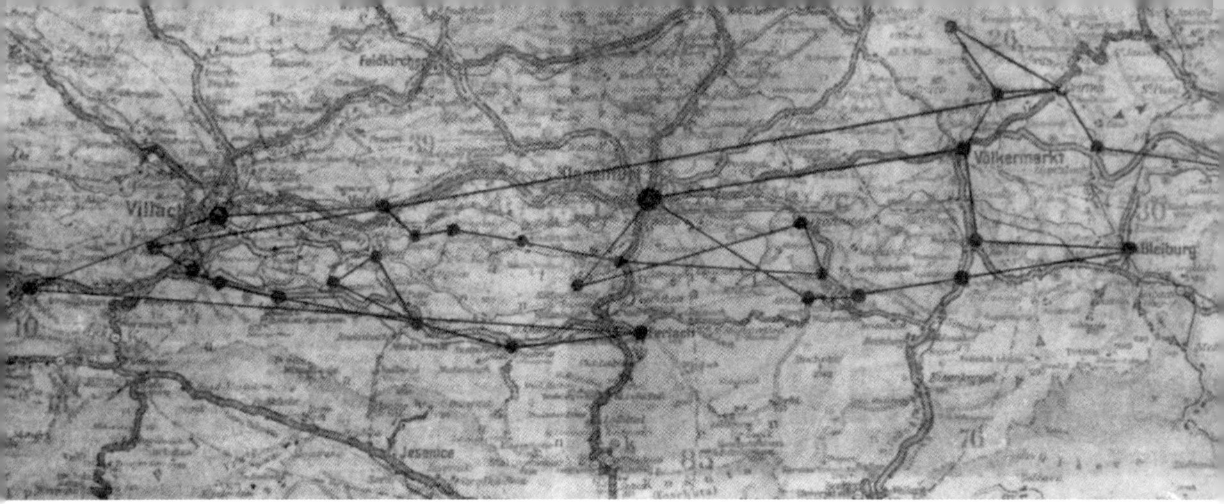

Die Linie zeigt den Weg der Miles-Mission
durch das umstrittene Gebiet.

Miles-Mission (Ende Jänner/Anfang Februar 1919). Reiseroute: Anreise von Graz über Marburg nach Unterdrauburg (27. 1.), Unterdrauburg, Lavamünd, Ruden, Griffen, Haimburg, Diex, Trixen, Völkermarkt (28. 1.), Völkermarkt, Klagenfurt (29. 1.), Köttmannsdorf, Grafenstein, Annabrücke, Klagenfurt (30. 1.), Viktring, Keutschach, Schiefling, Augsdorf, Velden, Thörl-Maglern (31. 1.), Ferlach, Feistritz, St. Jakob (1. 2.), Ruhetag (2. 2), Rosegg, Ledenitzen, St. Jakob, Latschach, Mallestig, Fürnitz, Federaun (3. 2.), Griffen, Haimburg, Völkermarkt, Eberndorf, Bleiburg (4. 2.), Gösselsdorf, Gallizien, Abtei, Klagenfurt (5. 2.), Abreise nach Wien (6. 2.).

1919 war, sondern anhand von Ortsnamen mehr als zwei Jahrhunderte zurückverfolgt werden konnte.[92]

Die Miles-Mission sammelte zahlreiche mündliche und dokumentarische Beweisstücke. Dabei war den Amerikanern die große Bandbreite „menschlichen" Agierens, wie sie üblicherweise in Extremzeiten wie den damaligen zum Ausdruck kommt und anhand zahlreicher zeitgenössischer Berichte nachvollzogen werden kann, bewußt. Im Zuge ihrer Fahrt wurden den Missionsmitgliedern in Lavamünd, Griffen, Völkermarkt und Ferlach pro-österreichische Resolutionen übergeben. Auch aus dem Mießtal, das die Miles-Mission nicht bereiste, überbrachte man derartige Denkschriften. Kundgebungen – sowohl für Jugoslawien als auch für Österreich – sind in St. Jakob, Eberndorf und Bleiburg abgehalten worden, in Abtei scharte der jugoslawisch gesinnte Schulleiter die Schüler und Bauern zu einer Demonstration um sich. Natürlich überreichte man der Mission auch Karten- und anderes Dokumentationsmaterial.[93]

Das Ergebnis der Untersuchung durch die Amerikaner waren insgesamt acht Berichte. Miles, King und Martin, und damit die Mehrheit, der sich auch Coolidge anschloß, gaben ihrer Überzeugung Ausdruck, daß der Gebirgszug der Karawanken die beste und einzige alle Bedingungen des Grazer Protokolls erfüllende Demarkationslinie darstelle. Auch das Mießtal im Südosten Kärntens sollte ihrer Meinung nach an Österreich gegeben werden. Zwei Tatsachen wurden besonders hervorgehoben: erstens, daß das umstrittene Gebiet Kärntens eine klar erkennbare geographische und wirtschaftliche Einheit bilde, und zweitens, daß eine starke pro-österreichische Gesinnung unter den Slowenen Kärntens herrsche. Die Mehrheit der Bewohner der strittigen Landstriche wünschte offensichtlich keine Teilung Kärntens. Den Wahlspruch „Kärnten frei und ungeteilt", der, wie die Mission herausfand, auch von vielen Kärntner Slowenen verwendet wurde, interpretierten Miles und King in ihrem Gemeinschaftsbericht als „Kärnten unter österreichischer Regierung" mit der einfachen Begründung, daß der größte Teil des Landes eindeutig österreichisch war und daher ein ungeteiltes Kärnten auch österreichisch sein mußte.[94]

Robert Kerner stellte in seinem Bericht die Draugrenze als optimal hin. Seine Beweisführung bewegte sich im jugoslawischen Fahrwasser, obwohl er die extremsten Forderungen der Slowenen nicht unterstützte. Die Missionsmitglieder verfaßten zusätzlich drei Berichte mit Empfehlungen für die Ziehung der endgültigen Grenze; diese schlossen in ihrer Argumentation an die Demarkationslinienberichte an. Coolidge konstatierte in seiner Zusammenfassung erneut: Da im Fall Kärnten das Prinzip der Selbstbestimmung mit dem der sprachlichen und ethnischen Zugehörigkeit nicht konform gehe, müsse es im wahrsten Sinn des Wortes angewendet werden. Das slowenische Gegenargument, wonach die Haltung der Kärntner Slowenen vom Druck der Obrigkeit, der Schulen, der Propaganda und anderen Mitteln der Germanisierung bestimmt sei, und daß nur wenige Jahre unter slowenischer Regierung genügen würden, um die Kärntner Slowenen zur Treue zu ihrer Nation zu erziehen, lehnte er mit dem Hinweis ab, daß er gegenwärtige, nicht zukünftige Tatsachen zu beurteilen habe. Den Ausschlag gaben wirtschaftliche Überlegungen. Coolidge war überzeugt, daß in den damaligen Zeiten des nationalen Aufruhrs wirtschaftliche Erwägungen allein die Leute bewegen konnten, vereint zu bleiben.[95]

Die Initiative von Coolidge, Miles und Co. in Kärnten ist von US-Seite abgeblasen worden. Das von Coolidge erwartete „Donnertelegramm" aus Paris traf tatsächlich ein; derartige Interventionen wurden darin in Zukunft striktest und kategorisch untersagt. Die Berichte der Miles-Mission sind nie veröffentlicht worden, die Demarkationslinie wurde nie gezogen. Das Ergebnis der Miles-Mission ist weder in das österreichische noch in das jugoslawische Lager durchgesickert. Die Jugoslawen nahmen vielmehr an,

„Innocents abroad“ (naive Amerikaner) oder kluge Schiedsrichter mit einem vom Nationalismus nicht getrübten Blick? Die Miles-Mission kommt am 1. Februar 1919 nach Ferlach. Foto: Markus Sonntag.

Vom 2. bis 4. Februar 1919 logierten die Missionsmitglieder im Hotel Mößlacher in Velden. Ihre Unterschriften im alten Gästebuch des Hotels sind dem Spürsinn Hans Viertlers nicht verborgen geblieben. Quelle: Verwaltungs- und Heimatarchiv der Marktgemeinde Velden.

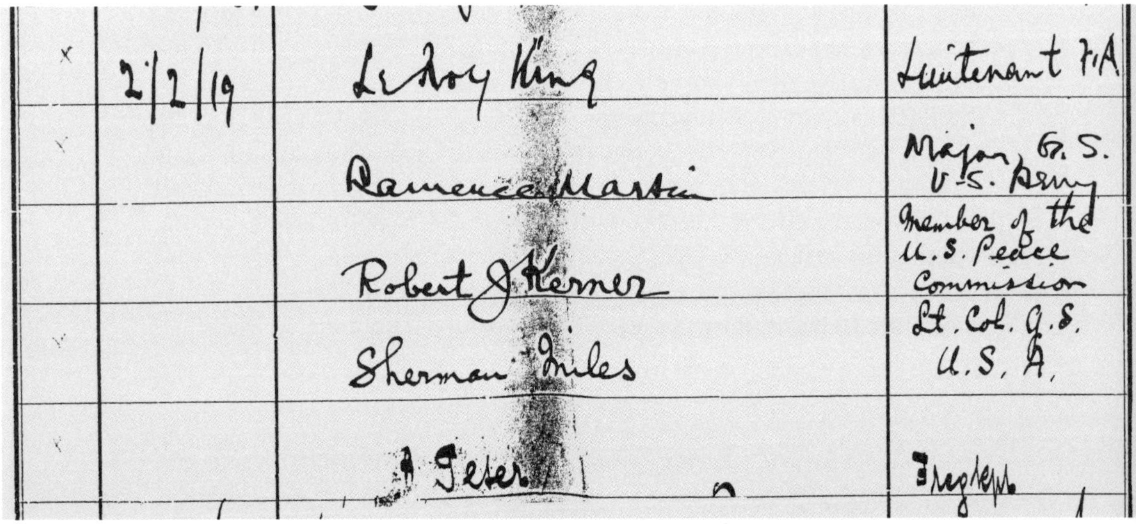

2/2/19	LeRoy King	Lieutenant F.A.
	Ramence Martin	Major G. S. U.S. Army
	Robert J Kerner	Member of the U.S. Peace Commission
	Sherman Miles	Lt. Col. G.S. U.S.A.
	Peter	

die Mission hätte die Draugrenze empfohlen. Der SHS-Ministerpräsident Protić protestierte bei der Friedenskonferenz, um die Veröffentlichung der Miles-Berichte zu verhindern. In Paris hat man jugoslawischerseits mündlich und schriftlich die geographische, wirtschaftliche und kulturelle Einheit des Klagenfurter Beckens betont. Das Resultat dieses Vorgehens war, daß der einzige projugoslawische Bericht, jener Kerners, in den Augen der Amerikaner entscheidend entwertet wurde.[96]

DIE FOLGEN DER MILES-MISSION: ETHNISCH MOTIVIERTE DRAUGRENZE DER US-INQUIRY-EXPERTEN IST IN PARIS VOM TISCH.

Wenn auch die Miles-Berichte wegen der Angst der Amerikaner, daß ihnen von seiten der anderen alliierten Mächte unilaterales Vorgehen vorgeworfen werden könnte, nie als offizielle Verhandlungsgrundlage benützt wurden, hat ihre große Wirkung auf die US-Delegation in Paris den Verlauf der Kärnten-Verhandlungen entscheidend beeinflußt. Die Miles-Berichte bewirkten noch vor Beginn der Friedenskonferenz eine radikale Neupositionierung der US-Delegierten in der Frage der Grenze auf Kärntner Boden. Sämtliche im Zuge der alliierten Nachkriegsplanung (führend waren Amerikaner und Engländer) ab 1917 erarbeiteten Lösungsmodelle hatten für Kärnten die Draugrenze (östlich von Villach) vorgesehen. Die US-Planung war im Rahmen der sogenannten Inquiry erfolgt. Ein kurzgefaßtes Resumé der weitgestreuten und vielschichtigen Gutachten der Inquiry-Experten wurde am 21. Jänner 1919, schon in Paris, als „Schwarzbuch Nr. 1" Präsident Wilson überreicht. Für den Kärntner Grenzabschnitt war darin erneut eine primär ethnisch begründete Teilung des Landes entlang der Drau vor-

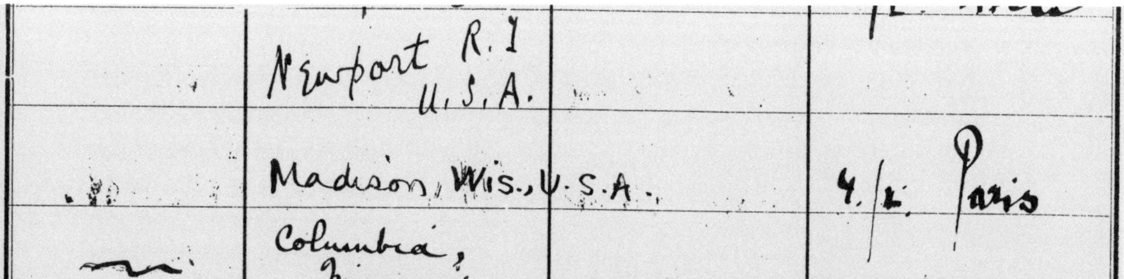

geschlagen. Die Drau erschien als passable Sprachgrenze zwischen Deutschen und Slowenen und ließ sich als Flußgrenze auch vom geographisch-strategischen Standpunkt her vertreten. Einen Monat nach Erscheinen des „Schwarzbuchs“ kamen dann Mitte Februar 1919 die Miles-Berichte im amerikanischen Lager in Paris an – handfestes Material, anhand eigener Erfahrungen vor Ort mit großem Engagement aufbereitet und geschrieben. Sie verfehlten ihre Wirkung nicht und weckten auch das Interesse des amerikanischen Präsidenten. Die Miles-Berichte betonten die Einheit des Klagenfurter Beckens; deshalb war bei den zuständigen US-Experten die Teilung vom Tisch.

Die Miles-Mission wurde für die Amerikaner zu einem, wie ich es genannt habe, Lehr- und Lernstück in Sachen Selbstbestimmungsrecht. Die Kärntner Erfahrungen ließen das Nationalitätenproblem in neuem Licht erscheinen und bedeuteten die Aufforderung, Selbstbestimmung im wahrsten Sinn des Wortes anzuwenden. War man bis dahin in alliierten Kreisen davon ausgegangen, daß Leute derselben Muttersprache selbstverständlich anstreben, miteinander in einem Staat vereint zu sein, so stießen Miles und seine Leute im überwiegend slowenischen Südkärnten auf das Phänomen des „Slowenen, der kein Jugoslawe sein wollte“, dem weniger nationale Ideen am Herzen lagen als vielmehr die Sorge, von den Märkten für seine landwirtschaftlichen Produkte, von Klagenfurt und Villach, abgeschnitten zu werden.

Lawrence Martin, Mitglied der Miles-Mission, hat in einem seiner Berichte geschildert, wie es passierte, daß er in seinen Empfehlungen für die Grenzziehung in Kärnten vom Prinzip der Nationalität abrückte. Vor der Miles-Mission habe er geglaubt, die Frage des Klagenfurter Beckens könne durch Teilung des Gebiets bereinigt werden. Nach zehn Tagen Feldarbeit drängte sich ein anderer Weg auf: Was sollte schon mit einem zwischen Bergen eingebetteten Becken geschehen, in dem eine gemischte Bevölkerung wohnte, das wirtschaftlich gegen Norden gerichtet und von Jugoslawien durch eine praktisch unpassierbare Bergkette getrennt war? Wie viele Slowenen tatsächlich in der Region lebten, hielt Martin für unmöglich feststellbar. Sicherlich war jedoch, so meinte er, das südöstliche Kärnten vorwiegend slowenisch. Trotzdem schien die Lösung des Problems einfach – Kärnten durfte nicht geteilt werden, weil die Menschen, die hier wohnten, dies nicht wollten.[97]

Von seiten der Kärnten-kritischen Geschichtsforschung wurde vieles gegen die Miles-Mission eingewandt, gerade weil man deren Wirksamkeit und Bedeutung nicht leugnen kann. Die Männer um Miles (mit Ausnahme

Kerners, der für die Draugrenze eintrat) wurden als „innocents abroad", naive Amerikaner im Ausland, Laien auf dem Gebiet der Ethnographie, bezeichnet. Sie seien Opfer der deutschen Propaganda geworden. Die Befragung der Südkärntner Bevölkerung durch Miles und sein Team hat aber zu einer mehrheitlich richtigen Einschätzung der Sentiments geführt – nicht zuletzt das Resultat der Volksabstimmung ist der Beweis dafür.[98]

HEROISIERUNG DES ABWEHRKAMPFES?

Das Eingreifen der Miles-Mission erfolgte aus humanitären Gründen, weil Kämpfe ausgebrochen und Opfer zu beklagen waren. Dieses Faktum wird besonders klar angesichts der Reaktion von Miles auf den Versuch der Grazer Regierung, ihn im Anschluß an seinen Schiedsrichtervorschlag betreffend Kärnten auch zur Ziehung einer Demarkationslinie in der Untersteiermark zu bewegen. Zu diesem Zweck, so berichtete Miles nach Wien, habe man die Situation im besetzten Teil der Steiermark explosiver dargestellt, als sie tatsächlich gewesen sei. Er sollte nämlich überzeugt werden, daß der Ausbruch von Feindseligkeiten direkt bevorstehe. Miles ließ sich nicht auf eine untersteirische Mission ein. Nur um die Gefühle seiner Nachbarn nicht zu verletzen, so tat er Coolidge kund, sei er am 20. Jänner 1919 mit steirischen und slowenischen Politikern über einen Tag in die jugoslawisch okkupierten Orte Mureck, Radkersburg und Marburg gefahren, habe sich mit den jeweiligen Bürgermeistern unterhalten und Petitionen in Empfang genommen. Für Coolidge bzw. für die Arbeit der Amerikaner erachtete er diese Reise als nicht von Interesse.[99]

Hier zeigt sich ganz deutlich, daß Kämpfe und Blutvergießen – wie im Fall Kärnten – für die Amerikaner Beweggrund zum Einschreiten waren, nicht jedoch Petitionen. Auch ein vereinzelter „blutiger" Vorfall hat keine Änderung dieser Politik bewirkt: Als Miles auf dem Weg nach Kärnten am 27. Jänner 1919 zum zweiten Mal Marburg besuchte, diesmal in Begleitung der anderen Mitglieder seiner Mission, ereignete sich jenes Unglück, das diesen Tag als „Blutsonntag" in die Geschichte eingehen ließ. Eine große Menschenmenge hatte sich versammelt, um ihr Österreichertum zu deklarieren. Dabei kam es zu Tätlichkeiten gegenüber einem jugoslawischen Soldaten, woraufhin in die Menge geschossen wurde und acht Tote sowie 20 Schwerverletzte zurückblieben. Miles wertete dies als Vorfall, der unter denselben Umständen überall so passiert wäre, und befürwortete lediglich den Abzug General Majsters aus dem Gebiet. Die Amerikaner rieten damals den Steirern, Ruhe zu bewahren. Ein Ansuchen der Grazer Regierung um Entsendung von Ententetruppen in die Untersteiermark leitete Coolidge nach Paris weiter, äußerte sich aber skeptisch und distanziert dazu: Man könne nicht erwarten, daß alliierte Soldaten in alle Krisenherde delegiert würden – „to police the world". Übrigens war seit Ende 1918 auch seitens der Kärntner und der Wiener Regierung erfolglos auf die Entsendung englischer oder amerikanischer Besatzungstruppen für Kärnten hingearbeitet worden.[100]

Wie schon gesagt, sind die sogenannten Nachfolgestaaten der Monarchie aus eigener Kraft entstanden und die Alliierten haben vollzogene Tatsachen weitgehend akzeptiert. In der Untersteiermark nahmen die Amerikaner offensichtlich, auch dies wurde bereits in anderem Zusammenhang festgestellt, die Besetzung durch General Majster als gegeben hin. Majster selbst erkannte das genau: Wir hatten die Macht und das genügte Miles. Er sah auch den Unterschied zu Kärnten klar – dort seien nach der Zurückdrängung der jugoslawischen Okkupationstruppen Miles und sein Team überall von Deutschen empfangen worden. Anfang Jänner 1919 hatten Slowenen die Marburger Gemeindeverwaltung und weitere Schlüsselpositionen in den Bezirken, Ämtern, Banken usw. der Untersteiermark übernom-

Marburg in der Untersteiermark – zeitgenössische Postkarte. Sammlung Gerd Orehounig.

Konsul Max Ritter von Hoffinger, der als Vertreter des Staatssekretariats für Äußeres bei vielen Verhandlungen zwischen Klagenfurter und Laibacher Delegationen ein kluges pro-Kärntner Engagement an den Tag legte.

men. Die steirischen Pläne für ein militärisches Eingreifen wurden nicht realisiert. Die Verbitterung unter den Deutschen der Untersteiermark stieg. Der Radkersburger Bauernaufstand und andere kleinere Kampfhandlungen waren die Folge. Am 13. Februar 1919 ist schließlich nach Verhandlungen in Marburg zwischen den Landesregierungen in Graz und in Laibach eine für die Slowenen günstige Demarkationslinie vereinbart worden; die Kämpfe an der untersteirischen Grenze erklärte man für beendet.[101]

Auf der Pariser Friedenskonferenz wurde zweimal versucht, für das Marburger Becken ein Plebiszit durchzusetzen. Den ersten Vorstoß Mitte Mai beschied die Konferenz negativ mit dem Argument, daß sie sich auch ohne Befragung der Bevölkerung für eine richtige Entscheidung informiert genug fühle. Als dann im August 1919 noch einmal beinahe ein Plebiszit für das Marburger Becken zugestanden worden wäre, wurde der Hinweis auf die von der Konferenz nie in Frage gestellte, neun Monate währende widerstandslose Besetzung des Gebiets zum Wendepunkt in den Verhandlungen – man entschloß sich erneut zur Ablehnung einer Volksabstimmung.[102] Am 29. August 1919 wird in der Sitzung des Obersten Rates die Untersteiermark mit Ausnahme des Radkersburger Ecks Jugoslawien zugesprochen. Arnold Suppan: „Die militärischen Vorentscheidungen vom November 1918 und Februar 1919 überdauerten in der Untersteiermark im wesentlichen auch die Verhandlungen auf der Friedenskonferenz ...".[103] Erich Zöllner: „Von dem umstrittenen Gebiet blieb nur die Stadt Radkersburg bei Österreich. Nur in der Umgebung dieser Stadt hatte es auf steirischem Boden bewaffneten Widerstand gegen die militärischen Aktionen der Jugoslawen gegeben und dieser Umstand mag für die Entscheidung der Friedenskonferenz nicht belanglos gewesen sein."[104]

Dies macht deutlich, daß die Kärntner Abwehr der jugoslawischen Okkupationstruppen für den weiteren Verlauf eine wichtige Rolle spielte. Wenn Historiker, die sich gegen die ihrer Meinung nach geübte Heroisierung des Abwehrkampfes wenden, fordern, man möge zumindest ein einziges Dokument vorweisen, in dem schwarz auf weiß geschrieben steht, daß die Kärntner Volksabstimmung durch den Abwehrkampf erreicht worden sei, geht ein derartiges Ansinnen an den Regeln politischen und schon gar diplomatischen Agierens damals wie heute vorbei.[105] Konkret beim Namen genannt haben die Militärs in der Miles-Mission und ihnen folgend dann die US-Experten bei den Pariser Friedensverhandlungen die Jännerkämpfe als praktiziertes Selbstbestimmungsrecht in Sinne Österreichs. Daß es binnen 36 Stunden gelungen war, das Rosental von jugoslawischer Besetzung zu befreien, werteten die kriegserfahrenen Offiziere Miles und King als eindeutigen Beweis dafür, daß die gesamte Bevölkerung, Deutsche wie Slowenen, kooperiert haben mußte. In dieser Überzeugung wurden sie noch bestärkt durch die Überlegung, daß Laibacher Stellen das Gebiet zwei Monate lang besetzt hielten und daher genügend Zeit hatten, eine überwiegend slowenische Bevölkerung zu organisieren und zu bewaffnen, was sie sicher auch versuchten. Lawrence Martin zu diesem Punkt: Als Amerikaner sei er sehr glücklich, daß 1776 im amerikanischen Unabhängigkeitskampf die Bauern von Lexington zur Unterstützung der amerikanischen Armee gegen die Engländer eilten und nicht in ihren Kellern und Scheunen verharrten, wie dies die Kärntner slowenischen Bauern ihren eigenen Erzählungen zufolge im Jänner 1919 taten, als die jugoslawischen Truppen von den Österreichern aus dem Rosental vertrieben wurden. In der ersten Expertensitzung auf der Friedenskonferenz, in der die Kärntner Frage behandelt wurde, sagte der Amerikaner Charles Seymour, der offensichtlich die Miles-Berichte gut studiert hatte, über die Jännerkämpfe: Die deutschösterreichischen Truppen befreiten mit Hilfe der „Wenden" (Windischen) das Rosental, ein Ereignis, das man wie eine Volksabstimmung auslegen könne.[106]

Gleichermaßen ist in den späteren Phasen des Abwehrkampfes, im April und Mai/Juni 1919, die Hilfe für das SHS-Militär seitens der Einheimischen weitgehend ausgeblieben. Im Untersuchungsbericht gegen den für die mißglückte jugoslawische Offensive vom 29. April bis 7. Mai 1919 verantwortlichen Oberst Bleiweis wurde zu dessen Entlastung angeführt, daß die SHS-Truppen kaum Unterstützung durch die überwiegend slowenische einheimische Bevölkerung erhielten. Bei den Verhandlungen im Landhaus zu Klagenfurt zwischen Delegationen Deutschösterreichs und des Königreichs SHS über eine neue Demarkationslinie ab 10. Mai 1919 erwiderte Konsul Max Hoffinger, der Vertreter des Staatsamtes für Äußeres, auf einen Angriff der Gegenseite wegen angeblich von deutschösterreichischen Soldaten begangener „Grausamkeiten" folgend: „Ich habe selbst slowenische Bauern und Bürgermeister von einigen Orten unter Waffen stehen gesehen, und sie haben mir, zum Teil in gebrochenem Deutsch, erklärt, wie erbittert sie gegen die in ihren Orten gestandenen jugoslawischen Truppen sind und daß sie bis zum Äußersten für die Befreiung der Heimat kämpfen wollen."[107] Unter diesen Umständen von einem Bürgerkrieg zu sprechen, den der mehrheitlich slowenisch bewohnte Teil Kärntens in den Jahren 1918 bis 1920 erlebt haben soll, ist irreführend.[108]

Ab den 1970er Jahren wurde seitens der „fortschrittlichen" österreichischen Wissenschaft versucht, eine Leistung der Kärntner zur Erreichung des Plebiszits zu verneinen. Dies bezog sich in erster Linie auf den Abwehrkampf, der als Scharmützel abgetan und dem jede Wirksamkeit im Zusammenhang mit dem Verhandlungsverlauf in Paris abgesprochen wurde. Gegen die Annahme einer gewissen Kettenreaktion: Jännerkämpfe als Ursache für die Miles-Mission, Miles-Mission als Ursache für die spätere Zuerkennung einer Volksabstimmung ist Widerspruch laut geworden. Daß militärische Auseinandersetzungen und Verteidigungsbereitschaft einen positiven Effekt gehabt hätten, konnte und durfte nicht sein.[109]

Die slowenische Geschichtsforschung hat den Kämpfern beider Seiten den ihnen gebührenden Platz eingeräumt und zumeist die militärische Konfrontation, konkret auch den Kärntner Widerstandswillen, als wesentlich für den Gang der Ereignisse eingestuft.[110] Anläßlich des 75-Jahre-Jubiläums der Volksabstimmung 1995 wurde in slowenischen Medien unüberhörbar die Meinung laut, daß 1918 bis 1920 für die Slowenen alles besser verlaufen wäre, wenn Laibach General Majster nicht nur in der Untersteiermark, sondern auch in Kärnten grünes Licht gegeben hätte. Rudolf Majster, ehemaliger österreichischer Offizier, von Miles als „the perfect type of the military adventurer – strong, decisive, energetic and clever" (Typ eines soldatischen Abenteurers – stark, entscheidungsfreudig, energiegeladen und schlau) beschrieben,[111] hatte, wie erwähnt, sofort nach Kriegsende die Untersteiermark besetzt und damit ein fait accompli geschaffen, das die

General Rudolf Majster (1874–1934). Er besetzte zu Kriegsende Marburg bzw. die Untersteiermark und schuf damit ein Fait accompli, das die Alliierten akzeptierten, zumal Gegenaktionen von österreichischer bzw. steirischer Seite ausblieben.

Alliierten akzeptierten, zumal Gegenaktionen von österreichischer bzw. steirischer Seite ausblieben. Südkärnten, so die slowenische Argumentation weiter, sei im November und Dezember 1918 zwar ebenfalls von Laibacher Truppen okkupiert worden, diese hätten aber zu zögerlich agiert, so daß ein erfolgreicher Gegenschlag der Kärntner möglich wurde. Als die slowenische Regierung aufwachte und im April 1919 das Versäumte nachholen wollte, sei dies nicht gelungen. Obwohl der massive jugoslawische Vorstoß Ende Mai/Anfang Juni 1919 schließlich doch mit der Einnahme der Landeshauptstadt Klagenfurt endete (6. Juni), wären, anders als in der Steiermark, in Kärnten die militärischen Ambitionen zu spät gekommen, weshalb das Schicksal des Klagenfurter Beckens auf der Friedenskonferenz in Paris entschieden wurde.[112]

Von seiten der Kritiker des Kärntner Geschichtsbildes, wonach der erfolgreiche Abwehrkampf im Jänner 1919 die Miles-Mission bewirkte und deren Berichte die Weichen für die Zuerkennung einer Volksabstimmung auf der Pariser Friedenskonferenz stellten, wurde überdies eingewandt, daß die Coolidge-Leute in Wien auch ohne die Jänner-Kämpfe Recherchen über Kärnten gemacht hätten. Schließlich habe man amerikanischerseits für die Untersteiermark und das Burgenland ebenfalls Untersuchungen getätigt, obwohl hier nicht gekämpft wurde. Tatsächlich hat das Team rund um

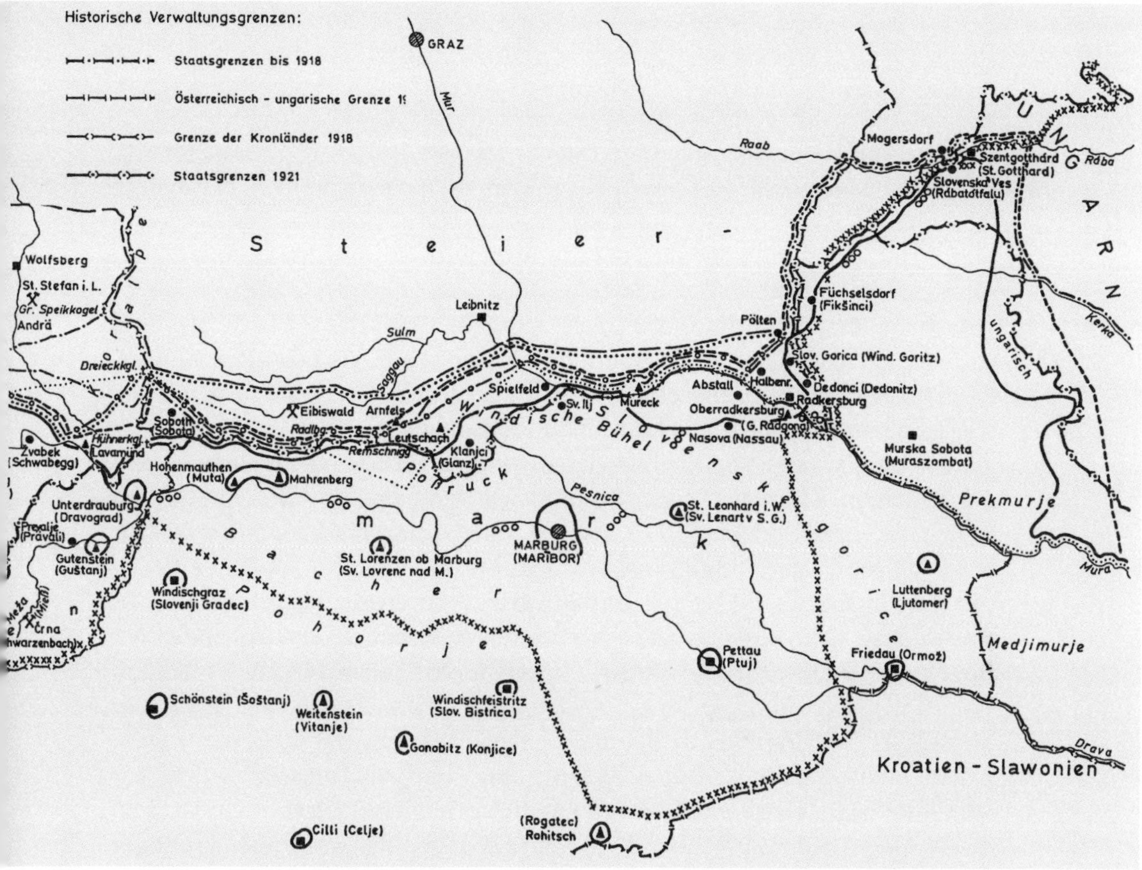

Untersteiermark und Prekmurje (Übermurgebiet). Aus: Suppan (Entwurf: Suppan, Ausführung: Florian Partl), Anhang-Karte 3.

Coolidge viele Berichte über die Zustände in der ehemaligen Donaumonarchie geschrieben – das war der Sinn seiner Anwesenheit in Wien. Die Grenzfrage an der Adria, die Situation in Bosnien, Kroatien, Ungarn, in der Tschechoslowakei, dazu innerösterreichische Probleme wie die Bolschewismusgefahr und die Anschlußbewegungen in den Ländern u. a. wurden erfaßt.[113] In keinem dieser Fälle lag den Studien jedoch intensive Feldarbeit bzw. eine echte Intervention vor Ort zugrunde wie bei Kärnten. Die Arbeiten über die Untersteiermark und das Burgenland sind als reine Folgeprodukte der Kärntner Miles-Mission entstanden und wurden, ohne gründliche Beobachtungen an Ort und Stelle, gänzlich in Analogie zu den in Südkärnten gewonnenen Ergebnissen konzipiert. Für den Grenzverlauf in der Untersteiermark rieten die Experten mehrheitlich, den Erfahrungen bei der Feldarbeit in Kärnten folgend, zu einer „natürlichen“ Linie entlang dem Bacherngebirge, dann südöstlich von Marburg die Drau überquerend, weiter über die

Windischen Bühel zu einem Punkt in der Mur südöstlich von Radkersburg. Lawrence Martin hält in seinem Einzelbericht zusätzliche bzw. erstmalige Recherchen in den betroffenen Gebieten für nötig. Dasselbe forderte er in seiner Untersuchung vom 28. Februar 1919 zum Westungarn-Problem; dieser Studie lag ebenfalls kein Lokalaugenschein zugrunde. Martins Grenzvorschlag, erstellt aufgrund ethnischer, geographischer, wirtschaftlicher und strategischer Gesichtspunkte, teilte Westungarn, also das Burgenland, Österreich zu. Sein zentrales Argument war die Rolle der Region als Versorger Wiens mit landwirtschaftlichen Produkten. Aus Martins Bemerkungen zur ethnischen Situation läßt sich deutlich erkennen, wie einschneidend die Arbeit in Kärnten für die Amerikaner gewesen war. Dort hatte man Slowenen vorgefunden, die es vorzogen, unter deutschösterreichischer statt unter jugoslawischer Regierung zu leben. Martin daraufhin im Burgenlandbericht: Angesichts dieser Erfahrung wäre es ein großer Fehler, wenn man nicht genau überprüfen würde, wohin die mehrheitlich deutschsprachige Bevölkerung Deutsch-Westungarns tatsächlich tendiere. Coolidge schloß sich dieser Einschätzung an und plädierte für eine direkte Befragung der Menschen. Die Empfehlung hat man in Paris nicht aufgegriffen; das Thema wurde nicht diskutiert. Genausowenig sind übrigens die Miles-Berichte über die Untersteiermark in die Verhandlungen eingeflossen.[114]

Der Bekanntheitsgrad und die Wirksamkeit der überwiegenden Mehrheit der von Coolidge-Leuten erarbeiteten Studien dürften nicht sehr groß gewesen sein. Ganz anders verhielt es sich mit den Berichten der Miles-Mission über Kärnten – sie wurden von US-Experten in Paris bis hin zu Präsident Wilson immer wieder zitiert. Schon der Eklat, der aus dem unautorisierten Vorgehen von Coolidge im Zusammenhang mit der Miles-Mission erwuchs, förderte deren Publicity. Dazu kam, daß die Kärnten-Reports nicht „akademische“ Untersuchungen waren, sondern Auswertungen einer politischen, fast offiziellen, Aktion. Nur die Kärntner Frage wurde zu einem der wichtigsten „minor disputes“, einem der wichtigsten kleineren Probleme, der Friedenskonferenz. Sie spielte im Pariser Verhandlungsreigen eine viel größere Rolle, als dies dem kleinen, vorwiegend landwirtschaftlich genutzten, industriell unbedeutenden Südkärntner Gebiet eigentlich zugestanden wäre.[115]

Das Schicksal Kärntens wurde in Paris entschieden. Das folgenschwerste Ereignis für den Ablauf des Geschehens war aber die Miles-Mission, die aufgrund der Jänner-Kämpfe im Land zustande kam. Das Timing war perfekt: Als die Miles-Mission eingriff, hatte die Friedenskonferenz eben erst begonnen, nichts war fixiert, nichts festgefahren. Die amerikanischen Berichte – handfestes Material, mit großem Engagement aufbereitet und geschrieben – legten in Paris den Grundstein dafür, daß die Frage des Klagenfurter Beckens nicht eines unter vielen gesichtslosen kleineren Problemen blieb, mit denen die Konferenz zu tun hatte und die sie am „Grünen Tisch“ löste, sondern zu einem Sonderfall wurde.

4. PARISER FRIEDENSKONFERENZ: DER LANGE WEG ZUR VOLKSABSTIMMUNG.

ÖSTERREICH DARF NICHT MITVERHANDELN. DIE ROLLE DER GROSSMÄCHTE.

Am 18. Jänner 1918 begann die Friedenskonferenz in Paris. An der Spitze stand der Rat der Zehn, dem die Regierungschefs und die Außenminister der fünf alliierten Mächte – USA, Großbritannien, Frankreich, Italien und Japan – angehörten. Bis Ende März war der Rat der Zehn der „Oberste Rat“. Dann kam es zur Aufspaltung: Die Regierungschefs der USA, Englands, Frankreichs und Italiens – Wilson, Lloyd George, Clemenceau und Orlando – bildeten den „Rat der Vier“, der somit zum Obersten Rat wurde. Die Außenminister aller fünf Ententemächte traten als Rat der Fünf zusammen. Die Vier bzw. Fünf fällten die Entscheidungen. Die 22 anderen in Paris akkreditierten, am Kriegserfolg beteiligt gewesenen, kleineren Staaten mußten sich damit zufriedengeben, an den Plenarsitzungen teilzunehmen. Ihre Delegationen – darunter die serbische, aus der nach Anerkennung des Königreiches SHS durch die Alliierten im Laufe des Frühjahrs offiziell die jugoslawische Delegation wurde – konnten jedoch jederzeit durch persönlichen Kontakt mit den „Großen“ der Konferenz ihren Einfluß geltend machen. Ab Mitte Jänner fand sich die südslawische Delegation in Paris ein; sie wuchs bis auf 150 Mitglieder an. 20 Slowenen waren darunter, geführt von Ivan Žolger, Jurist und ehemaliger österreichischer Minister ohne Portefeuille. Als Sachverständige für Kärnten fungierten der Klagenfurter Professor Dr. Lambert Ehrlich und der Ferlacher Pfarrer Georg Trunk.[116]

Im Gegensatz dazu hatten die Verlierermächte keinen Zutritt zu den Gremien der Konferenz. Deutschösterreich sah sich als „Nachfolgestaat“ und lehnte es ab, das Erbe der alten Monarchie anzutreten und damit die Kriegsschuld zu tragen. In der Note des Vollzugsausschusses der Provisori-

Die Staatsmänner der Entente in Paris. Links vorne Frankreichs Ministerpräsident Clemenceau, gefolgt von Wilson. Rechts mit Zylinder und Spazierstock der britische Premierminister Lloyd George.

schen Nationalversammlung vom 30. Oktober 1918 war das Verlangen des Staates Deutschösterreich deponiert worden, „daß seine Vertreter als die Vertreter eines selbständigen Staates zu den Friedensverhandlungen zugelassen werden und mit den Vertretern der anderen Nationen über die Bedingungen des Friedens verhandeln.“ Diesem Anspruch wurde nicht nachgekommen.[117] Die deutschösterreichische Republik durfte nicht mitverhandeln; eine Friedensdelegation wurde erst im Mai nach Paris zitiert, um die fertigen Verträge in Empfang zu nehmen. A. C. Coolidge beschrieb die Situation, in der sich die besiegten Staaten wie Deutschösterreich befanden, treffend mit den Worten, der wahre Nachteil für die Unterlegenen liege darin, daß sie in Paris keine Anwälte, sondern nur Richter hätten.[118]

Gewisse Ressentiments der englischen Delegierten zur Friedenskonferenz, die der englische Diplomat Harold Nicolson in seinem Tagebuch formulierte, waren sicher zumindest am Anfang der Verhandlungen dem ganzen alliierten Lager eigen. Laut Nicolson betrachteten die Engländer die neu entstehenden, aus dem Verband der in Trümmer gegangenen Habsburgermonarchie entlassenen Staaten mit geradezu mütterlichem Instinkt. Selbst für die Amerikaner traf diese Haltung in gewisser Weise zu. Major Lawrence Martin etwa, Geographieexperte der „Intelligence Division" der US-Armee und der Miles-Mission als geographischer Berater beigegeben, äußerte sich in der Beschreibung seiner Erlebnisse in Kärnten in diesem Sinn. Als Geograph, aufgrund seines jahrelangen Studiums des „ethnic salad of Austria-Hungary", sei er mit Vorurteilen belastet nach Kärnten gekommen und geneigt gewesen, den Jugoslawen unter allen Umständen zu ihren Forderungen zu verhelfen. US-Präsident Woodrow Wilson mußte auch an die vielen „jugoslawischen" Wähler zu Hause denken, die sich schon im Wahlkampf vor dem Eintritt Amerikas in den Krieg bemerkbar gemacht hatten.[119] Die Miles-Mission brachte den Umschwung. Fortan hatte Österreich in der Frage Kärnten einen Anwalt seiner Sache, die US-Friedensdelegation und den amerikanischen Präsidenten.

Allgemein gesehen, bauten die amerikanische wie auch die britische Strategie für einen zukünftigen Frieden in Europa auf Demokratie, Freiheit der Märkte und Abrüstung. Die Franzosen strebten hingegen einen Frieden an, der die Schwächung des Gegners und die Erreichung der eigenen Überlegenheit sicherstellte.[120] Dem US-Präsidenten ging es um die Schaffung lebensfähiger demokratischer Staaten. Das Nationalitätenprinzip war dabei nur eines der Kriterien, die berücksichtigt wurden. James T. Shotwell, Historiker und als Experte Mitglied der US-Friedensdelegation, berichtet in einem später von ihm geschriebenen Buch über zahlreiche Besuche u. a. der Jugoslawen und urteilt: „There is something grotesque about this nationality business."[121]

Was die Haltung der einzelnen Entente-Mächte auf der Friedenskonferenz in Bezug auf Österreich anlangt, ist eine Charakterisierung aufschlußreich, die A. C. Coolidge im Mai 1919 in einem Brief aus Paris an einen Wiener Freund abgab: Die Interessen der Vereinigten Staaten von Amerika wie die Englands stünden beim Friedensvertrag mit Österreich nicht direkt auf dem Spiel; deshalb könnten diese beiden Mächte die Dinge nach abstrakteren Prinzipien beurteilen als andere Nationen. Die Franzosen, so heißt es weiter, hingen dem alten Grundsatz an, wonach man im Zweifelsfall lieber dem Freund als dem Feind Zugeständnisse machen sollte. Sie stützten deshalb die Jugoslawen gegen Österreich. Bezüglich der Haltung Italiens unterschied Coolidge zwei Varianten – wo es direkt um Fragen zwischen Österreich und Italien ging, wären die Italiener unnachgiebig. Wo sie nicht unmittelbar interessiert seien, wie im Fall Kärnten, halfen sie gewöhnlich Österreich, zumal sie damit die Jugoslawen schädigen konnten. Allerdings setzten sie sich nie wirklich entscheidend ein, sondern hielten ihre Kraft für jene Dinge zurück, die sie wirklich tangierten.[122] Italien hat zweifellos sowohl bei den Verhandlungen in Paris als auch auf dem Schauplatz Kärnten meistens eine Österreich nützende Rolle gespielt. Eine Pro-Österreich-Lösung der Kärntner Frage war für Italien in verkehrstechnischer (Eisenbahnen) und strategischer Hinsicht wichtig. Das kärntnerische Kanaltal, im Londoner Vertrag vom 26. April 1915 den Italienern zugesprochen, wurde nach dem Waffenstillstand von italienischen Truppen besetzt.

Die Franzosen sympathisierten mit den Jugoslawen. Die Angst vor Deutschland und das Ziel einer Schwächung des Deutschtums dominierten ihre Politik. Unter allen Umständen sollte ein Anschluß Österreichs an Deutschland verhindert werden. Daß sich die Franzosen in der Frage Kärnten nicht mit aller Konsequenz für die jugoslawische Seite einsetzten, ist teilweise sicher auf ihre Überlegung zurückzuführen, daß ein durch den Verlust Südkärntens geschwächtes Österreich noch eher den Anschluß an Deutschland gesucht hätte. Frankreich wie England waren in der Kärntner Frage – anders als bei Südtirol – an keinen Vertrag gebunden. Das Interesse der Briten an Kärnten hielt sich in Grenzen; ihre Haltung war schwankend.[123]

ERSTE PARISER VERHANDLUNGSRUNDE: KOMPROMISSREAKTION DER ENGLISCHEN EXPERTEN AUF US-VORPRESCHEN IM SINNE DER MILES-ERGEBNISSE SCHAFFT GRUNDLAGE FÜR DIE VOLKSABSTIMMUNG IN KÄRNTEN. MAXIMALLINIE, ROTE LINIE, BLAUE LINIE.

Am 18. Jänner 1919 war die Friedenskonferenz eröffnet worden. Am 18. Februar 1919 präsentierte der Slowene Ivan Žolger im Rat der Zehn die Forderungen seines Staates bezüglich dessen Nordgrenze. Für den Kärntner Abschnitt wurde die sogenannte „Wunschlinie" verlangt – ein guter Teil des Klagenfurter Beckens und dazu das untere Gailtal, begrenzt von der Linie Roßkofel in den Karnischen Alpen–östlich Hermagor–Spitzegel–Kobesnock–Mittagsnock–Durchbruch der Drau bei Gummern–Ossiacher Tauern–Ulrichsberg–Saualpe–Koralpe, und damit eine Maximalforderung, die große Gebiete ohne slowenische Bevölkerungsmehrheit einschloß: nämlich das

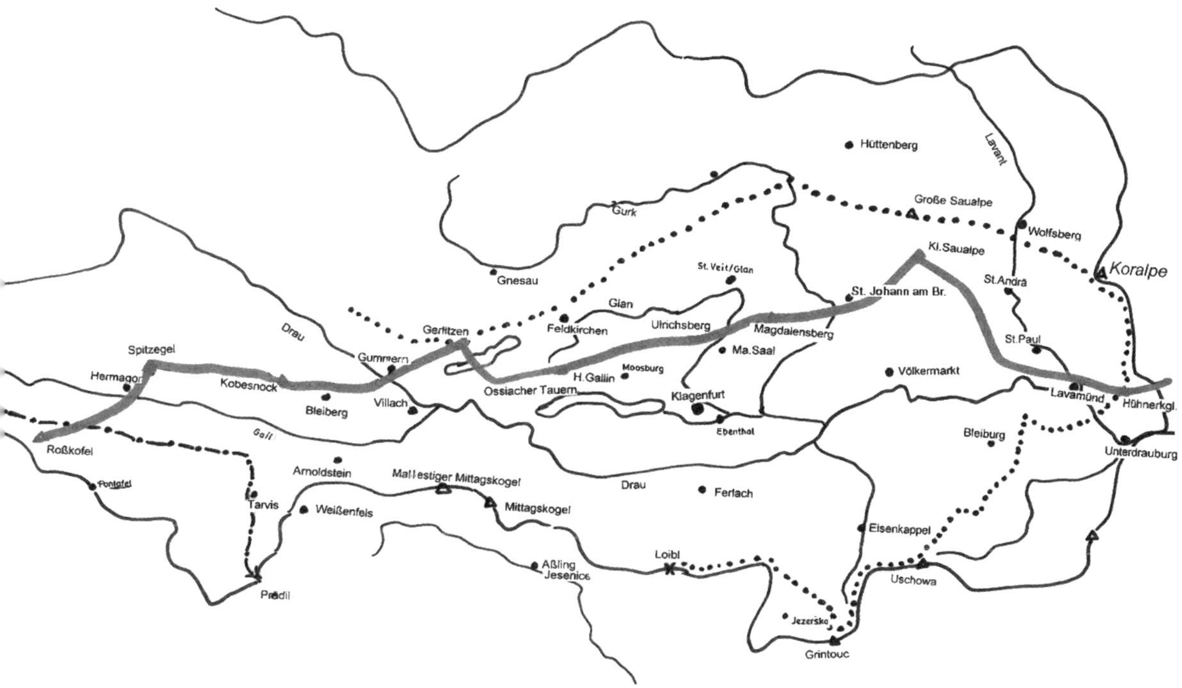

Am 18. Februar 1919 präsentierten die Jugoslawen in Paris ihre Grenzforderungen. Für den Kärntner Abschnitt wurde die sogenannte „Wunschlinie" (▬▬▬) verlangt. Eingezeichnet auch die rote und die blaue Linie (.........) vom 6. April 1919 und die Italien 1915 zugesicherte Grenze (– · – – · – ·). Entwurf Fräss-Ehrfeld.

Hochtal von Bleiberg, Villach mit seiner nordwestlichen und nördlichen Umgebung, das Gebiet südlich und westlich des Ossiacher Sees, die Gegend Pörtschach–Krumpendorf–Moosburg, Klagenfurt und Umgebung, das Zollfeld, den südlichen Teil der Gemeinde St. Johann am Brückl und die Gemeinde Lavamünd. Kärnten hatte im Volkszählungsjahr 1910 eine Ausdehnung von 10.304 km^2 und zählte 381.314 Einwohner. Der jugoslawische Grenzvorschlag vom 18. Februar 1919 beanspruchte davon 3382 km^2 mit 194.000 Einwohnern, von denen nach der Volkszählung von 1910 etwa 114.000 Deutsche und 80.000 umgangssprachliche Slowenen waren. Žolger rechtfertigte die so weit nördlich gezogene Grenze nicht nur mit dem Argument der wirtschaftlichen und geographischen Einheit des Klagenfurter Beckens, sondern auch mit dem Hinweis auf die deutsche Zwangsgermanisierung seit 1850. Wo immer nachgewiesen werden könne, daß 50 Jahre zuvor die Slowenen im Besitz des Landes waren, müsse man nun dem SHS-Staat seinen rechtmäßigen Besitz zurückerstatten. Als weiteres Argument führte Žolger den drohenden Drang der Deutschen nach der Adria an, ein Argument, das seine Wirkung besonders auf die Franzosen nie verfehlte.[124]

Die Jugoslawen übergaben am 18. Februar 1919 den Großen Zehn auch eine Broschüre, die von Žolger unter dem Titel „La Question du Prekmurje, de la Styrie et de la Carinthie“ publiziert worden war. Eine Reihe anderer Denkschriften („ La ville de Celovec/Klagenfurt“, „La ville de Belyak/Villach“, „La Carinthie“ usw.) gingen später an die Adresse der Alliierten. Die Ansprüche auf Kärnten wurden darin u. a. mit historischen Argumenten begründet: Das Zollfeld sei der Ort der feierlichen Inthronisation der Herrscher des slowenischen Volkes gewesen und bedeute für die Slowenen das, was das Kosovo polje (Amselfeld) für die Serben sei, nämlich heiliger Boden. 1389 wurde das serbische Heer auf dem Amselfeld von den Türken vernichtend geschlagen. Die historische Argumentation war für die frühe jugoslawische Propagandatätigkeit typisch. Später mußte man erkennen, daß die Alliierten ausschließlich an den gegenwärtigen Zuständen interessiert waren.[125]

Es widersprach der Gepflogenheit der Konferenz, ad hoc zu entscheiden. Die Frage der Nordgrenze Jugoslawiens wurde einer Expertenkommission, der „Kommission für das Studium der Gebietsfragen Rumäniens und Jugoslawiens“, kurz Gebietskommission genannt, zur grundlegenden Bearbeitung übergeben. Als die Kärntner Frage ab März 1919 in dieser Gebietskommission (bestehend aus je zwei Delegierten der USA, Frankreichs, Englands und Italiens) behandelt wurde, haben die beiden Amerikaner Charles Seymour und Clive Day wegen ihrer besseren Informiertheit – Folge ihrer Erkenntnisse aus den Miles-Berichten – die Verhandlungen dominiert. Sie warfen ihr Wissen in die Waagschale und gaben die Richtung an. Die Argumente der Jugoslawen im Zusammenhang mit ihrer Kärntner „Wunschlinie“ sind gar nicht erst diskutiert worden. Die US-Delegierten in der Gebietskommission verlangten mit den Worten der Miles-Mission die Zuteilung des Klagenfurter Beckens an Österreich. Das italienische Team unterstützte die amerikanische Position. Italien lag an einer Schwächung Jugoslawiens, des Kontrahenten bei der Grenzziehung in Istrien und Dalmatien. Die englischen Experten setzten dem amerikanisch-italienischen Modell den Vorbehalt einer Befragung der Bevölkerung entgegen, ein Vorbehalt, der sich bald zur Plebiszit-Bedingung wandelte. Die Idee der Volksabstimmung für Kärnten ist also von den Engländern ins Spiel gebracht worden. Der englische Einwand war eine Kompromißreaktion auf den amerikanischerseits mit großer Vehemenz vorgetragenen Wunsch auf direkte Übergabe Südkärntens an Österreich. Die Franzosen in der Gebietskommission sagten zwar, daß Klagenfurt den Jugoslawen zustehe, schlossen sich aber dann der englischen Linie an. Die US-Experten (nicht jedoch die

Pro-jugoslawische Volksabstimmungspropaganda 1920. Übersetzt: Zollfeld – das slowenische Amselfeld. In der Schlacht auf dem Amselfeld (Kosovo polje) wurde 1389 das serbische Heer von den Türken vernichtend geschlagen. Die Volksdichtung hat im Laufe der Jahrhunderte dieses Debakel in einen glorreichen, geistigen Sieg umgedeutet. Was der Kosovo für die Serben – heiliger Boden –, das ist das Zollfeld für die Slowenen: so die Aussage der pro-SHS Wahlwerbung. Vgl.: Neumann, Kärnten 1918–1920. Ereignisse–Dokumente–Bilder, 99. Foto: Landesmuseum für Kärnten.

Italiener) willigten sofort in den Befragungs- bzw. Plebiszitvorbehalt ein. Diese Vorentscheidung in der ersten Pariser Verhandlungsrunde (fixiert im „Bericht Nr. 2" der Gebietskommission vom 6. April 1919) konnte trotz aller folgenden massiven Anstrengungen, die Volksabstimmung zu Fall zu bringen, nicht mehr umgestoßen werden.[126]

Die Grenzen des Klagenfurter Beckens, in dem eine Befragung – und zwar durch eine von den Alliierten nominierte Kommission – stattfinden sollte, verlief im Süden von einem Punkt südlich von Eisenkappel (Grintouc) entlang des Karawankenkammes bis zur Loiblstraße, im Osten vom Grintouc zum Höhenzug südlich von Bleiburg und weiter über den Hühnerkogel zur Koralpe, im Norden von der Koralpe zur Großen Saualpe, dann zu einem Punkt südlich von Treibach-Althofen, weiter entlang den Wimitzer Bergen und nördlich von Feldkirchen vorbei zum Oswaldiberg. Die Bestimmung der Westgrenze und der Südgrenze westlich der Loiblstraße hatte sich der Oberste Rat vorbehalten. Die im Bericht Nr. 2 festgelegte Grenze im Süden war auf der mitgereichten Karte rot markiert und wurde als „rote Linie“ bekannt, während die Nordgrenze des Befragungsgebietes in den folgenden Verhandlungen als „blaue Linie“ bezeichnet ist (Karte S. 115).[127]

In einem Unterausschuß der Gebietskommission kam es vor dem 11. März 1919 zu einem Kompromiß zwischen Amerikanern und Engländern betreffend das Mießtal inklusive der Unterdrauburger Gegend, die Untersteiermark und Prekmurje, das ungarische Übermurgebiet (Karte S. 109). Die amerikanischen Ausschußmitglieder, die ursprünglich für die Zuteilung sowohl des kärntnerischen Mießtales als auch des steirischen Marburger Beckens an Österreich und die des Prekmurje an Ungarn gewesen waren, gaben nach, indem sie dem englischen Wunsch nach Abtretung des Marburger Gebiets und des Mießtales an Jugoslawien zustimmten. Die Engländer verzichteten dafür auf die von ihnen für richtig gehaltene Zuweisung des Prekmurje an Jugoslawien (am Ende doch zu SHS geschlagen). Bezüglich der Übergabe des Klagenfurter Beckens an Österreich – mit nachträglicher Befragung – herrschte jedoch in der Gebietskommission Einstimmigkeit. Kärnten wurde nie in die Kompromißlösung einbezogen. Als der italienische Außenminister Sonnino später (am 12. Mai 1919) versuchte, für die Untersteiermark ebenfalls ein Plebiszit zu erreichen, sagte der englische Außenminister Balfour, es sei nicht notwendig, in allen Gebieten mit gemischter Bevölkerung eine Abstimmung zu organisieren. Im Falle des Marburger Beckens halte sich die Konferenz für hinreichend informiert, um ohne Votum der Bewohner zu entscheiden. Es gebe kein Argument dagegen, das Klagenfurter Becken, wo man sich über die Gesinnung der Bevölkerung nicht klar sei, als isolierten Fall zu betrachten und nur hier die Menschen zu befragen.[128]

All dies widerlegt die von Kritikern des Kärntner Geschichtsbildes vorgebrachte These, wonach Kärnten Österreich nur deshalb erhalten geblieben sei, weil Marburg dafür geopfert wurde. Gegen die Annahme einer die jugoslawische Nordgrenze insgesamt betreffenden Kompromißlösung spricht der Verlauf der Kärnten-Verhandlungen. Von all den strittigen Problemen an der Nordgrenze Jugoslawiens ist nur die Frage Kärnten zu einer vielbeachteten und immer wieder vor den obersten Gremien der Konferenz diskutierten Causa geworden. Wenn sie Teil eines die ganze jugoslawische Nordgrenze umfassenden Kompromisses gewesen wäre, warum dann die Sonderbehandlung? Kärnten wurde vielmehr, um nochmals den englischen Außenminister Lord Balfour zu zitieren, in Paris als „isolierter Fall“ gesehen.[129]

Staatssekretär für Heerwesen, Dr. Julius Deutsch.

MIT WAFFEN GEGEN DIE VOLKSABSTIMMUNG – SÜDSLAWISCHE OFFENSIVE AB 29. APRIL 1919. HÖHEPUNKT DES KÄRNTNER ABWEHRKAMPFES (BIS 7. MAI 1919).

In der Pariser Gebietskommission lief es für die SHS-Seite nicht gut. Das Resultat der ersten Kärnten-Verhandlungen entsprach in den Grundzügen den Ergebnissen der Miles-Mission; das strittige Gebiet (ohne Mießtal) sollte an Österreich gegeben werden. Die nachträgliche „Befragung oder Untersuchung" im ganzen Klagenfurter Becken als Einheit wäre wegen der deutschen Bevölkerungsmehrheit auf jeden Fall für Österreich ausgegangen.

Ein militärischer Erfolg in Kärnten sollte die Dinge ins Lot bringen. Beratungen darüber zwischen Laibacher Regierungskreisen und Militärs gab es schon seit längerem; ebenso militärische Übergriffe entlang der Waffenstillstandslinie.[130] Die Stimmung in Kärnten war gespannt. Am 22. April 1919 fuhren Landesverweser Lemisch und Landesbefehlshaber Hülgerth, begleitet von Vertretern der Parteien und des Soldatenrats, nach Wien. Der Staatssekretär für Heerwesen, Julius Deutsch, wurde über die militärische Lage und die nicht ausreichende Kärntner Truppenstärke informiert. Am 29. April ermächtigte die Wiener Regierung die Kärntner Landesregierung,

Am 29. April 1919 ermächtigte die Wiener Regierung die Kärntner Landesregierung, Wehrpflichtige aufzubieten. Abgebildet Aufruf für St. Veit/Glan. Foto: Ferdinand Pramerdorfer.

alle Wehrpflichtigen der Jahrgänge 1877 bis 1899 aufzubieten. Sie tat dies aufgrund des Gesetzes vom 6. Februar 1919 über die bewaffnete Macht, das ihr erlaubte, zum Schutz der Grenzen und bei Unruhen im Inneren Staatsbürger zwischen 19. und 42. Lebensjahr auf längstens vier Monate zu den Waffen zu rufen. Sofort eingezogen wurden in Kärnten zunächst nur die „Gedienten“ der Jahrgänge 1882 bis 1899 in den unmittelbar bedrohten Gebieten inklusive der Städte Klagenfurt, Villach und St. Veit. Die Gedienten aus dem übrigen Kärnten sollten erst am 6. Mai einrücken, die Ungedienten am 11. Mai. Das Ergebnis des Aufgebots stellte sich später als nicht sehr gut heraus – nur rund drei Prozent der 24.000 Einberufenen konnten verpflichtet werden.[131]

Am 29. April 1919 erteilte Staatssekretär Deutsch der Kärntner Volkswehr den Befehl, mit allen Kräften Widerstand zu leisten. Gleichzeitig wies Staatskanzler Renner die Kärntner Landesregierung telefonisch an, bei einem Gegenangriff die Demarkationslinie nicht zu überschreiten. Daran dachte am 29. April in Kärnten keiner, denn in aller Früh setzte entlang der ganzen Front von Lavamünd bis Rosenbach die jugoslawische Offensive

Panzerwagenzug vor der Waisenhauskaserne in Klagenfurt (Foto: Landesmuseum für Kärnten). Die jugoslawische Offensive vom 29. April 1919 zielte auf die Einnahme der Landeshauptstadt. Aus einem Tagebuch: „Die Stadt gleicht einem aufgestörten Ameisenhaufen. Alles, was fleucht und kreucht, eilt in die Kasernen und aus den Kasernen mit Waffen hinaus. Vom Oberlandesgerichtsrate bis zum Handwerker und vierzehnjährigen Schulbuben, alles hatte in wenigen Stunden die Waffen umgehängt. In verschiedenen Formationen, zu Fuß und auf Autos, eilten die Klagenfurter hinaus zur Front.“ (Wutte, 209f.)

ein. Tags zuvor war in der Laibacher Regierung überstürzt der Beschluß zum militärischen Vorgehen gefaßt worden. Belgrad wurde nicht informiert; die serbischen Truppen standen größtenteils an der ungarischen Grenze. Seitens der Draudivision wurde Oberst Milan Ritter von Bleiweis mit der Führung der schlecht vorbereiteten Offensive in Kärnten betraut. Er verfügte über 4000 Gewehre, 121 Maschinengewehre und 40 Geschütze. Je zwei Bataillone der Infanterieregimenter Cilli und Laibach und je ein Bataillon des Infanterieregiments Marburg sowie des slowenischen Gebirgsregiments kamen zum Einsatz.[132]

Auf Kärntner Seite standen 27 Volkswehrkompanien (zwischen 2500 und 3000 Mann), 116 Maschinengewehre, 71 Geschütze, ein Behelfspanzerzug und zwei Panzerautos; dazu 41 Heimwehren (Mitte Mai dann 63). Die in Annabichl stationierte Fliegerstaffel leistete in den damaligen Kämpfen gute Arbeit. Rund zehn Flugzeuge waren mehrmals täglich im Aufklärungs-

und Verbindungsdienst im Einsatz und verzögerten durch Beschuß der jugoslawischen Verladebahnhöfe den feindlichen Aufmarsch.

Ende April und Anfang Mai wurde von seiten der Wiener Regierung der Kärntner Abwehrkampf militärisch unterstützt. Besonders positiv war die Lieferung von Waffen, Munition und Flugzeugen. Auch Volkswehrtruppen wurden nach Kärnten abkommandiert: zwei Wiener Bataillone und eine Gebirgshaubitzenbatterie ins Lavanttal, das Klosterneuburger Volkswehrbataillon und zwei Gebirgskanonenbatterien aus Kaiserebersdorf in den Raum Rosenbach. Alle diese Truppen aber hatten den strikten Befehl, die Demarkationslinie zu respektieren. Diese bestand seit den Grazer Waffenstillstandsverhandlungen Mitte Jänner 1919 und verlief westlich von St. Margareten im Rosental, ansonst entlang dem Freibach in südnördlicher Richtung von den Karawanken zur Drau, dann entlang der Drau ostwärts bis zur Grenze. Östlich vom Freibach und südlich der Drau war slowenischbesetztes Gebiet. Zwei sogenannte „Brückenköpfe" reichten über die Drau auf die Gegend nördlich des Flusses – die Stadt Völkermarkt mit Umgebung und Dullach. Jugoslawisch okkupiert waren auch Unterdrauburg und der Nordausgang des Karawankentunnels in Rosenbach. Die Beschränkung auf die Abwehr von SHS-Truppen, die den Waffenstillstand verletzten, und das Verbot, die Demarkationslinie zu überschreiten, minderten die Bedeutung der zur Verstärkung aus den anderen Bundesländern nach Kärnten geschickten Einheiten. Denn bereits am 2. Mai wurde Völkermarkt erobert und bald darauf die Drau überquert; die Truppen, die nicht an der Offensive teilnehmen konnten, wurden teilweise zurückgeschickt.[133]

Die Kämpfe zwischen 29. April und 7. Mai 1919 waren der Höhepunkt des Kärntner Abwehrkampfes. Der jugoslawische Operationsplan sah einen Zangenangriff auf die Landeshauptstadt vor – aus dem Völkermarkter Bereich entlang der Drau bzw. der Straße, aus dem Raum Loibl über die Hollenburger Brücke und aus dem Rosenbacher Tunnel in Richtung Velden, wo die Villacher Reserven gebunden werden sollten, um ihr Eingreifen in Klagenfurt zu verhindern. Auch ein Vordringen auf Villach von Rosenbach aus war geplant. Der Angriff der Jugoslawen aus dem Dullacher Brückenkopf heraus auf Grafenstein wurde vom Kärntner Volkswehrbataillon 3 und der Heimwehrkompanie Grafenstein abgewiesen. Ein Bataillon des Infanterieregiments Laibach versuchte den Raum Ferlach einzunehmen, wurde aber vom Volkswehrbataillon 1 unter Major Perko in verlustreichen Kämpfen zum Stehen gebracht. Eine kritische Lage entstand, als jugoslawische Truppen vom Loiblgebiet über das Bärental in Richtung Feistritz im Rosental vorrückten. Aus dem Rosenbachtunnel griffen ein serbisches

Hauptmann Alfons von Dragoni, Kommandant eines Halbbataillons freiwilliger Tiroler Jäger (220 Mann, 15 Offiziere), die am 23. Februar 1919 in Kärnten eintrafen und bis 8. Mai 1919 im Rosenbacher Abschnitt an allen Kämpfen mit schweren Verlusten teilnahmen. Auch aus Wien, Niederösterreich und der Steiermark haben Volkswehrsoldaten bzw. Freiwillige die Kärntner in ihrem Abwehrkampf unterstützt. Lt. Sepp Unterluggauer von der Spittaler Volkswehrkompanie, die zur Kampfgruppe Velden gehörte, stürmte mit seinen Leuten die Rosegger Brücke.

Mit dem Schienenauto von Klagenfurt an die Front. Foto: Boyneburg (Hinweis Gasper).

Hauptmann Karl Eglseer, Kommandant des Abschnitts Rosenbach. Viele haben hier und an anderen Abschnitten der Front mit großem Einsatz gekämpft. Einige der Namen: Oblt. Unterwelz, Lt. Ebert, Oblt. Arneitz, Lt. Brabek, Lt. Vogl-Boeckh, Hptm. Banfield, Mj. Perko, Oblt. Steinacher, Hptm. Gerstmann, Hptm. Reindl, Oblt. Sorko, Lt. Klinge-Praschek, Lt. Schaar, Mj. Sanitzer, Hptm. Treu, Lt. Pirkenau, Oblt. Maierhofer, Lt. Gönitzer, Mj. Michner, Mj. Premitzer, Oblt. Rauter, Hptm. Stossier, Obstlt. Schenk, Obstlt. Umfahrer, Obstlt. Fürnschlief, Hptm. Mahr.

Bataillon und ein Bataillon des Infanterieregiments Laibach an. Zusätzlich zu dieser konzentrischen Offensive wurden Vorstöße von Völkermarkt aus gegen Norden und Osten sowie aus dem Süden in Richtung Lavanttal unternommen.

Die Kärntner Abwehr funktionierte: Auf der Straße nach Völkermarkt trat eine bataillonstarke Kampftruppe, bestehend aus Kompanien der Volkswehrbataillone 2 und 3, einer Mittelschüler- und einer Gendarmeriekompanie, an. Am 30. April gelang die Einnahme des Dullacher Brückenkopfs. Im Abschnitt Trixen bewährte sich das St. Veiter Volkswehrbataillon Nr. 8 unter Major Michner. Im Raum Ferlach kamen das Volkswehrbataillon 1 zum Einsatz, eine Arbeiterkompanie, vier Heimwehrkompanien und ein Behelfspanzerzug. Wie im Völkermarkter Bereich wurde auch hier schon am 30. April wieder die Vor-Angriffs-Lage erreicht.

Empfindliche Verluste brachte der jugoslawische Angriff im Abschnitt Rosenbach. Hier standen unter dem Kommando von Hauptmann Eglseer die Marinekompanie, die Volkswehrkompanie Velden und die Volkswehr-Sturmkompanie Maria-Gail; dazu das im Februar aus Tirol angerückte Volkswehr-Halbbataillon Hauptmann Alfons von Dragoni, die Artillerieeinheit Rosental und die Heimwehrkompanie Rosenbach; herausragend der Stoßtrupp von Oberleutnant Arneitz. Kommandant Eglseer war am

SHS-Soldaten vor dem Karawankentunnel in Rosenbach – ein strategisch wichtiger „Brückenkopf". Foto: Landesmuseum für Kärnten.

28. April zum Landesbefehlshaber nach Klagenfurt gefahren. Als am 29. April in der Früh überraschend der Angriff losbrach, begaben sich er und seine Begleitung mit einem Schienenauto nach Velden zurück. Dragoni hatte in Eglseers Abwesenheit das Kommando übernommen. Maria Gailer Freiwillige und Villacher Kompanien eilten zu Hilfe. Am Nachmittag des 30. April zeitigte ein von allen Seiten gleichzeitig gegen St. Jakob vorgetragener Angriff Erfolg. Nach harten Kämpfen, teilweise unter Führung von Hülgerth, wurde auch im Abschnitt Rosenbach sowie entlang der ganzen Kärntner Front jene Situation wiederhergestellt, wie sie vor der jugoslawischen Offensive bestanden hatte.

Am 30. April erklärt Landesverweser Lemisch, daß erst wieder Ruhe eingetreten sein werde, wenn die jugoslawischen Truppen aus Kärnten verdrängt sind. Am 2. Mai erfolgt unter Führung des Landesbefehlshabers der Angriff auf Völkermarkt; die Stadt wird erobert. Die Jugoslawen sprengen die Draubrücke. Oberleutnant Steinacher überquert am 4. Mai die Dullacher Brücke. Am 4. Mai kommt es von Ferlach aus zum Hauptschlag gegen die Jugoslawen bei St. Margareten/Abtei: vier Volkswehrbataillone und 12 Heimwehrkompanien greifen den Feind an. Schon am 5. Mai 1919 wird das Jauntal zurückerobert. Der jugoslawische Angriff bricht zusammen, man marschiert in Bleiburg ein.

Im Abschnitt Rosenbach hatten Freiwilligenformationen die seit dem Angriff vom 29. April stark dezimierten Einheiten verstärkt: dazu gehörten die „Dörflinger/Fresacher-Kompanie", größtenteils aus Klagenfurter

Der „Panzerzug" des Landesbefehlshabers. Nur durch Holz und Sandsäcke geschützt, aber mit leichten Geschützen und mehreren Maschinengewehren bestückt, wurde der Panzerzug unter Kommandant Hptm. Hermann Georg Ramsauer besonders wirkungsvoll am 29. April 1919 in Weizelsdorf im Rosental eingesetzt. Foto: Kärntner Landesarchiv.

Akademikern gebildet, und eine Artillerieabteilung (2 Feldkanonen), ein Klosterneuburger Volkswehrbataillon und zwei niederösterreichische Gebirgsbatterien. Die Artillerie aus Kaiserebersdorf mit 10 Geschützen hat sich sehr bewährt. Am 4. Mai wurde der Eingang des Karawankentunnels erobert; die Verluste waren allerdings groß. Viele Gefangene wurden nach Laibach mitgenommen. Die Schließung des Tunneleingangs führte das Arbeiterbataillon Villach durch. Ein jugoslawischer Angriff aus dem Tunnel heraus war danach nicht mehr möglich. Am 7. Mai rückten Kärntner Einheiten bis an die Landesgrenze im Mießtal vor. Bei Kämpfen in Gutenstein fiel Oberleutnant Malgaj. Auch im Lavanttal wurden die Jugoslawen vertrieben. Die kampfbegeisterten Legionen steirischer Hochschulen (Graz, Leoben, Bruck) trafen allerdings zu spät ein, um noch eingreifen zu können.[134]

„BEGNÜGT EUCH MIT VÖLKERMARKT UND DER DRAULINIE" – SPANNUNGEN ZWISCHEN WIEN UND KÄRNTEN.

Ende April/Anfang Mai 1919 hat die Wiener Regierung durch Sendung von Truppen und Material die Kärntner in ihrem Abwehrkampf unterstützt. Staatssekretär Deutsch informierte die ausländischen Militärmissionen in Wien von der jugoslawischen Aggression. Vom Chef der Italienischen

Waffenstillstandskommission, General Roberto Segre, erreichte man eine gewisse Rückendeckung. Solange der Kärntner Militäreinsatz defensiv war, wurde von Wien Beistand signalisiert. Dies noch am 2. Mai 1919 in einer geheimen Kabinettssitzung; allerdings, so Renner, dürfe auf keinen Fall der Eindruck eines Krieges erweckt und ebensowenig die Demarkationslinie überschritten werden. Als dann am 2. Mai 1919 Völkermarkt von Kärntner Truppen erobert wurde, kam von Wien die Forderung nach Einstellung jedes weiteren Vormarsches: „Begnügt euch mit Völkermarkt und der Draulinie", so lautete, den „Erinnerungen" (1930) von Deutsch zufolge, die Mahnung der Zentralregierung. Richtlinie der Wiener Politik war: Sich nicht ins Unrecht setzen und an der Demarkationslinie stehen bleiben, um nicht die serbische Armee und die übrige Entente gegen Österreich auf die Beine zu bringen. Renner übermittelte den „kategorischen Auftrag" an die Kärntner Landesregierung, in diesem Sinn zu handeln. In Kärnten aber war nach der Einnahme von Völkermarkt kein Halten mehr. Nach Wien wurde gemeldet,

Die Dullacher Brücke (bei Stein im Jauntal). Am 30. April 1919 wurde der Brückenkopf zurückerobert, am 4. Mai 1919 die Drau überquert. Foto: Kärntner Volksabstimmungskalender 1935/April. Die Brücken über die Drau – ob Lippitzbacher, Völkermarkter, Hollenburger, Rosegger Brücke oder die vielumkämpfte Annabrücke (bei Saager) – spielten eine wichtige Rolle.

Oblt. Hans Steinacher (1892–1971) – Zeichnung von Leo Kainradl. Geboren in Kreuth (Bleiberg), hochdekorierter Offizier im Ersten Weltkrieg (Infanterieregiment Nr. 7), 1918/19 27jährig Kommandant der 2. Kompanie des Volkswehrbataillons Nr. 2. Er befiehlt am 14. Dezember 1918 vor Grafenstein den ersten Kanonenschuß im Kärntner Abwehrkampf und nimmt am 30. April 1919 den Dullacher Brückenkopf ein. Als Geschäftsführer der Landesagitationsleitung (ab März 1920 Kärntner Heimatdienst) wird er später auch zum Motor des „geistigen" Abwehrkampfes. Angesichts des Fehlens der traditionellen militärischen Befehlshierarchie in der Volkswehr war die Überzeugungskraft der Offiziere neben dem starken Abwehrwillen in der Bevölkerung ausschlaggebend für die Erfolge im Abwehrkampf.

daß man die aus Freiwilligen gebildeten Heimwehren nicht bremsen könne. Staatssekretär Deutsch spricht in seinen Erinnerungen von einer „Handvoll studentischer Schreier und Reserveoffiziere", die das Land „terrorisieren".[135]

Am 7. Mai geht ein offizieller Protest der Staatsregierung und des Hauptausschusses der Nationalversammlung bei der Kärntner Landesregierung wegen des Überschreitens der Draulinie und „staatsgefährdenden Vorgehens" ein. Am gleichen Tag noch fuhr Deutsch in Begleitung von Kärntner Abgeordneten nach Klagenfurt. Hier warnte er bei einer Volksversammlung vor dem Kärntner Chauvinismus und gab zu bedenken, daß der militärische Erfolg nicht dauerhaft sein könne und man die Entscheidung der Friedenskonferenz abwarten solle. Ein Rückzug der Truppen war zu diesem Zeitpunkt nicht möglich; das hätte neues Blutvergießen bewirkt. Deshalb setzte Deutsch auf Waffenstillstandsverhandlungen unter seiner Führung ab 10. Mai. Seitens der deutschösterreichischen Verhandler wurde die Beibehaltung der nunmehrigen Besetzungslinie bis zur Entscheidung der Friedenskonferenz gefordert, die südslawische Delegation wollte die Rückkehr zur Situation vor dem 29. April. Ein Kompromiß war nicht in Sicht; die Verhandlungen wurden aber vom SHS-Team bis zum 17. Mai hinausgezögert, um die mitt-

„Moderne“ Kampfmittel im Abwehrkampf – abgebildet ein im Weltkrieg erbeuteter Panzerwagen, der 1951 leider verschrottet wurde (Foto: Landesmuseum für Kärnten). Zum Einsatz kam auch ein Autokanonenzug: Unter dem Kommando von Oblt. Emil Spitra stand eine Reihe von aus Klagenfurt stammenden Offizieren – Bohrer, Schiberth, Neuner, Rader, Preis, Kern u. a. – im Einsatz.

lerweile laufenden Vorbereitungen für einen militärischen Gegenschlag zu verbergen. Am 19. Mai hieß Belgrad den Angriff gegen Kärnten gut. Am selben Tag erbat der österreichische Staatssekretär für Äußeres bei den Ententemissionen in Wien die Einsetzung eines Schiedsgerichts. Das italienische Oberkommando in Tarvis wurde über den beabsichtigten Angriff Jugoslawiens gegen Kärnten informiert und um die Okkupation der strategischen Orte Arnoldstein, Fürnitz, Villach, St. Jakob im Rosental, Ferlach, Eberndorf, Bleiburg, Prävali, Mieß und Lavamünd durch italienische Truppen und die Verlegung eines Kommandos nach Klagenfurt ersucht.[136]

Am 17. Mai 1919 hatte die Kärntner Landesregierung eine Entschädigungskommission installiert, die Wiedergutmachung betreiben sollte; während des Vormarsches der Kärntner Truppen Ende April bis Anfang Mai 1919

Die „allzeit bereite“ Treibacher Alarmkompanie (vor Abfahrt an die Front am Treibacher Bahnhof) unter Führung des Direktors der Treibacher Chemischen Werke, Franz Fattinger (Foto: Gerd Orehounig). Sie stellte u. a. die am 2. Mai 1919 von den Jugoslawen zerstörte Draubrücke bei Völkermarkt binnen fünf Stunden wieder her. Obwohl der Bezirk St. Veit nicht unmittelbar bedroht war, hat sich seine Bevölkerung vorbildlich am Kärntner Abwehrkampf beteiligt. Hervorzuheben sind neben den Treibachern auch die Gurktaler und Hörzendorfer Alarmkompanien. Diese Freiwilligenverbände (ab April 1919 unter dem Namen Heimwehren weiter ausgebaut) wurden für zeitlich begrenzte Einsätze zu den Waffen gerufen und kämpften im Verein mit der Volkswehr. Die Bezirke Feldkirchen, Klagenfurt und Villach zeigten ebenfalls spontane Abwehrbereitschaft. Erwähnenswert sind die Alarmkompanien des Rosentales, die „Ortswehr Arnoldstein“ und die Heimwehrkompanien der Stadt Villach. Besonderen Einsatz bewies die Bevölkerung im unteren Lavanttal. Im Bezirk Völkermarkt bildeten sich sofort nach der Befreiung Heimwehren. Vgl. Wutte, 131f., 174ff.; Kohla, 157–160, 171–174.

waren Mißbräuche vorgekommen – Internierungen, Plünderungen, Kirchenentweihungen. Durch großzügige Lebensmittellieferungen sollte die Bevölkerung versöhnt werden.[137]

Ludwig Hülgerth hat in seinem Bericht über die Landesverteidigung das selbständige Handeln der Kärntner im Abwehrkampf verteidigt – ohne präzise Weisungen der Zentralregierung mußte das Land so handeln. Kärntens Sozialdemokraten nahmen ihre Wiener Parteifreunde in Schutz, wenn es um die Anschuldigung ging, Wien hätte Kärnten im Stich gelassen. Bei der Länderkonferenz in Salzburg im Frühjahr 1920 erwiderte der deutschfreiheitliche Abgeordnete Dr. Pflanzl dem Sozialdemokraten Florian Gröger, Kärnten würde als Teil der Republik und autonomes Land nicht mehr existieren, wenn man dort den Ratschlägen der Zentralregierung gefolgt wäre. Gröger: Die Staatsregierung sei dem Land entgegengekommen, hätte allerdings keine „Kriegspolitik" machen können. Pflanzl konterte: Gott sei Dank habe eine große Zahl von Sozialdemokraten „mit den Bürgern und sogenannten Kriegshetzern" gegen den Feind gekämpft.

1920 wurde sowohl durch das Bundesministerium für Heerwesen als auch das Finanzministerium entschieden, daß die Teilnahme am Kärntner Abwehrkampf nicht als aktiver Kriegsdienst gewertet werden könne. Grund: Die Kämpfe seien von Wien nicht angeordnet worden. Trotz der zum Ausdruck gebrachten Verletzung der Kärntner Gefühle blieb es bei der Nichtanerkennung des Abwehrkampfes als Kriegseinsatz wegen außenpolitischer Erwägungen, weil nämlich andernfalls damit das offizielle Eingeständnis eines Kriegszustandes mit Südslawien verbunden gewesen wäre.[138]

Auf die Ententemächte in Paris hatten die Kämpfe vom 29. April bis 7. Mai 1919 höchstens eine ihre bisher in der Causa Kärnten verfolgte Politik verstärkende Wirkung. Selbst der Versuch der Italiener, das Vorgehen der Jugoslawen, d. h. deren Bruch des Waffenstillstandes am 29. April, als Provokation des Obersten Rates hinzustellen, blieb ohne großen Widerhall. Gemäß einer Deklaration der Alliierten hatten sämtliche während laufender Konferenz durchgeführte Gebietsbesetzungen keinen Anspruch auf Anerkennung.[139]

MIT WORTEN GEGEN DIE VOLKSABSTIMMUNG – WECHSELGESCHÄFTE IN PARIS. 12. MAI 1919: VOLKSABSTIMMUNG FÜR KÄRNTEN BESCHLOSSEN.

Der sogenannte „Bericht Nr. 2" der Gebietskommission vom 6. April 1919 wurde erst ab 8. Mai in den verschiedenen Gremien der Konferenz, dem Obersten Rat (alliierte Regierungschefs), dem Rat der Fünf (Außenminister) und wieder der Gebietskommission auf die Tagesordnung gesetzt. In der Verhandlungsetappe von Anfang Mai bis 2. Juni 1919 war die Volksabstimmung für Kärnten zweimal außerordentlich in Gefahr, zugunsten anderer Lösungen über Bord geworfen zu werden. Nur die konsequente Haltung der US-Delegation bzw. des amerikanischen Präsidenten Wilson hat die abermals zur Diskussion gestellte Teilung des Klagenfurter Beckens ohne Volksabstimmung verhindert.

Das erste Mal wackelt die im „Bericht Nr. 2“ vorgelegte Lösung für Kärnten, als in der Sitzung der Außenminister am 9. Mai von seiten der Italiener (Sonnino) die Frage des sogenannten „Aßlinger Dreiecks“ mit der Kärntner Frage verknüpft wird. Das Dreieck von Aßling/Jesenice im oberen Savetal (östlich von Tarvis), dessen zwei Seiten von den Karawanken im Norden und von der im Londoner Vertrag vereinbarten Grenze Italiens im Westen gebildet wurden, war rein slowenisch besiedelt und gleich nach dem Waffenstillstand von südslawischen Truppen besetzt worden. Österreich hat nie die geringsten Ansprüche auf dieses Gebiet erhoben. Die Italiener fordern nun aber im Rat der Fünf das Aßlinger Dreieck für Österreich, damit die kürzeste Eisenbahnverbindung von Triest nach Wien, die Karawanken- und Wocheinerbahn über Görz, das Wocheiner Becken, Aßling, den Rosenbachtunnel und Klagenfurt (zweiter Strang nach Villach) nur über italienisches und österreichisches Gebiet führe und nicht durch Zollschranken eines dritten Staates behindert werde. Die Außenminister spielen daraufhin

Aus Knaus, Kärntner Freiheitskampf, 1. Teil, Anhang (Ausschnitt).

den Ball wieder an die Experten in der Gebietskommission zurück: Sie sollen die Frage Aßling von ethnographischen und wirtschaftlichen Gesichtspunkten aus untersuchen.

In drei Sitzungen der Gebietskommission am 9. und 10. Mai 1919 benützen nun die französischen und die englischen Delegierten die neue Lage, um über Aßling eine Neuregelung für das Klagenfurter Becken anzupeilen. Zuerst kommt es in der Gebietskommission wegen der von den Italienern vorgebrachten Eisenbahnüberlegungen zu einer Neubegrenzung des im „Bericht Nr. 2“ für eine Volksbefragung oder -abstimmung vorgesehenen Gebiets des Klagenfurter Beckens. Die Westgrenze des Abstimmungsgebietes (im Bericht Nr. 2 noch nicht fixiert, wohl aber durch die Festlegung der Nordgrenze bis zum Oswaldiberg bei Villach ziemlich weit im Westen geplant) wird weiter östlich gezogen, damit – ungeachtet des Ergebnisses der Volksbefragung im Klagenfurter Becken – wenigstens die Eisenbahnverbindung Rosenbach–Villach–Feldkirchen–St. Veit sicher auf österreichischem Gebiet verläuft. Durch die neue Westgrenze des Abstimmungsgebiets fiel mehr Land sofort an Österreich. Für Engländer und Franzosen lag nun der Vorschlag auf der Hand, das reduzierte Befragungsgebiet als

Die Karawankenbahn bei Feistritz im Rosental, zeitgenössische Postkarte (Sammlung Gerd Orehounig). Der erste Zug von Klagenfurt nach Feistritz im Rosental fuhr am 30. Mai 1906.

Entgelt sofort und ohne Vorbehalt – bzw. als zweite Möglichkeit mit dem Vorbehalt eines Plebiszits, das auch auf das Aßlinger Dreieck ausgedehnt worden wäre – an Jugoslawien zu geben. Die Italiener erwärmten sich für diesen englisch-französischen Kompromißvorschlag. Nur die US-Delegierten in der Gebietskommission hielten an ihren Empfehlungen vom „Bericht Nr. 2" fest. Eine durch den amerikanischen Delegierten Clive Day bewirkte Vertagung, die Rückkehr zur eigentlichen Aufgabe, nämlich jener der ethnographischen und wirtschaftlichen Durchleuchtung der Aßlinger Frage, in der nächsten Sitzung, weiters die Erkenntnis, daß man in dieser Angelegenheit ohne die Beachtung des militärischen Aspekts nicht weiterkommen könne, und die Angst, dabei die Kompetenzen zu überschreiten, beendeten eine für Kärnten überaus gefährliche Konstellation ohne Gefährdung der ursprünglichen Empfehlungen für dieses Gebiet. Das Problem Aßlinger Dreieck wurde schließlich vorbehalten.

Am 12. Mai 1919 ist im Obersten Rat das Plebiszit für Kärnten bzw. die Befragung der Kärntner Bevölkerung durch eine Interalliierte Kommission gemäß den für Österreich günstigen Bestimmungen des „Berichts Nr. 2" vom 6. April und innerhalb der am 10. Mai fixierten Grenzen angenommen worden. Die neue Begrenzung stellte sicher, daß sowohl die Bahnlinie von Villach nach Wien über Feldkirchen und St. Veit als auch die Bahnlinie Villach–Rosenbach außerhalb des Abstimmungsgebietes zu liegen kamen. Die Grenzen des Klagenfurter Beckens wurden nun im Süden durch den Kamm der Karawanken und im Westen durch eine Linie gezogen, die von einem nordöstlich von Aßling gelegenen Punkt des Karawankenkammes (Bärentaler Kotschna) nordwärts gegen die Drau, dann die Drau abwärts bis zur Drauschlinge bei Wernberg verlief. Die Nordgrenze deckte sich mit der jugoslawischen „Wunschlinie" vom 18. Februar und wurde schließlich Nordgrenze des Abstimmungsgebiets: Ossiacher Tauern–Ulrichsberg–Magdalensberg–Punkt südlich von Brückl–Saualpe–Punkt knapp nördlich von Pustritz–in südöstlicher Richtung zur Koralpe–Punkt nördlich von Lavamünd–in östlicher Richtung bis zur kärntnerisch-steirischen Grenze. Die Ostgrenze entsprach den Empfehlungen vom 6. April. Das so umgrenzte Abstimmungsgebiet zählte 1910 ungefähr 71.000 Bewohner mit deutscher und 48.000 Bewohner mit slowenischer Umgangssprache. Die Politik der Italiener in Zusammenhang mit ihren Eisenbahninteressen hatte bewirkt, daß erhebliche Teile des gemischtsprachigen Gebietes (unteres Gailtal) überhaupt nicht in das Plebiszitgebiet fielen.[140]

KOMPROMISS „GRÜNE LINIE". WILSON: EINE „NATÜRLICHE", KEINE „POLITISCHE" LÖSUNG FÜR KÄRNTEN. 29. MAI 1919: VOLKSABSTIMMUNG ERNEUT BESCHLOSSEN.

Schon schien alles für Österreich gerettet zu sein: Der Oberste Rat hatte die Volksbefragung für Kärnten, unter der man zunehmend in alliierten Kreisen ein reguläres Plebiszit verstand und dies auch so benannte, angenommen, nur noch Detailfragen blieben zu erörtern. Da gelingt es den Jugoslawen, für die es während der gesamten Verhandlungen charakteristisch war, daß sie niemals aufgaben, am 20. Mai 1919 wiederum vor die Gebietskommission bestellt zu werden. Die jugoslawischen Delegierten kommen mit einer Kompromißlösung: Sie reduzieren ihre Forderung und verlangen jetzt nur noch den südlichen Teil des Klagenfurter Beckens, entsprechend der späteren Zone A. Diesen Abschnitt wollen sie dafür sofort und ohne Plebiszit. Auf den nördlichen Teil mit Klagenfurt (spätere Zone B) ist man bereit, zugunsten Österreichs zu verzichten. Die nun geforderte neue Grenzlinie, von den Jugoslawen als „grüne Linie" bezeichnet, begann im Westen beim Mallestiger Mittagskogel (im Karawankenkamm), verlief dann westlich des Faaker Sees in Richtung Norden über den Bergrücken zur Drau, weiter entlang der Drau bis Rosegg, von hier bis zum Westrand des Wörthersees, durch die Mitte des Sees bis zur Glanfurt, dieser folgend bis zur Mündung in die Glan, entlang diesem Fluß bis zur Mündung in die Gurk, dann der Gurk folgend bis vor St. Johann am Brückl, weiter zur Saualpe und dann der ursprünglich verlangten Linie nach bis zur Kärntner-steiermärkischen Grenze (siehe S. 147, 161). Statt der am 18. Februar 1919 beanspruchten 3382 km^2 umfaßte der nunmehrige Kompromiß 1705 km^2 der 10.304 km^2 des Landes Kärnten. Mit der Reduzierung der Gebietsforderung einher ging aber der vehemente Einspruch gegen das Plebiszit.

Engländer, Franzosen und Italiener in der Gebietskommission, letztere unter gewissen Bedingungen, werden für diesen Teilungsplan gewonnen. Die Situation erscheint für Kärnten besonders gefährlich, weil auch das amerikanische Lager gespalten ist. Damals hatte sich die Lage in Istrien zugespitzt und der damit befaßte US-Experte rät seinem Präsidenten, den Jugoslawen in Kärnten entgegenzukommen, d. h. die Volksabstimmung fallen zu lassen, um damit deren Opferbereitschaft in Istrien (gegenüber Italien) zu erreichen. Schon am 24. Mai hieß es im Kreis der jugoslawischen Delegation in Paris, die Kärntner Frage sei „in suspenso". Den Ausschlag gibt jetzt die entschlossene Haltung Wilsons im Obersten Rat. Der amerika-

Die Großen Vier in Paris. Von links nach rechts: Der italienische Ministerpräsident Orlando, der Brite Lloyd George, der Franzose Clemenceau und der Amerikaner Wilson. Am 29. Mai 1919 wurde im Obersten Rat abermals die Volksabstimmung für das Klagenfurter Becken beschlossen. Die Tagebuchaufzeichnungen von Harold Nicolson, englisches Delegationsmitglied, geben Einblick in die Praxis des Friedenmachens:

Donnerstag, den 29. Mai

Zu Präsident Wilson hinüber. Alle Sachverständigen sind da, Tardieu, Laroche, Seymour, Day, Dulles, Johnson, Martino und Vanutelli. Wir versammeln uns alle in dem Empfangszimmer im oberen Stock, während die Vier unten zusammentreten. Nach etwa einer halben Stunde erscheinen sie bei uns. Clemenceau und Lloyd George setzen sich nebeneinander auf ein Sofa. Wilson nimmt eine Karte, breitet sie in einer Nische auf den Teppich und kniet nieder. Wir alle kauern uns im Kreis um ihn herum. Es ist wie „Häschen in der Grube". Er erklärt, was sie unten über die jugoslawische Grenze beschlossen haben. Er tut es mit kristallener Klarheit, er ist in diesem Augenblick wieder ganz Princeton (Universität in New Jersey, an der Wilson Professor für Rechts- und Staatswissenschaft gewesen war und die Position eines Präsidenten bekleidet hatte). Im letzten Moment machen Orlando und Vanutelli, auf den Knien, einen tragikomischen Versuch, den Rosenbachtunnel zu retten. Sie sagen, es sei unbequem, das eine Ende in einem Land zu belassen und das andere in einem anderen. Der Präsident, immer noch am Boden kniend, wirft sein großes Gesicht hintenüber und wendet den Blick gen Himmel und zu den Deckengemälden empor, die den Salon von Madame Bischoffsheim schmücken. „Ja also", ruft er aus, „ich bin nicht nach Paris gekommen, um mich über die Bequemlichkeit zu unterhalten, nach meinem Dafürhalten ist maßgebend, was die Völker wollen." (Aus Wutte, 244, 441f.)

nische Präsident sieht das Kärntner Problem nach wie vor im Licht der Augenzeugenberichte der Miles-Mission. Dies äußert er auch dezidiert in der Sitzung des Obersten Rats am 26. Mai. Wilsons Auftreten war zu diesem Zeitpunkt von umso entscheidenderer Bedeutung, als der französische Regierungschef Clemenceau wie auch der englische Prime Minister Lloyd George und die Mehrheit der Experten der Gebietskommission sich bereit zeigten, der Beharrlichkeit der Jugoslawen Tribut zu zollen und einer Teilung des Klagenfurter Beckens in zwei Zonen sowie der direkten Übergabe der südlichen Zone an Jugoslawien zuzustimmen.[141]

Kärnten entwickelte sich für Wilson zum Musterfall. Am 27. Mai 1919 definierte der US-Präsident im Obersten Rat der Pariser Konferenz die Problematik aus seiner Sicht folgend: Die ethnische Linie spalte das Becken in einen südlichen und einen nördlichen Teil. Der südliche Abschnitt, wo mehrheitlich Slowenen leben, sei wirtschaftlich untrennbar mit dem nördlichen verbunden. Dazu komme, daß ein hoher Bergwall das ganze Becken gegen Süden hin abriegle. Die Kärntner Frage könne man daher nicht ausschließlich von einem ethnischen bzw. politischen Standpunkt betrachten. Man werde vielmehr entscheiden müssen, ob eine Lösung aus politischem Kalkül, d. h. Teilung, oder eine natürliche Lösung, d. h. Plebiszit im ganzen Klagenfurter Becken als Einheit, akzeptiert werde. Auf die in Kärnten schließlich gefundene beispielhafte „natürliche“ Lösung bezog sich Wilson auch bei den Beratungen über ähnliche Grenzprobleme.[142]

Sarah Wambaugh, Völkerbundexpertin und Verfasserin einer grundlegenden Arbeit über die Plebiszite nach dem Ersten Weltkrieg, hat betont, daß die Kärntner Frage zu einer der wichtigsten „minor disputes“ (kleineren Probleme) auf der Pariser Konferenz wurde. Sie war diejenige der österreichischen Grenzfragen, die alle anderen bei weitem hinsichtlich ihrer quantitativen Präsenz in den Verhandlungen übertraf. Zwischen März und Herbst 1919 wird die Causa Klagenfurter Becken in vielen Stufen verhandelt, steht auch in den Obersten Gremien immer wieder auf der Tagesordnung. Besonders Woodrow Wilson hat sich erstaunlich oft zu diesem Thema geäußert, agierte in der kritischen Phase Ende Mai/Anfang Juni 1919 persönlich als Wortführer und beharrte wortgewaltig auf der „natürlichen“ Lösung, die er dank seiner Experten in diesem Fall gefunden habe. Dabei ist es von zweitrangiger Bedeutung, ob, wie der Doyen der slowenischen Geschichtsforschung, Bogo Grafenauer, vermutete, Wilsons starrsinniges Verhalten in dessen bereits tragischem Krankheitszustand begründet war. Fest steht, daß der US-Präsident die Verhandlungen dominierte und seine Vorstellungen bezüglich Kärnten durchsetzte.

Die Untersuchung der jugoslawischen Politik in Paris zeigte ebenfalls, daß deren erfolgreiche Beeinflussung alliierter Delegierter und Experten wegen der strikten Weigerung des US-Präsidenten, von der Plebiszitlösung abzurücken, schlußendlich keine Früchte trug. Daß Engländer und Franzosen, die im Mai und Juni 1919 bereit waren, die jugoslawischen Forderungen nach Teilung des Klagenfurter Beckens ohne Volksabstimmung zu unterstützen, schließlich doch Wilsons Politik mittrugen, hatte wohl damit zu tun, daß sie die Frage der Kärntner Grenze nicht zu den für sie wirklich wichtigen Problemen rechneten. Frankreichs Angst vor allzu großer Schwächung Österreichs mag, wie schon erwähnt, wegen der Anschlußgefahr ebenfalls eine gewisse Rolle gespielt haben.[143]

Am 29. Mai 1919 wurde im Obersten Rat abermals die Volksabstimmung für das Klagenfurter Becken gemäß den Empfehlungen der Gebietskommission vom 6. April bzw. 10. Mai beschlossen. Die amerikanischen Delegierten in der Gebietskommission, Charles Seymour und Clive Day, werteten diese Entscheidung nach all dem Gegenwind als persönlichen Triumph. Am 29. Mai faßte der Oberste Rat auch den Beschluß, daß die Grenzen zwischen Italien und Österreich gemäß dem Londoner Vertrag von 1915 zu ziehen seien und zusätzlich das Gebiet von Tarvis, obwohl es jenseits der vertraglich vereinbarten Wasserscheide lag, an Italien falle.[144]

JUGOSLAWISCHER GENERALANGRIFF AB 28. MAI 1919. DIPLOMATISCHE OFFENSIVE: BEI ÜBERGABE DES FRIEDENSVERTRAGSENTWURFES AN ÖSTERREICH (2. JUNI 1919) FEHLT DER KÄRNTEN-TEIL.

Ende Mai/Anfang Juni 1919 überstürzten sich die Ereignisse. Nachdem in der zweiten Phase des Abwehrkampfes zwischen 29. April und 7. Mai 1919 sämtliche SHS-Truppen aus Kärnten verdrängt worden waren, beginnt am 28. Mai ein jugoslawischer Generalangriff. Die Übermacht ist diesmal mehr als fünffach: Unter dem Kommando von General Smiljanić treten 22 Bataillone, 4 Schwadronen und 20 Batterien mit rund 10.200 Gewehren, 270 Maschinengewehren und 80 Geschützen an. Auf Kärntner Seite stehen nur 1790 Gewehre, 180 MGs, 38 Geschütze und 8 Minenwerfer zur Verfügung, dazu 6600 Mann an Heimwehren. Der Angriff beginnt um 4 Uhr früh im Raum Eisenkappel–Unterdrauburg. Schon am Nachmittag des 28. Mai gibt der Landesbefehlshaber Order zum allgemeinen Rückzug über die Drau und den Freibach. Die Kärntner sprengen die Draubrücken – das

Am 28. Mai 1919 um 4 Uhr früh begann der südslawische Angriff. Um 10 Uhr vormittag ertönte das Nebelhorn in Ferlach – im ganzen Rosental war dieser Hilferuf zu hören. Am 29. Mai um 21 Uhr 30 werden die Hollenburger Brücken gesprengt. Die SHS-Offensive ist nicht mehr aufzuhalten. (Foto: Markus Sonntag).

bringt eine kurze Galgenfrist. Tags darauf kommt es zur Entscheidung im Raum Ferlach. An den Vormittagen ertönt hier das Nebelhorn – ein schauriger Hilferuf, der im ganzen Rosental bis an die Sattnitzhänge zu hören war, so meldet die Chronik der Volksschule Köttmannsdorf. Am 29. Mai um 21.30 Uhr werden die Hollenburger Brücken gesprengt. Am 3. Juni besetzen serbische Truppen Völkermarkt. Kämpfe im Abschnitt Rosenbach ziehen sich bis zum 5./6. Juni hin; dann weicht man auch hier zurück. Mit den Truppen setzen sich Scharen von Flüchtlingen mit Roß und Wagen oder zu Fuß in Richtung Norden ab. Südslawische Einheiten okkupieren den Gerichtsbezirk Rosegg, die Hälfte von Velden, dazu dann noch das Zollfeld und das untere Lavanttal.[145]

Die Kärntner Landesversammlung, die Landesregierung und wichtige Ämter ziehen sich ab 29./30. Mai über Villach nach Spittal zurück; angesichts der Gefährdung der Landeshauptstadt mußte man diese Vorsichtsmaßnahme ergreifen. In Klagenfurt bleiben Expposituren zur Wahrung der staatlichen Hoheitsrechte.[146] Auch der Klagenfurter Gemeinderat hält die

Das letzte Aufgebot: Der Sipperhof, hoch über dem Rosental bei Maria Rain gelegen, wurde von seinem Besitzer, dem Klagenfurter Bankier Wilhelm Fräss Ritter von Ehrfeld, den Kärntner Truppen als Beobachtungsstand zur Verfügung gestellt. Von hier hielt man telefonisch Verbindung zum Abschnittskommando Major Perko in Maria Rain und zur freiwilligen Gebirgsbatterie Nr. 3, die in einer Sandgrube südwestlich von Maria Rain in Stellung lag. Erst am 22. Mai 1919 aufgestellt, erhielt sie am 29. Mai Alarmbefehl. Hauptmann Ferdinand Gressel kommandierte eine großteils minderjährige Truppe – neben den Fähnrichen Ehrfeld, Ertl, H. Gressel und Moser Studenten der 8. Klasse des Realgymnasiums Klagenfurt. Vgl. Gasper, Artillerie im Abwehrkampf, 5–8; vgl. Kohla, 173f.

„Bis hieher und nicht weiter kamen die serbischen Reiter. Anno 1919“: Dieser 1930 im Zentrum von Velden errichtete Gedenkstein erinnert an die Zeit der jugoslawischen Besetzung. Am 7. Juni 1919 wurde auch der südliche Teil Veldens jugoslawisch besetzt (bis 31. Juli 1919). Beim Kurcafé war ein Seil über die Straße gezogen, jugoslawische Wachen unterbanden den Verkehr zwischen dem besetzten und dem deutschösterreichischen Teil der Gemeinde. Foto: Verwaltungs- und Heimatarchiv der Marktgemeinde Velden.

Stellung; er tagt in Permanenz und hat sich in schwieriger Zeit gut bewährt. Die militärischen Aktionen erregten in Paris Unmut – am 31. Mai und nochmals am 7. Juni erging seitens des Obersten Rates an die Belgrader wie die Wiener Regierung der Befehl, das Klagenfurter Becken zu räumen und die jeweiligen Truppen hinter die Nord- bzw. Südgrenze desselben zurückzuziehen. Schließlich hatte der Oberste Rat eben erst (29. Mai) für das Klagenfurter Becken eine Volksabstimmung beschlossen.[147]

Die österreichische Friedensdelegation war seit 14. Mai 1919 in Paris. Staatskanzler Renner führte sie; als Kärnten-Experten gehörten ihr Landesrat Ing. Vinzenz Schumy sowie Gymnasialprofessor und Vorstandsmitglied des Geschichtsvereines für Kärnten Dr. Martin Wutte an. Die Österreicher wurden im Schloß von Saint-Germain-en-Laye wie Gefangene gehalten. Briefe Renners nach Hause liefern ein Bild davon. Während Vertreter Sloweniens bei den Mächtigen stets Termine bekamen, mußten die Österreicher untätig abwarten, was man ihnen als Friedensbedingungen präsentieren werde. Dennoch richteten sie seit Ende Mai ausführliche Noten an den Präsidenten der Friedenskonferenz, in denen u. a. gegen das militärische Vorgehen der Jugoslawen in Kärnten Einspruch erhoben wurde. Nur eine von elf Noten ist beantwortet worden.[148]

Auf der Plenarsitzung der Friedenskonferenz am 31. Mai 1919 protestierte die jugoslawische Delegation gegen die Bestimmungen über das Klagenfurter Becken. Dies sei der Versuch, ihren Staat um Kärnten zu be-

Das Schloß in Saint-Germain-en-Laye, wo der Friedensvertrag (Staatsvertrag) mit Österreich unterzeichnet wurde.

Die Ländervertreter der österreichischen Friedensdelegation in Saint-Germain. Von links nach rechts, sitzend: Krafft, Dr. Gürtler, Dr. Renner, Dr. Schönbauer, Dr. Grüner; stehend: Ing. Schumy, Dr. Kamniker, Dr. Schumacher, Dr. Beer, Dr. Wutte.

trügen. Die Alliierten hätten weder die ursprünglichen Forderungen der SHS-Delegierten vom 18. Februar 1919 (Maximalforderung) noch die reduzierten Ansprüche vom Mai 1919 berücksichtigt. Erneut wird an die Großmächte appelliert, das Gebiet südlich der jugoslawischen Kompromißlinie im Klagenfurter Becken dem SHS-Staat direkt und ohne Plebiszit zuzuweisen. Die Drohung der Jugoslawen, bei Beibehaltung der Regelung betreffend das Klagenfurter Becken der Übergabe der Friedensbedingungen fernzubleiben, bewog den französischen Premier Clemenceau als Präsident der Friedenskonferenz dazu, den Kärntner Abschnitt im letzten Moment vor der Vertragsübergabe aus dem Vertrag herauszureißen. Dies war ein Triumph für die jugoslawische Delegation.[149]

Sir Harold Nicolson, Mitglied der britischen Friedensdelegation, beschreibt in seinem Tagebuch die Vorgänge vom 1. und 2. Juni 1919, die u. a. sehr gut das Spiel der Mächtigen, das „Zufällige“ der Weltgeschichte und die Ohnmacht eines kleinen Landes wie Österreich zeigen. Nicolsons Tagebuchaufzeichnungen lauten folgend:

„Sonntag, 1. Juni:

... Philip Kerr kommt, während ich mich gerade zum Abendessen umziehe. Er sagt, die Serben weigerten sich, morgen in Saint-Germain zu erscheinen, und zwar wegen der Artikel über die Volksabstimmung in Klagenfurt. (In Paris wurde meist vom Klagenfurter Becken bzw., kurz, von Klagenfurt gesprochen, selten von Kärnten.) Allen und ich verschlingen irgendein Abendessen und stürzen dann zu Žolger ins Beau-Site. Die Jugoslawen scheuen offenbar eine Abstimmung in diesem Gebiet, weil sie wissen, daß sie gegen sie ausfallen wird. Sie behaupten, es sei ungerecht, ihnen eine Abstimmung aufzuzwingen in Gebieten, wo sie keine wollen, und sie ihnen in anderen Gebieten zu verweigern, wo sie leidenschaftlich eine fordern (wie in Görz und Gradisca). Tatsache ist, daß der Entwurfsausschuß über die Form der Abstimmung keine Instruktionen erhalten hat und daß er die polnische Form in Anwendung gebracht hat, wonach das ganze Gebiet als eine Einheit genommen wird und die absolute Stimmenmehrheit entscheidet. Würde dieses System auf Klagenfurt angewendet, so würden die Österreicher eine klare Mehrheit haben; wenn dagegen eine Abstimmung nach Gemeinden vor sich ginge, würden die Jugoslawen zum mindesten den südlichen Teil bekommen. Wir erhalten trotzdem die Versicherung, daß die Jugoslawen morgen nach Saint-Germain kommen werden. Es wäre besser, die Sache bis zu einer späteren Besprechung zu verschieben, nur würde das bedeuten, daß man die Zustimmung der Drei erlangen müßte. Da es bereits 1 Uhr 30 ist, als wir von Žolger wegkommen, ist das eine schwierige Sache.

Montag, 2. Juni:

Sause in aller Früh in die Rue Nitôt und bewege Lloyd George dazu, einzuwilligen, daß die Klagenfurter Abstimmung nach Gemeinden vollzogen werden soll, oder wenigstens nicht als Einheit. Dann weiter zu Präsident Wilson, der ausgegangen ist. Warte bis 11.15 Uhr, zu welchem Zeitpunkt sie alle nach Saint-Germain müssen. Bekomme Hurst zu fassen und schärfe ihm genau ein, was er zu tun hat. Wenn er Wilsons Zustimmung nicht mehr rechtzeitig bekommt, muß die Verfügung über das Klagenfurter Becken aus dem Vertrag herausgerissen werden, bevor der Vertrag den Österreichern übergeben wird. Hurst begibt sich nach Saint-Germain und fängt Präsident Wilson auf der Treppe ab. Präsident Wilson ist schlechter Laune, da er eine Reifenpanne gehabt und sich verspätet hat. Er weigert sich, irgendetwas zu ändern. Zum Glück sieht Clemenceau, worum es geht, und reißt den Klagenfurt-Abschnitt aus dem Vertrag heraus, bevor er

Dr. Renner überreicht wird. Soweit ist alles gut und wir haben Žolger Wort gehalten. Er hat uns auch Wort gehalten und war mit seiner ganzen Delegation zur Stelle. Aber um ein Haar wär 's schief gegangen."[150]

„DAGEGEN WAREN DIE KRIEGSJAHRE EIN HONIGLECKEN" – ÄUSSERSTE SPANNUNG IN KÄRNTEN.

Im Vertragsentwurf, der am 2. Juni 1919 der österreichischen Friedensdelegation ausgehändigt wurde, waren nur die West- und die Nordgrenze des strittigen Kärntner Gebiets angegeben – jedoch ohne Hinweis darauf, daß es sich dabei um die Begrenzung eines Territoriums handle, das einer Abstimmung unterzogen werden sollte. Die damals an sich verworrene Situation bei den Verhandlungen der Alliierten über die Frage Kärnten, dazu die Ungewißheit bzw. Uninformiertheit, in der man die österreichischen Delegierten in Paris ließ, führten dazu, daß Anfang Juni 1919 eine Reihe widersprüchlicher Nachrichten in Kärnten eintraf, die das Land und seine Regierung in ein Wechselbad von Verzweiflung und Hoffnung stürzte: Am 3. Juni mittag wurde in einer Telefondepesche des Staatsamtes für Äußeres in Wien die im Friedensvertragsentwurf vom 2. Juni 1919 genannte nördliche und westliche Begrenzung des Klagenfurter Beckens fälschlich als zukünftige Grenze Kärntens bezeichnet und eine Rückfrage, ob Klagenfurt somit verloren sei, dezidiert bejaht. Die scharfe Kritik an den Friedensbedingungen vom 2. Juni 1919, die am 7. Juni in der Nationalversammlung laut wurde, zeigt ebenfalls das Informationsdefizit der österreichischen Seite.[151]

Max Ritter von Burger (1850–1932), Textilindustrieller, Handelskammerpräsident und seit 11. November 1918 Mitglied des Landesausschusses (Landesrat), schrieb vom Spittaler Exil der Landesregierung täglich Briefe an seine Frau Auguste, die auf dem Familiensitz Hohenpressen bei Hüttenberg jene Monate überbrückte, während welcher die Zukunft von Klagenfurt im Ungewissen lag. In dieser Korrespondenz spiegelt sich das Auf und Ab zwischen Resignation und Hoffnung im damaligen Kärnten. Tenor der Briefe ist die schmerzhafte Erfahrung der Passivität, zu der die Kärntner Führung in diesem Stadium verurteilt war. „Mit Waffengewalt werden wir nichts mehr verhindern können" stellte Max von Burger resigniert fest. Der brieflich geäußerte Seufzer: „Dagegen waren die Kriegsjahre ein Honiglecken ..." artikuliert die schwere psychische Belastung der Verantwortlichen im Land, die zwar ständig schriftlich beim Obersten Rat in Paris

SHS-Marke mit dem sog. Radgangstempel (Celovec) des in der Landeshauptstadt eingerichteten SHS-Militärpostamtes (im Klagenfurter Postamt Nr. 4 in der Bahnhofstraße Nr. 35 – Geschäftshaus Strein) vom Juni 1919 versinnbildlicht postalisch den südslawischen Griff auf Klagenfurt. Die Landeshauptstadt war von 6. Juni bis 31. Juli 1919 von serbischen Truppen besetzt. Vgl. S. 148–156.

Zeitgenössische Postkarte von Völkermarkt (Sammlung Gerd Orehounig). Das seit 30. November 1918 südslawisch besetzte Völkermarkt wurde am 2. Mai 1919 von Kärntner Truppen befreit: Um 8 Uhr früh ließ der Landesbefehlshaber die österreichische Fahne am Rathaus hissen. Um 9 Uhr sprengten die Jugoslawen die Draubrücke. Anfang Juni 1919 rückten sie wieder ein. Völkermarkt wurde zur „Abstimmungsstadt".

Zeitgenössische Postkarte von Eisenkappel (Sammlung Gerd Orehounig).

St. Jakob – Portomarken aus Slowenien (gestempelt 13. 1. 1920) auf einer Zahlungsanweisung während der Periode der Verwaltung der Zone A durch Jugoslawien (Sammlung Gerd Orehounig).

SHS-Gendarmerie-Tafel: Während der Zeit der jugoslawischen Besetzung auf dem Rosegger Amtsgebäude angebracht. Foto: Hans Viertler.

Max Ritter von Burger, Präsident der Handels- und Gewerbekammer, Obmann des „Deutschen Volksrates in Kärnten“, Vorsitzender des am 26. Oktober 1918 gebildeten Vollzugsausschusses, dann Landesrat. Foto: Dr. Kurt Burger-Scheidlin.

gegen das jugoslawische Vorgehen protestierten und die Forderung nach einer Volksabstimmung wiederholten, aber als Angehörige einer Verlierermacht, zum Unterschied von der gegnerischen Seite, keine Chance hatten, direkt in den Gang der Verhandlungen einzugreifen. Am 3. Juni war Völkermarkt dem Feind überlassen worden, am 5. Juni zogen sich die Kärntner Truppen an den nördlichen Rand des umstrittenen Klagenfurter Beckens zurück.

Nach der Hiobsbotschaft vom 3. Juni 1919, der zufolge man Klagenfurt verloren wähnte, kam am 4. Juni ein erfreuliches Telegramm aus Paris. Die Kärntner Vertreter in der österreichischen Friedensdelegation, Martin Wutte und Vinzenz Schumy, übermittelten darin, daß die Entscheidung über Kärnten ihrer Information zufolge doch mittels Plebiszit erfolgen werde. Die Nachricht der beiden Kärntner verhieß die Abhaltung einer Volksabstimmung im ganzen Klagenfurter Becken als Einheit.[152]

4. JUNI 1919: DIE ZWEI-ZONEN-LÖSUNG.

In Paris waren allerdings am 4. Juni 1919 die Verhandlungen schon um eine Stufe weiter gediehen. An diesem Tag hatte der Oberste Rat nochmals die jugoslawische Delegation angehört, die erneut ihren seit Mitte Mai lancierten Kompromißvorschlag auf Teilung des Klagenfurter Beckens und sofortige Übergabe des südlichen Abschnittes (das Unterkärntner Gebiet bis zur „Grünen Linie“: Mallestiger Mittagskogel–Faaker See–Wörthersee–Glanfurt–Glan–Gurk–Saualpe, der späteren Abstimmungszone A entsprechend) ohne Volksabstimmung an das Königreich SHS vorbrachte. Der nördliche Teil (die spätere Zone B mit Klagenfurt) sollte dafür ohne weiteres Österreich zugeschlagen werden. Und diesmal lenkt der US-Präsident ein, indem er auf die von den Jugoslawen geforderte Teilungs- bzw. Zweizonenvariante eingeht. Die sofortige Abtretung der südlichen Zone an Jugoslawien lehnt Wilson allerdings ab. Eine Volksabstimmung sollte stattfinden: zuerst in der südlichen Zone, und wenn diese ein projugoslawisches Ergebnis zeitigte, auch in der nördlichen – damit der Bevölkerung auf jeden Fall die Option einer gemeinsamen Entwicklung bleibe.

Charles Seymour, US-Delegat in der Gebietskommission, machte die Engländer und Franzosen dafür verantwortlich, daß die Zweizonenlösung für Kärnten kam. Sie hätten die Jugoslawen aufgewiegelt, sich der Annahme der Bestimmungen vom 29. Mai zu widersetzen, woraufhin diese dem Rat der Vier drohten, bei der Übergabe der Friedensbedingungen am 2. Juni 1919 nicht anwesend zu sein. Wir erfahren von Seymour auch, daß die Jugoslawen sich weigerten, den amerikanischen Kompromißvorschlag für Fiume zu akzeptieren, wenn sie nicht ein Stück des Klagenfurter Beckens bekämen. Seymour vermutete, daß daraufhin Oberst Edward House, ein einflußreicher Berater Wilsons, dem mehr daran gelegen war, einen Kompromiß zwischen Italien und Jugoslawien zu erreichen, als den Österreichern eine gute Grenze zu sichern, den amerikanischen Präsidenten überredet und für die neue „Zwei-Zonen-Lösung“ gewonnen hätte.[153] Eine slowenische Delegation mit dem Laibacher Fürstbischof Jeglič und Landespräsident Brejc war eilends nach Paris gereist und hat am 30. Mai bei Oberst House, am 5. Juni bei Wilson vorgesprochen. Sie konnte allerdings dem US-Präsidenten nicht klarmachen, warum eine Volksabstimmung ungerecht sein solle. Er verstehe nicht, daß ein Volk, das sich als Slowenen empfindet und Jugoslawien angehören möchte, „sich nicht dafür ausspricht“. Stereotype Antwort – infolge der „Germanisierung“ hätte im slowenischen Kärntner Volk neben den hilf-

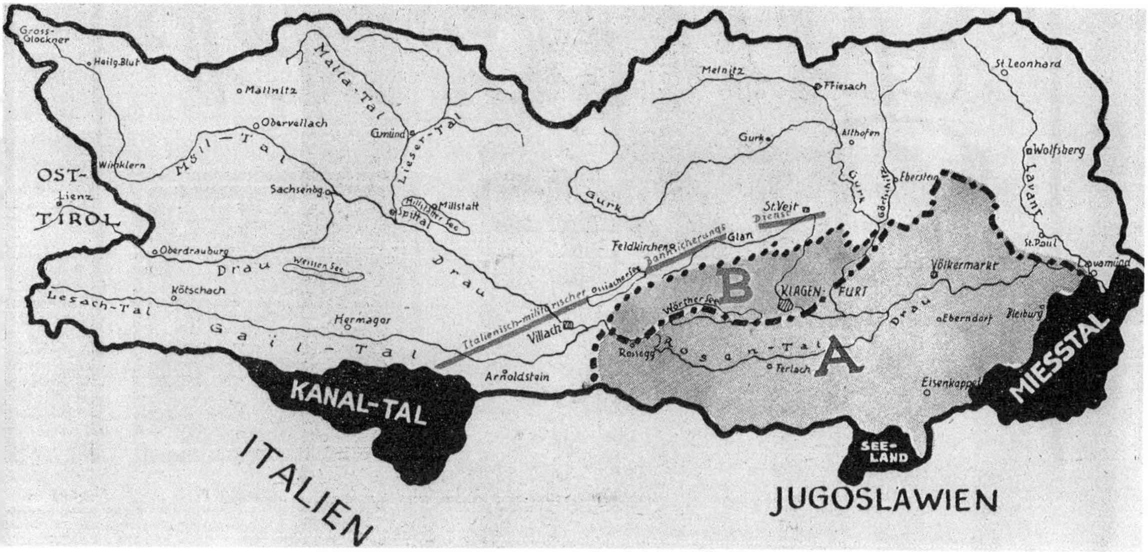

Paris, 4. Juni 1919: Die Zwei-Zonen-Lösung wird beschlossen. In den harten Bedingungen des 4. Juni lag der Schlüssel zur Unantastbarkeit des Ergebnisses.

losen Bauern keine selbständige Intelligenzklasse heranwachsen können. Die Slowenen Kärntens seien „zu Vögeln gemacht worden, zu zahm um zu fliegen“ – so hatte der jugoslawische Delegierte am 4. Juni 1919 im Obersten Rat dem britischen Premier Lloyd George geantwortet, als auch dieser sein Unverständnis bekundete, warum ein Plebiszit unfair sein sollte.[154]

Wilson war überzeugt, daß das Plebiszit im Klagenfurter Becken trotz Teilung des Abstimmungsgebietes für Österreich positiv ausgehen und die Frage somit letztlich im Sinne der Miles-Empfehlungen entschieden würde. Diese Sicherheit war allerdings angesichts der Volkszählungsergebnisse des Jahres 1910, wonach in der Zone A 22.800 Menschen mit deutscher und 49.000 mit slowenischer Umgangssprache lebten, nicht gerechtfertigt. Die Umstände hatten sich für Österreich sehr verschlechtert: Was zum Schluß den Österreichern als Lösung präsentiert wurde – die Abstimmung in zwei Zonen – ließ einen positiven Ausgang des Plebiszits im südlichen Teil (Zone A) für Österreich eher unmöglich erscheinen. Dem italienischen Ministerpräsidenten Orlando kam unter solchen Bedingungen das Plebiszit sogar sinnlos vor. Das Resultat sei klar, wozu eine Abstimmung? Es wäre besser, meinte Orlando am 7. Juni 1919, die Zonen dem jeweiligen Staat gleich zuzuteilen; vorher hätten allerdings für Italien gewisse Bedingungen im Zusammenhang mit der Eisenbahn Rosenbach–Villach erfüllt werden müssen. Wegen der ethnischen Verhältnisse glaubten auch die Jugoslawen bis zuletzt an ihren Sieg.[155] Die Volksabstimmung im ganzen Klagenfurter Becken als Einheit wäre wegen des deutschen Übergewichts (57,3% deutsch-, 42,7%

slowenischsprachige Bevölkerung) voraussehbar gewesen.[156] In den harten Bedingungen des 4. Juni 1919 lag deshalb aber auch der Schlüssel zur Unantastbarkeit des Ergebnisses.[157]

6. JUNI 1919: KLAGENFURT BESETZT. CELOVEC – „MEKKA DER SLOWENEN". DAS ENDE DES ABWEHRKAMPFES. DIE OPFER.

Die genauen Ergebnisse der Pariser Verhandlungen blieben in Kärnten bis 1. Juli 1919 unbekannt. Hier erwartete man sich nach wie vor ein Plebiszit im Klagenfurter Becken als Einheit. Als am 4. Juni 1919 in aller Früh der italienische General Segre, Chef der Interalliierten Waffenstillstandskommission in Wien, in der Kärntner Landeshauptstadt auftauchte, stieg der Optimismus weiter. Man traute dem General zu, die Besetzung von Klagenfurt zu verhindern und nahm sogar an, daß er die Volksabstimmung sofort einleiten werde. Allerdings dauerte es nur 24 Stunden, bis Max von Burger desillusioniert meldete, Segres Einfluß halte sich in Grenzen. Den Rückschlag bezeichnet er als „Katzenjammer": „Am Vormittag (4. 6.) die besten Nachrichten und die Hoffnung, möglicherweise noch am selben Tag nach Klagenfurt zurückzukehren, ab 6 Uhr abend dann eine Hiobsbotschaft nach der anderen ...". Die Einnahme von Klagenfurt durch SHS-Militär schien nicht mehr abzuwenden und eine Volksabstimmung unter diesen Umständen mehr als fraglich: „Was jetzt wird, weiß Gott, denn Truppen haben wir keine mehr."[158]

Der Klagenfurter Gemeinderat hat sich in dieser äußerst schwierigen Zeit bestens bewährt. Er tagt in Permanenz und selbst während der Nachtstunden sind abwechselnd jeweils sechs Gemeinderäte im Einsatz. Für den erkrankten Bürgermeister Baron Wetzlar führen seine Stellvertreter Richard Rach und Franz Pressien umsichtig die Geschäfte. Das Stadtregiment erstarrt nicht in Erwartung des Unabänderlichen; es macht vielmehr mit aller Vehemenz auf die Gefahr, in der Klagenfurt schwebt, aufmerksam. Der Kärntner Hauptstadt sollte es, laut einer Aussage im Gemeinderat, nicht so gehen wie dem untersteirischen Marburg, das man allein gelassen und vergessen habe. Depeschen werden an das Staatsamt für Äußeres in Wien und an Präsident Wilson in Paris geschickt. Klagenfurt erhofft sich eine Rettung aus seiner mißlichen Lage durch die Entsendung einer Entente-Mission. Fast sei es schon zu spät, heißt es in dem Schreiben an Wilson, denn die ersten serbischen Geschosse hätten bereits Klagenfurter Boden getroffen.

Die beiden Bürgermeister-Stellvertreter Richard Rach und Franz Pressien führten während der serbischen Besetzung von Klagenfurt im Juni und Juli 1919 umsichtig die Geschäfte. Im Bild: Richard Rach.

Der Klagenfurter Gemeinderat mit Bürgermeister-Stellvertreter Rach telegraphiert an Präsident Wilson: Hilferuf in letzter Minute, denn „… die serbischen Projektile schlagen schon auf Klagenfurter Gebiet ein.“ (Kärntner Landesarchiv.)

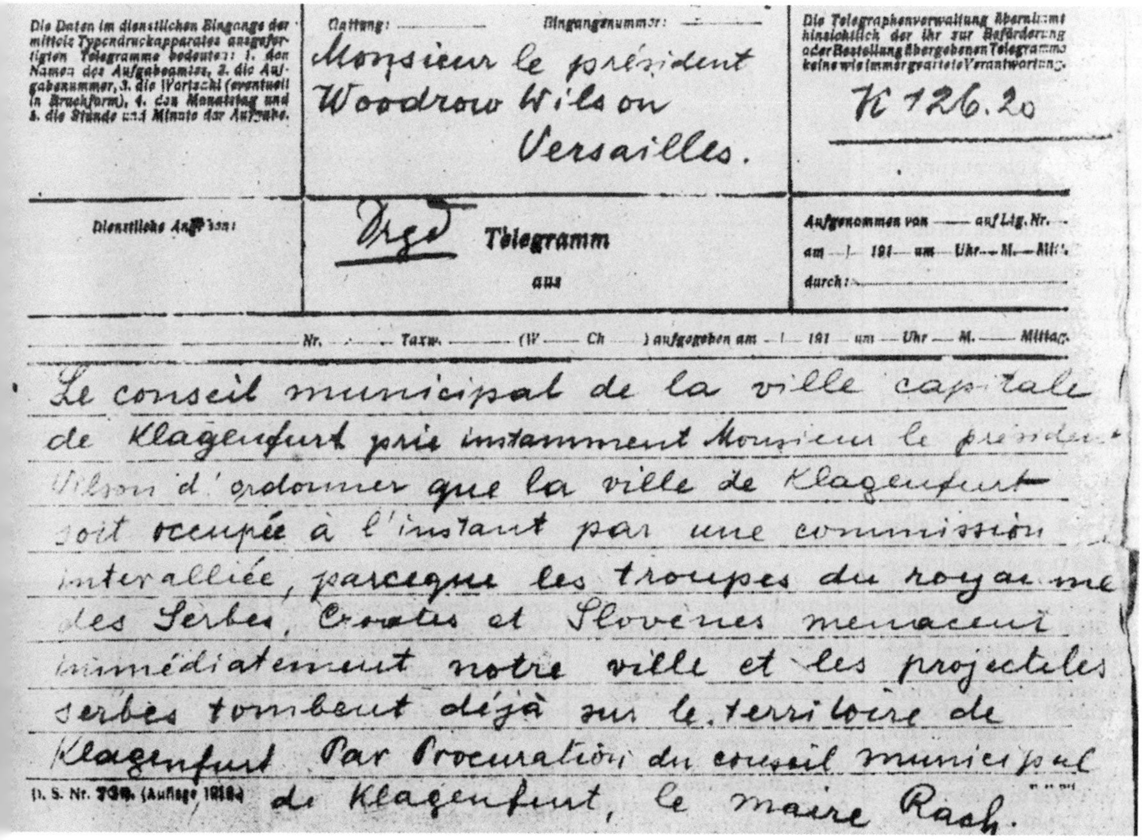

Die Daten im dienstlichen Eingange der mittels Typendruckapparates ausgefertigten Telegramme bedeuten: 1. den Namen des Aufgabeamtes, 2. die Aufgabenummer, 3. die Wortzahl (eventuell in Bruchform), 4. den Monatstag und 5. die Stunde und Minute der Aufgabe.

Gattung: Eingangsnummer:

Monsieur le président
Woodrow Wilson
Versailles.

Die Telegraphenverwaltung übernimmt hinsichtlich der ihr zur Beförderung oder Bestellung übergebenen Telegramme keine wie immer geartete Verantwortung.

K 126.20

Dienstliche Angaben:

Urgent Telegramm aus

Aufgenommen von — auf Ltg. Nr. — am — 191 — um — Uhr — M. — Mitt.
durch:

Nr. — Taxw. — (W — Ch —) aufgegeben am — 191 — um — Uhr — M. — Mittag.

Le conseil municipal de la ville capitale de Klagenfurt prie instamment Monsieur le président Wilson d'ordonner que la ville de Klagenfurt soit occupée à l'instant par une commission interalliée, parceque les troupes du royaume des Serbes, Croates et Slovènes menacent immédiatement notre ville et les projectiles serbes tombent déjà sur le territoire de Klagenfurt. Par Procuration du conseil municipal de Klagenfurt, le maire Rach.

D. S. Nr. 730. (Auflage 1918.)

Vertreter der Stadt versuchen auch, das Kommando der italienischen Truppen in Tarvis für ihre Sache einzuspannen.[159]

Alle hektischen Bemühungen sind umsonst. Am 6. Juni 1919 ist es soweit – serbische Kompanien okkupieren die Kärntner Landeshauptstadt. Der Befehl des Obersten Rates der Friedenskonferenz vom 31. Mai, sämtliche Truppen sofort aus dem Klagenfurter Becken zu entfernen, war unbeachtet geblieben. Infolge der nun geänderten Machtverhältnisse (Klagenfurt in der Hand der Serben) werden die Waffenstillstandsverhandlungen, die damals unter für Österreich äußerst unfairen Bedingungen in Krainburg bzw. Laibach stattfanden, abgebrochen. Die Okkupation von Klagenfurt war der Schluß- und Höhepunkt des Versuchs der Jugoslawen, in Kärnten vollendete Tatsachen zu schaffen. Sie haben damit die militärische Auseinandersetzung im dritten Anlauf für sich entschieden. Der für Kärnten negative Ausgang des Abwehrkampfes führe, so der Kommentar eines Historikers, die Argumentation, wonach dieser wesentlich für die Erreichung der Volksabstimmung gewesen sei, ad absurdum. Er übersieht dabei, daß zum Zeitpunkt des Falls von Klagenfurt in Paris bereits dreimal vom Obersten Rat ein Plebiszit für Kärnten beschlossen worden war. Der letzte und erfolgreiche jugoslawische Anlauf, ein Fait accompli zu erzielen, kam zu spät. Die Aktion wurde von den Alliierten unisono kritisiert, und die SHS-Delegierten in Paris gelangten sogar zur Auffassung, daß die damalige Offensive ihnen moralisch-politisch geschadet habe.[160]

Daß sich die Okkupation von Klagenfurt für die Kärntner Sache positiv auswirken werde, weil sie in Paris eine SHS-kritische Stimmung erzeuge, versuchten die Italiener um Segre den Kärntnern einzureden. Auch der abermalige Befehl des Obersten Rates vom 7. Juni an den SHS-Staat, seine Truppen aus dem Klagenfurter Becken abzuziehen, wurde von den Italienern in Kärnten bekanntgemacht. Hier nahm man die Neuigkeit erfreut zur Kenntnis, aber eine gewisse Skepsis blieb. „Wir glauben nicht recht an ein Zurückziehen der SHS-Einheiten bloß über Aufforderung der Entente ohne Zwangsmaßnahmen", heißt es bei Burger.[161]

Seit den Herbsttagen 1918 hatte man seitens des südslawischen Nationalstaates den Anschluß von „Slowenisch-Kärnten" mit Klagenfurt und Villach angepeilt. Wo immer gezeigt werden könne, daß vor 50 Jahren Slowenen lebten, müsse nun den Jugoslawen durch die Friedenskonferenz ihr rechtmäßiger Besitz zurückerstattet werden. Nach jugoslawischer Interpretation gehörte auch Klagenfurt in diese Kategorie, denn die Stadt sei noch um 1850 zu zwei Dritteln slowenisch gewesen. Dies entspricht nicht den Tatsachen – die Bürger aller Kärntner Märkte und Städte, Klagenfurt ein-

Klagenfurt um 1900: Alter Platz. Zeitgenössische Postkarte. (Aus Hansgeorg Prix, Klagenfurt einst, Verlag Heyn, Klagenfurt 1993, 38.)

geschlossen, waren seit ihrer Gründung im Hohen Mittelalter stets überwiegend deutsch. Laut Volkszählung von 1910 lebten in der Landeshauptstadt 25.582 (= 88,4%) Bewohner mit deutscher und 1761 (= 6,1%) mit slowenischer Umgangssprache, wobei ein damals vor Ort stationiertes Krainer Infanterieregiment mitgezählt worden ist. Ohne Militär standen 24.041 (= 97,5%) Deutschsprachige 595 (= 2,1%) Slowenischsprachigen gegenüber. Um die Mitte des 19. Jahrhunderts spielte Klagenfurt für kurze Zeit insofern eine wichtige Rolle in der slowenischen nationalen Bewegung, als der 1852 gegründete „St.-Hermagoras-Verein" von hier aus geleitet wurde. Ein aus je zwei Mitgliedern der Diözesen Görz, Laibach, Lavant, Seckau, Triest und aus drei Mitgliedern der Diözese Gurk bestehender Ausschuß präsidierte. Die Gurker Ausschußmitglieder, aus deren Reihen der Direktor des Vereins gewählt wurde, führten die laufenden Geschäfte. Durch Umgestaltung ging die gesamtslowenische Repräsentanz bald verloren. Für die slowenische nationale Bewegung wurde eindeutig Laibach das Zentrum. Als in den Jahrzehnten vor dem Ersten Weltkrieg die Slowenen in Kärnten, so auch in Klagenfurt, im Rahmen von Vereinen ihre nationale Identität pflegten, waren diese Vereine meist in gesamtslowenische Verbände mit Sitz in Laibach integriert.

Den serbischen Offizieren, die mit zwei Kompanien vom 6. Juni bis Ende Juli 1919 Klagenfurt besetzten, wurde allenthalben ein gutes Zeugnis ausgestellt. Im Klagenfurter Gemeinderat verlautete nach Abzug der Serben, der Kommandant der Besatzungstruppen, Dobroslav Milenković, sei ein Gentleman vom Scheitel bis zur Sohle gewesen. Äußerungen über korrektes Verhalten scheinen auch in den Tagebüchern der Besitzer jener Schlösser in der Umgebung der Stadt auf, in denen die serbischen Offiziere einquartiert waren. Im Bild: Serbischer Offizier mit Besitzerfamilie beim Tee im Garten von Schloß Krastowitz. Foto: Sammlung Boyneburg (Hinweis Reinhold Gasper).

Schon 1917 hatte Gregor Žerjav, damals Sekretär des südslawischen Klubs in Wien, in seiner Studie „Die nationale Abgrenzung im Süden" die Städte Klagenfurt und Villach wegen der „von diesen ausgehenden Sogwirkungen auf die Slowenen, auf ihre täglich dorthin einwandernden Lehrlinge, Mägde, Diener, Studenten, kleinen Beamten und Arbeiter, die ihrer Nation verlorengingen" gefordert. Der Zuzug in die genannten Städte erfolgte aber damals genauso aus den reindeutschen Gebieten Mittel- und Oberkärntens. Žerjav rechnet den gesamten Gerichtsbezirk Klagenfurt zum slowenisch-nationalen Gebiet, negiert dabei die klaren Mehrheitsverhältnisse der Volkszählungen von 1900 und 1910 und bezieht sich vielmehr auf

Schloß Pichlern nördlich von Klagenfurt.

Die Signatur von Dobroslav Milenković, Kommandant der serbischen Besatzungstruppen in Klagenfurt, im Gästebuch der Familie Ritter von Edlmann.
Foto: Christoph Schludermann.

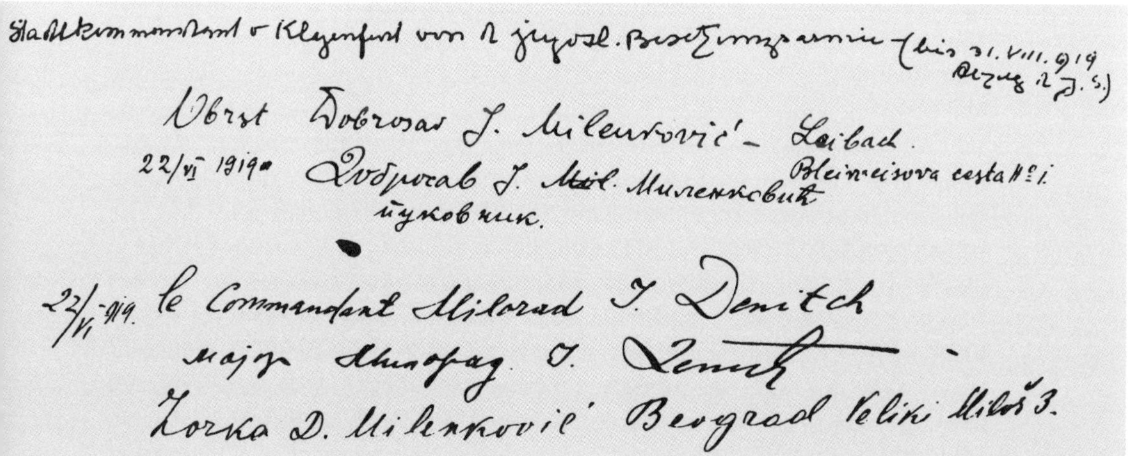

Stadtkommandant v Klagenfurt von d jugosl. Besetzungsarmee (bis 31. VIII. 919 Bezug d J. S.)
Obrst Dobrosav J. Milenković – Laibach.
22/VI 1919. Добросав J. Мил. Миленковић Bleiweisova cesta Nr. 1.
пуковник.
22/VI-919. le Commandant Milorad J. Denitch
мајор Милорад J. Денић
Zorka D. Milenković Beograd Veliki Miloš 3.

frühere Zustände. Die ganze Umgebung von Klagenfurt sei in der älteren Generation noch immer, wenn auch unter einer Kruste, windisch, heißt es. Und: Alle Überläufer (bewußte und unbewußte) müßten nach ihrer wahren ethnischen Zugehörigkeit eingereiht werden.

Der Gerichtsbezirk Klagenfurt (ohne die Landeshauptstadt selbst) hatte 1910 rund ein Viertel Personen mit slowenischer Umgangssprache (10.623 von 39.689). Die alte Sprachgrenze war im Raum Klagenfurt von Moosburg über das Zollfeld nordöstlich zur Saualpe verlaufen und hatte in der Gemeinde Diex ihren nördlichsten Punkt erreicht. Noch im 19. Jahrhundert war das Gebiet in der näheren Umgebung von Klagenfurt völlig deutsch geworden. In der von Martin Wutte Mitte Dezember 1918 verfaßten „Denkschrift über die Möglichkeit einer Teilung Kärntens“ hieß es, daß die Nachbargemeinden der Landeshauptstadt „durchwegs deutsch“ seien – Viktring und Maria Rain im Süden, die Vorortegemeinden St. Ruprecht, St. Peter, Annabichl und St. Martin, Krumpendorf und Pörtschach. Mehrheitlich deutschsprachig seien die Gemeinden St. Martin am Techelsberg, Hörtendorf und St. Thomas am Zeiselberg. In den Gemeinden Ebenthal, Grafenstein und Maria Wörth hielten sich die beiden Umgangssprachen ungefähr die Waage. Das Gebiet mit slowenischer Mehrheit beginne im Südwesten von Klagenfurt erst in der Gemeinde Keutschach, im Südosten in den Gemeinden Ebenthal, Radsberg und Mieger, im Nordosten in der Gemeinde Poggersdorf – tatsächlich aber schon östlich und nördlich von Ebenthal, also westlich der Gurk. Auf dem Radsberg (Gemeinde Ebenthal) hat sich das slowenische Element bis heute behauptet.[162]

Sympathisanten aus dem alliierten Lager, wie der einflußreiche englische Historiker R. W. Seton-Watson, der den Weg der österreichischen Nationalitäten in die Freiheit nach eigener Aussage mit geradezu „mütterlichem Instinkt“ publizistisch begleitet hatte, rieten den Jugoslawen, die Hände von deutschen Städten wie Klagenfurt zu lassen. Auf der Friedenskonferenz schließlich schenkten die Alliierten jeder Art von „historischer“ Untermauerung von Gebietsansprüchen wenig Beachtung; man wollte den aktuellen Verhältnissen angepaßte Grenzen fixieren, nicht das Rad der Geschichte zurückdrehen. Den slowenischen nationalen Führern aber erschien ihr Anspruch auf die Kärntner Hauptstadt gerecht. „Klagenfurt ist das Mekka der Slowenen“, hieß es in einer Propagandaschrift noch im späten Frühjahr 1919. „Nimmt man uns diese Stadt, so zerstört man das Herz, das den Pulsschlag der slowenischen Nation reguliert“. Alle militärischen Offensiven der Jugoslawen in Kärnten hatten das Ziel Klagenfurt vor Augen. Mehrmals scheiterten Verhandlungen zwischen Vertretern der Laibacher und der Kärntner Regierung, weil die jugoslawische Seite starr die Übergabe der Landeshauptstadt verlangte. Am 6. Juni 1919 schließlich wurde Klagenfurt doch jugoslawisch besetzt. Die beiden serbischen Kompanien, die fast zwei Monate lang, vom 6. Juni bis 31. Juli 1919, in der Landeshauptstadt stationiert waren, hinterließen übrigens einen guten Eindruck. Im Klagenfurter Gemeinderat wurde nachträglich ihrem Kommandanten, dem serbischen Oberst Dobroslav Milenković, das Zeugnis ausgestellt, ein Ehrenmann vom Scheitel bis zur Sohle zu sein.[163]

Die Gemeinderäte weigerten sich, die Stadtverwaltung den Jugoslawen auszuliefern und kamen interessanterweise damit durch. Was dabei ausschlaggebend war, ist aus den Quellen nicht klar ersichtlich. Eine Interalliierte Militärmission, die sich um den 10. Juni 1919 in Klagenfurt einfand, verdeutlichte nach eigener Aussage dem SHS-Kommando in Klagenfurt, daß die Absetzung von Zivilbehörden der Haager Konvention widerspreche und nicht geduldet werden könne. Der Historiker Martin Wutte, ein Zeitgenosse, schreibt, die Militärmission hätte die Auflösung des Gemeinderates verhindert. Jugoslawische Versuche, auf Post, Bahn, Justiz- und Finanzverwaltung Einfluß zu nehmen, brachten keinen dauerhaften Erfolg. Die Zeitungen allerdings wurden zensuriert und die „Klagenfurter Nachrichten" als jugoslawisches Propagandablatt in deutscher Sprache herausgegeben. Um guten Wind für den SHS-Staat zu machen, wurde Klagenfurt mit Lebensmitteln versorgt. Der Kaufmannschaft versprach man, ihre Stadt werde sich unter dem neuen Regime zu einem großen Umschlagplatz für Handelswaren aller Art entwickeln. Als der Handels- und Gewerbebund wegen der Lieferung von Nahrungsmitteln selbständig mit dem serbischen Kommando in Kontakt trat, wandte sich der Gemeinderat scharf gegen derartig eigenmächtige Aktionen.

Es war aber ganz und gar nicht so, daß die Stadtväter unbeschwert von materiellen Sorgen sich nur dem Widerstand gegen die Besatzer widmen konnten. Klagenfurt hatte vielmehr kriegsbedingt eklatant hohe Schulden, war von Flüchtlingen überschwemmt, die Wohnungsnot war groß und weit und breit konnte keine Kohle aufgetrieben werden. Dennoch gab es den starken Willen aller, die Einheit Kärntens zu erhalten. Nicht nur Männer, die, kaum zurück vom Krieg, sich wieder zu den Waffen gemeldet hatten, auch Frauen und Kinder stellten sich freiwillig in den Dienst der Sache. An die 300 Frauen wurden später mit dem Kärntner Kreuz ausgezeichnet; darunter unter anderen Klagenfurter Telefonistinnen, die während der Zeit des Abwehrkampfs ohne Mehrbezahlung praktisch rund um die Uhr und tagelang ihren Dienst verrichtet hatten.

Grete Schoderböck (1887–1919). Gefallen am 3. Mai 1919 („Blutsonntag“) auf dem Hauptplatz von Völkermarkt bei Vorbereitungen für den Abtransport von Verwundeten. Dem Beschuß durch SHS-Militär fielen damals fünf weitere Personen zum Opfer, 53 wurden verwundet. Grete Schoderböck hat als Krankenschwester u. a. im provisorischen Lazarett in Griffen großartige Arbeit geleistet und auch bei gefährlichen Kurierdiensten Mut und Gemeinschaftsgeist bewiesen. Ihr Bild steht für jene 201 Kärntner, 13 Kärntnerinnen und 52 Nicht-Kärntner, die im Abwehrkampf starben; ebenso für die 154 Toten der Gegenseite. Foto: Margarethe Genser.

Die Lage in der Stadt blieb die ganze Zeit ruhig. Das resultierte nicht zuletzt aus der korrekten Haltung des serbischen Oberst Milenković. Es war in jenen Tagen nicht abzusehen, ob die Jugoslawen Klagenfurt je wieder verlassen würden. Das Vertrauen der Kärntner Betroffenen in die Durchschlagskraft der Alliierten hielt sich in Grenzen. Dennoch bombardierte man die Interalliierte Mission mit Interventionen, Protesten und Bittschriften. Niemand sollte den Stadtvätern später vorwerfen können, sie hätten nicht das Äußerste versucht.[164]

Der Abwehrkampf zwischen Mitte Dezember 1918 und Anfang Juni 1919 hatte laut Wutte 201 Kärntnern und 13 Kärntnerinnen das Leben gekostet; dazu fielen 52 Nicht-Kärntner; über 800 Mann wurden verwundet. Die Gegenseite verlor 154 Mann, darunter 9 Kärntner (vor allem aus dem Mießtal) und 15 Serben. Die große Mehrheit der Gefallenen waren Slowenen aus Krain, der Untersteiermark und dem Küstenland. Die Kärntner Landesregierung schätzte die materiellen Schäden auf 57 Millionen Kronen, die jugoslawische Schätzung ergab 18 Millionen Kronen Schaden aufgrund von Plünderungen durch jugoslawische Truppen, 12 Millionen durch Plünderungen seitens Kärntner Truppen.[165]

Italienische Kavallerie in Villach. Mitte Juni 1919 okkupierten rund 30.000 Mann des 22. Italienischen Korps unter Generalleutnant Emilio de Bono Kärntner Gebiet entlang der Eisenbahnlinie Villach–Feldkirchen–St. Veit bis Launsdorf. „Es wimmelt von Italienern" sagte ein Zeitgenosse.

ITALIENISCHE TRUPPEN BESETZEN EISENBAHN VILLACH–FELDKIRCHEN–ST. VEIT. DIE INTERALLIIERTE MILITÄRMISSION. KLAGENFURT AM 31. JULI GERÄUMT.

Seit Beginn der erfolgreichen jugoslawischen Offensive in Kärnten zu Ende Mai 1919 hatten sich die Italiener auf der Friedenskonferenz massiv für eine Beendigung der militärischen Operationen und eine Evakuierung des Klagenfurter Beckens von allen Truppen eingesetzt. Die Räumung wurde tatsächlich vom Obersten Rat am 31. Mai bzw. 7. Juni verfügt. Zwischen 12. und 14. Juni 1919 okkupierte italienisches Militär die Eisenbahnlinie Villach–Feldkirchen–St. Veit. Italien war dazu gemäß den Waffenstillstandsbedingungen von Villa Giusti befugt und erhielt vom Obersten Rat die Ermächtigung. Das 22. Italienische Korps unter Generalleutnant Emilio de Bono – rund 30.000 Mann – rückte bis Launsdorf vor. Die deutschösterreichischen Truppen zogen sich in das untere Gailtal, das obere Drautal, die Gegend nördlich von Feldkirchen und St. Veit, das Görtschitztal und das mittlere Lavanttal zurück. Die Präsenz der Italiener im Land – besonders stark in Villach (Burger: „Die Stadt wimmelt von Italienern“) – bot auf jeden Fall der Kärntner Regierung einen gewissen Rückhalt.

Italienischer Initiative war es auch zu verdanken, daß die bereits erwähnte Interalliierte Militärmission nach Kärnten gesandt wurde. Sie war auf Intervention des italienischen Ministerpräsidenten Orlando bei seinen drei Kollegen im Rat der Vier durchgesetzt worden. Die Mission bestand aus vier alliierten Offizieren, dem italienischen General Segre, dem britischen Oberst Sir Harold Walker als Vorsitzendem, dem Franzosen General Hallier und dem Amerikaner Oberstleutnant Francis E. Riggs. Aus einer Nachricht der italienischen Friedensdelegation an Segre leitete die Militärmission ihre Befugnis ab, das Klagenfurter Becken zu evakuieren. Sie erreichte, daß sich die Jugoslawen sozusagen in einem ersten Schritt am 19./20. Juni auf die Linie Mittagskogel–Ledenitzen–Rosegg–Selpritsch–Südufer Wörthersee und in der Gegend nördlich von Klagenfurt auf die Linie Pritschitz–Wölfnitz–Lendorf–Tessendorf–Wiltschnigkogel bei Annabichl–Maria Saaler Berg–Sechzigerberg–Punkt südöstlich Ottmanach–Steinbruchkogel–Framrach–Kleinalpe zurückzogen.[166] Schon am 19. Juni 1919 wurde jedoch Oberst Walker die Weisung erteilt, nichts mehr zu unternehmen. Die Militärs blieben mit wechselnder Besetzung bis zu ihrer Ablösung durch die Abstimmungskommission im Juli 1920 im Land. Sie hatten zwar keinerlei konkrete Machtbefugnisse, aber ihre Anwesenheit bedeutete für die Kärntner Führung, die eine „Vertretung“ bei der Mission unterhielt, über die sämtliche Beschwerden liefen, eine große Beruhigung. Das gleiche gilt für die Kommandostelle der italienischen Truppen unter Generalleutnant De Bono in Villach (Parkhotel); auch hier richtete die Landesregierung eine sogenannte „Meldestelle“ ein. Nach Unterzeichnung des Vertrags von Saint-Germain wurden die Italiener als Entente-Truppen abgezogen; auf österreichischen Wunsch hin blieb aber zum Schutz Kärntens eine Brigade bis 20. November 1920 im Raum Villach stationiert.[167]

Ab 17. Juni 1919 war nach einem längeren Intervall die Kärntner Frage wieder vor den Rat der Vier (Paris) gekommen; Experten wurden mit der Ausarbeitung der exakten Durchführungsbestimmungen für das Plebiszit in zwei Zonen beauftragt. Im Zuge dieser Beratungen ließ man die Forderung nach Evakuierung des ganzen Klagenfurter Beckens von Truppen fallen und einigte sich dahingehend, daß die Demarkationslinie zwischen den beiden Plebiszitgebieten fortan auch militärisch eine Grenze markieren sollte. Am 21. Juni 1919 nahm der Oberste Rat der Friedenskonferenz die endgültigen Grundsätze für die Kärntner Volksabstimmung an: Die Verwaltung der Zone A wurde bis zur Stimmabgabe Jugoslawien, die der Zone B Österreich überantwortet, das Plebiszit in der Zone A drei Monate nach Inkrafttreten des Vertrages angesetzt.[168]

Am 24. Juni ist Österreich und Jugoslawien der Rückzug ihrer Truppen hinter die Demarkationslinie zwischen den beiden Zonen anheimgestellt worden. Die Instruktion an die Militärmission lautete, den Rückzug der Truppen zu kontrollieren. Eine weitere Aufgabe der alliierten Offiziere war es, an der Festsetzung der Demarkationslinie zwischen den beiden Abstim-

Landesbefehlshaber Oberstleutnant Ludwig Hülgerth inmitten alliierter Offiziere. (Foto: Ferdinand Pramerdorfer). Eine Interalliierte Militärmission, bestehend aus einem italienischen, einem britischen, einem französischen und einem amerikanischen Offizier, fand sich am 10. Juni 1919 in Klagenfurt ein (Amtsräume in der Burg) und blieb mit wechselnder Besetzung bis zum Eintreffen der Interalliierten Plebiszitkommission im Juli 1920 im Land.

mungszonen, soweit dies an Ort und Stelle nach Begehung des Geländes geschehen sollte, mitzuwirken. Die Verhandlungen zwischen Österreich bzw. Jugoslawien und der Militärmission gestalteten sich zäh. Die Mission verhinderte, daß von den Jugoslawen Kriegsmaterial aus Klagenfurt entfernt wurde. Dies und anderes brachte Verzögerungen mit sich. Zwei Räumungstermine bezüglich Klagenfurt wurden nicht eingehalten. Immer stand die Frage im Raum: Was ist, wenn sie nicht abziehen? Einige führende Beamte schätzten die Lage sehr pessimistisch ein. Ein Zeitgenosse zitiert jedoch Lemisch, der, obwohl üblicherweise kein Optimist, die feste Überzeugung hegte, „daß wir vielleicht noch ein paar Wochen an der Nase herumgeführt werden dürften, Klagenfurt aber unbedingt bei Deutschösterreich bleiben wird."

Am 28. Juli 1919 schließlich wurde ein Vertrag unterzeichnet; darin war festgelegt, daß die Jugoslawen am 31. des Monats Klagenfurt zu räumen hatten. „Bis 5 Uhr nachmittag darf kein serbischer oder jugoslawischer Soldat nördlich der Demarkationslinie sein ... Bis dahin muß also Klagenfurt frei sein. Um 5 Uhr wird die Stadt beflaggt und um diese Stunde werden unsere drei Landesverweser per Auto in Klagenfurt einfahren und offiziell die Regierung dort aufschlagen. Am 1. August wird der Bahnverkehr St. Veit–Klagenfurt, Villach–Klagenfurt und Villach–Finkenstein dem Publikum eröffnet und Lebensmittel in die Stadt bringen". So schrieb Landesrat Burger an seine Frau.[169]

DIE „ENDGÜLTIGEN FRIEDENSBEDINGUNGEN" VOM 20. JULI 1919. KÄRNTNER ABÄNDERUNGSVORSCHLÄGE UNTER SCHOCK. 10. SEPTEMBER 1919: DER VERTRAG VON SAINT-GERMAIN-EN-LAYE.

In Kärnten blieb man lange über den Stand der Friedensverhandlungen bzw. die Bedingungen der Abstimmung im unklaren. Erst am 1. Juli 1919 brachte Landesverweser Lemisch von Villach, wohl aus dem italienischen Lager, den Inhalt der Pariser Beschlüsse vom 21. Juni 1919 mit nach Spittal. Als am 20. Juli 1919 der deutschösterreichischen Friedensdelegation in Paris die endgültigen Friedensbedingungen ausgehändigt wurden, waren schließlich auch für die Kärntner Regierung alle Ungewißheiten beseitigt. Am 22. Juli erfuhren die Regierungsmitglieder in Spittal die genauen Bestimmungen. Hatte man kurz davor noch gehofft, daß die Administration des strittigen Gebiets durch eine neutrale Macht erfolgen werde, so war nun

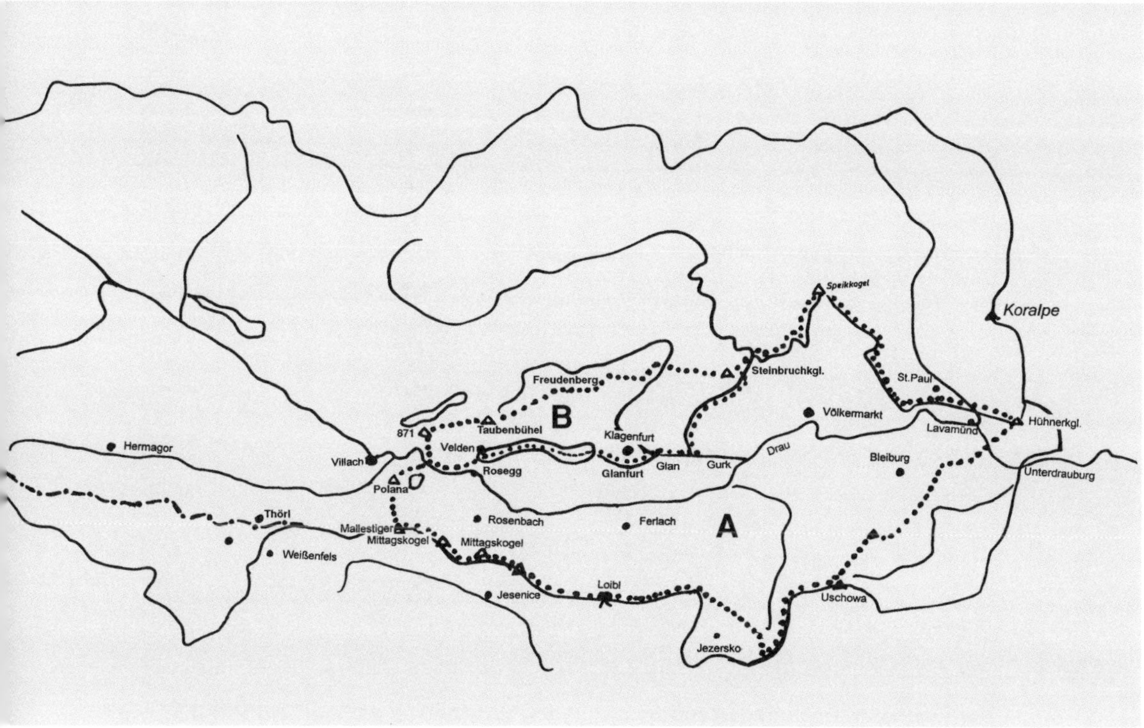

Das Kärntner Abstimmungsgebiet laut Friedensbedingungen vom 20. Juli 1919 (........). Endgültige Grenze gegen Italien (– · – · – ·). Entwurf Fräss-Ehrfeld.

klar, daß die Zone A bis zum Plebiszit von Jugoslawien, die Zone B von Österreich zu verwalten war.[170]

Die Artikel 49 und 50 im „endgültigen Text der Friedensbedingungen" vom 20. Juli 1919 legten die Volksabstimmung im Klagenfurter Becken fest. Das Abstimmungsgebiet war durch die Linie Drauschleife bei Wernberg–Polana–Mallestiger Mittagskogel–Karawanken–Uschowa–Westgrenze des Mießbeckens–Hühnerkogel–Kasparstein–Speikkogel–Steinbruchkogel–Grenze zwischen den politischen Bezirken Klagenfurt und St. Veit–Freudenberg–Gallin–Taubenbühel–Kote 871 (10 km nordöstlich von Villach) begrenzt. Die Demarkationslinie zwischen den beiden Abstimmungszonen verlief von der Drau bei Rosegg zum Westende des Wörthersees, dann nach der Mittellinie des Sees, weiter die Flüsse Glanfurt und Glan entlang bis zur Mündung der Glan in die Gurk, dann die Gurk aufwärts bis vor Brückl.

Der Artikel 50 fixierte die Einsetzung einer Plebiszitkommission, bestehend aus je einem von den USA, Großbritannien, Frankreich, Italien, Österreich und Jugoslawien nominierten Mitglied, der die Organisation einer freien, unbeeinflußten und geheimen Volksabstimmung oblag. Die südliche Zone A war von SHS-Truppen zu okkupieren und nach den Gesetzen

Die Demarkationslinie lief mitten durch den Wörthersee und nur 3 km südlich von Klagenfurt entlang der Glanfurt. Das E-Werk der Stadt und das Quellgebiet der einzigen Wasserleitung lagen jenseits im besetzten Gebiet. Foto: Landesmuseum für Kärnten.

des jugoslawischen Staates zu verwalten, die nördliche Zone entsprechend österreichisch. Die Abstimmung in der ersten Zone sollte innerhalb von drei Monaten nach Inkrafttreten des Friedensvertrages durchgeführt werden, die in der zweiten Zone nur im Fall eines für den SHS-Staat positiven Ergebnisses in der ersten Zone – dann innerhalb von drei Wochen nach Kundmachung des Resultats in der südlichen Zone. Stimmenmehrheit in jeder der beiden Zonen als Ganzes genommen entschied.[171]

„Für die Abstimmung ist die jetzige Fassung viel schlechter, da sie im südlichen Gebiet unter dem Druck der SHS jedenfalls für uns elend ausfallen dürfte", so und ähnlich artikulierte sich die Mutlosigkeit der Kärntner Führung in Spittal nach dem verlorenen Abwehrkampf und den Nachrichten über die Bedingungen des Plebiszits. Man rechnete mit einem für Österreich negativen Ausgang der Volksabstimmung. Der Kärntner Pessimismus war verständlich: Nach der letzten Volkszählung von 1910 wies die Zone A eine slowenischsprachige Mehrheit von rund 70 % auf – daß die Verwaltung durch Jugoslawien in der Abstimmungszone A Druck auf die Bevölkerung erzeugen würde, konnte man sich ausrechnen.[172]

Gebäude der Bezirkshauptmannschaft Spittal, in dem im Sommer 1919, während der Besetzung von Klagenfurt, die Landesregierung tagte. Spittal an der Drau war Sitz der Kärntner Landesregierung sowie der provisorischen Landesversammlung (Landtag) von Anfang Juni 1919 bis Anfang September 1919. Im großen Saal von Schloß Porcia fanden viermal Sitzungen des Landtags statt. Landesausschuß bzw. Landesregierung kamen dreimal pro Woche im Sitzungssaal der Bezirkshauptmannschaft zusammen. Hier wurde auch die Landesagitationsleitung gegründet. Anfang September 1919 übersiedelten die Landesbehörden nach St. Veit. Vgl. Ogris, Spittal als zeitweiliger Sitz der Landesregierung.

Unter diesen Umständen hat am 23. Juli 1919 der Kärntner Landesausschuß in Spittal den Beschluß gefaßt, die Forderung nach einer zonenweisen Auswertung des Abstimmungsergebnisses zu erheben. Die Drau und die Gurk sollten als Grenze zwischen den Zonen A und B genommen und die Zone A in drei Abstimmungsgebiete geteilt werden: Jauntal (begrenzt durch Drau und Freibach), Rosental (südlich der Drau und westlich des Freibaches bis zum Faaker See) und das Gebiet um Völkermarkt. Durch die Einbeziehung des unteren Mießtales mit Gutenstein und Unterdrauburg ins Abstimmungsgebiet wollte man die Bahnlinie Klagenfurt–Marburg sichern. Die Plebiszite sollten nicht nacheinander, sondern gleichzeitig abgewickelt werden.

Am 25. Juli 1919 reisten die zwei Kärntner Vertreter der österreichischen Friedensdelegation nach Paris. Sie überreichten Renner diesen Beschluß des Landesausschusses zur Berücksichtigung in den am 6. August 1919 von der deutschösterreichischen Delegation dem Obersten Rat übergebenen „Bemerkungen zu den Friedensbedingungen vom 20. Juli“. Obwohl die Konferenz diese Friedensbedingungen als endgültige erklärt hatte, präsentierte Österreich in seiner Beantwortung Gegenvorschläge. Bezüglich der Kärntner Volksabstimmung plädierte man für eine Abstimmung nach Gemeinden bzw., falls dies nicht bewilligt werde, gemäß den Kärntner Wünschen für eine vierfache Unterteilung des Abstimmungsgebietes und ein getrenntes Votum innerhalb der einzelnen Abschnitte. Am 11. August reagierte das SHS-Lager negativ auf die österreichischen Einwände; man war siegessicher. Zum Glück wurden diese Abänderungsvorschläge von der Konferenz nicht angenommen. Sie hätten den Verlust von Kärnten südlich der Drau mit sich gebracht; eine Analyse der Ergebnisse vom 10. Oktober 1920 ergab, daß das Rosental und das Jauntal im Falle einer getrennten Abstimmung mit 312 Stimmen Mehrheit an Jugoslawien gefallen wären.[173]

Abgelehnt wurde von der Friedenskonferenz auch – nach neuerlichen Beratungen – das in der österreichischen Antwort vom 6. August 1919 auf die alliierten Friedensbedingungen geforderte Plebiszit für die Untersteiermark. Das Marburger Gebiet und das Abstaller Feld wurden Jugoslawien zugeteilt. Radkersburg, wie auch Spielfeld, sind vom Obersten Rat am 25. August Österreich zugesprochen worden. Erst am 26. Juli 1920 zog das jugoslawische Militär aus Radkersburg ab. Am 2. September 1919 überreichte Clemenceau den Österreichern die letzten „endgültigen Friedensbedingungen". Am 6. September 1919 wird der Friedensvertrag von der Nationalversammlung der Republik Deutschösterreich angenommen; und zwar als „Staatsvertrag" – Zeichen dafür, daß die Republik keinen Krieg geführt hat, sondern Nachfolgestaat ist. Diese kleine Änderung hatte Renner in Paris durchgesetzt. Artikel 88 des Vertrages von Saint-Germain verbot Österreich den Anschluß an Deutschland. Auch die Führung des Namens Deutschösterreich wurde untersagt.[174]

Am 10. September 1919 ist schließlich der Vertrag von Saint-Germain-en-Laye von Dr. Renner als Bevollmächtigtem der Republik Deutschösterreich und den Bevollmächtigten der alliierten und assoziierten Mächte in Paris unterzeichnet worden. Die Vertragsbedingungen waren nicht dazu angetan, in Kärnten Optimismus zu fördern und Freude über die nun sichere Volksabstimmung aufkommen zu lassen. Die südliche Zone A (I) umfaßte 1705 km^2 mit 71.800 Einwohnern, davon 49.000 Slowenisch- und 22.800 Deutschsprachige; die nördliche Zone B (II) 365 km^2 mit 53.500 Einwohnern, davon 49.000 Deutschsprachige und 4500 Slowenischsprachige. Außerdem war nun sicher, daß das Kanaltal an Italien abgetreten werden mußte, das Mießtal und Unterdrauburg an den SHS-Staat kämen. Mit dem Mießtal ging Kärnten eines Bergbau- und Industriegebiets (Eisen, Kohle,

Blei) verlustig, dessen Gesamtbevölkerung aber zu vier Fünfteln slowenisch war. Nur Unterdrauburg (heute Dravograd) und Gutenstein (heute Ravne na Koroškem) wiesen deutschsprachige Mehrheiten auf. Auf die kleine Gemeinde Seeland südlich des Seebergsattels hatte Kärnten schon vorher verzichtet. Das bedeutete einen Gebietsverlust von 792 km² mit 23.514 Einwohnern, davon 15.109 Slowenisch- und 8405 Deutschsprachige, aber praktisch keine Italienischsprachigen.[175]

Die Untersteiermark war verloren und damit eine alte Verkehrs- und Wirtschaftsverbindung Kärntens, die Ost-West-Tangente, die sich in den letzten Jahren der Monarchie sehr gut entwickelt hatte, unterbrochen. Schon 1845 wurde ein Drittel der Kärntner Ausfuhr über die Route Klagenfurt–Unterdrauburg transportiert. Mit der Eröffnung der Südbahnlinie Marburg–Klagenfurt im Jahr 1863 nahm die Bedeutung des Ost-West-Verkehrs noch zu. 1871 war der Anschluß an Franzensfeste und damit an die Brennerbahn erreicht. Die Bahnverbindung Villach–Klagenfurt–Marburg erhielt Abzweiger u. a. in die Kohlenreviere des Lavanttales – die Förderung hier stieg. Unterdrauburg wurde zum Verkehrsknoten; seine Bevölkerung wuchs von 1857 bis 1910 um 54,1%. Durch den Frieden von Saint-Germain wurde die Bahnroute von der Untersteiermark über Kärnten nach Südtirol auf drei Staaten aufgeteilt; der Durchzugsverkehr ging zu Ende. Die

Unterdrauburg, zeitgenössische Postkarte (Sammlung Gerd Orehounig).

tägliche Eisenbahnfrequenz zwischen Marburg und Klagenfurt reduzierte sich von 15 Zügen (1914) auf 6 Züge (1922). Als Folge sind die östlichen und südöstlichen Gebiete Kärntens wirtschaftlich in eine Randlage gedrängt worden. Die durchgehende Zugsverbindung zwischen Klagenfurt und dem Lavanttal, 1919 unterbrochen, wurde erst 1964 durch die Errichtung der Jauntalbahn zwischen Bleiburg und St. Paul i. L. wiederhergestellt.[176]

VOLKSABSTIMMUNGEN IN DEN PARISER VERTRÄGEN. DAS PLEBISZIT IM BURGENLAND 1921.

Ohne Zweifel ist die Volksabstimmung das einschneidendste Ereignis der Kärntner Zeitgeschichte. Die Bedeutung des 10. Oktober 1920 für die Republik Österreich liegt nicht nur darin, daß durch den Ausgang des Plebiszits dem kleinen Reststaat, der den Namen der Monarchie weiterführte, wichtiges Staatsgebiet erhalten blieb. Schon im Jahr davor, 1919, manifestierte sich im Zugeständnis der Volksabstimmung durch die Alliierten im Staatsvertrag von Saint-Germain mit Österreich der wichtigste außenpolitische Erfolg der jungen Republik.[177]

Die Zuerkennung eines Plebiszits durch die Alliierten in Paris war mit Ausnahme von Schleswig nie eine spontan eingesetzte Methode zur Lösung strittiger Territorialfragen, sondern stets Ergebnis eines Kompromisses, Flucht aus einem Dilemma. Dennoch kam jede in Paris verfügte Plebiszitlösung gewissermaßen einer bevorzugten Behandlung gleich. Als am 20. Mai 1919 Ante Trumbić die Forderungen der SHS-Delegation in der für die jugoslawische Grenze zuständigen alliierten Expertenkommission in Paris vorbrachte, wandte er sich entschieden gegen das Plebiszit im Klagenfurter Becken. Seine Delegation, so Trumbić, würde, wenn jugoslawische Ansprüche mit denen anderer alliierter Staaten in Konflikt seien, jederzeit einer Plebiszitlösung zustimmen. Wo es aber um die Beilegung von Konflikten zwischen Jugoslawien und einem feindlichen Staat gehe, könne sie eine Volksabstimmung nicht akzeptieren. Als Milenko Vesnić am 4. Juni 1919 vor dem Obersten Rat der Pariser Friedenskonferenz nochmals die Position Jugoslawiens in der Frage des Klagenfurter Beckens vertrat, sagte er, es sei den Jugoslawen unverständlich, daß ihre eigenen Plebiszitforderungen in den Grenzgebieten gegen Rumänien und Italien nicht berücksichtigt worden seien, in einem Fall hingegen, wo es darum ging, daß eine slowenische Bevölkerung unter die Herrschaft eines Feindstaates kommen sollte, eine

Volksabstimmungen aufgrund der Pariser Friedensverträge. Entwurf: Wilhelm Wadl (Kärntner Landesarchiv), Ausführung Friedrich Kalan (Abt. 20). Aus: Der 10. Oktober 1920. Kärntens Tag der Selbstbestimmung, hg. vom Kärntner Landesarchiv, 20.

Volksabstimmung verhängt werde. Ähnlich äußerten sich die Polen, als sie gegen das im ersten Bericht der polnischen Gebietskommission vom 12. März 1919 vorgeschlagene Plebiszit für Allenstein in Ostpreußen protestierten: es sei nicht fair, Polen und Deutsche auf dieselbe Stufe zu stellen, da doch die ersteren Alliierte und die zweiten Feinde seien.[178]

In den Pariser Friedensverträgen zwischen Alliierten und Mittelmächten scheinen nur fünf miteinander vergleichbare Volksabstimmungen auf: vier im Vertrag von Versailles mit Deutschland und eine, die Kärntner, im Staatsvertrag von Saint-Germain-en-Laye mit Österreich. Die in den Grenzregelungen mit Deutschland Plebisziten unterworfenen Gebiete waren Schleswig (zwischen Dänemark und Deutschland), Allenstein in Ostpreußen, Marienwerder in Westpreußen und Oberschlesien (zwischen Deutschland und Polen). Im Saargebiet sollte sich die Bevölkerung nach 15 Jahren Völkerbundadministration zwischen Deutschland und Frankreich oder dem Fortbestand der Völkerbundverwaltung entscheiden. Trotz ihrer zahlreichen diesbezüglichen Forderungen wurde den Mittelmächten kein weiteres Plebiszit zugestanden. Die Volksabstimmung, die für das ehemals österreichische Teschen wie für die Nachbargebiete Spiez und Orava zur Ermittlung der Grenze zwischen Polen und der Tschechoslowakei in Paris vereinbart wurde, scheiterte. Ebenso schlugen schon während der Verhandlungen das Projekt eines Plebiszits in Ostgalizien (Lemberg) zwischen Polen und der Ukraine und die im Oktober 1920 vom Völkerbund fixierte Abstimmung in Wilna zur Entscheidung zwischen Polen und der Ukraine fehl.[179]

Die in Abänderung der Friedensverträge 1921 festgesetzte Volksabstimmung in Ödenburg (Sopron) zwischen Österreich und Ungarn entsprach in ihrer Durchführung nicht dem Reglement der sogenannten „internationalen Plebiszite", wie sie für die in Paris ausgehandelten Entscheide zur Anwendung kamen. Ihnen lag das Prinzip der Neutralisierung zugrunde, mit Evakuierung der Truppen beider beteiligten Parteien aus dem Plebiszitgebiet, mit Administration der Abstimmungszonen sowie Organisation des Votums durch eine interalliierte Plebiszitkommission. Österreich hatte bereits am 22. November 1918 in der Staatserklärung „über Umfang, Grenzen und Beziehungen des Staatsgebietes" den Anschluß der geschlossenen deutschen Siedlungsgebiete in den Komitaten Preßburg, Wieselburg, Ödenburg und Eisenburg gefordert. Diese westungarischen Gebiete, zu einem guten Teil das spätere Burgenland, waren im Vertragsentwurf, wie er am 20. Juli 1919 der österreichischen Delegation in Paris ausgehändigt wurde, der Republik Österreich zugeteilt worden. Ein Plebiszit hier, von Staatskanzler Renner in seiner Antwort auf den ersten Friedensvertragsentwurf mit Nachdruck gefordert, lehnten die Alliierten ab. Auf den diesbezüglichen Renner-Protest hin hieß es, man sei über die Wünsche der Bevölkerung genau informiert und aus diesem Grund erübrige sich eine Volksabstimmung.

Als Ende August 1921 nach Ratifizierung des Friedensvertrags von Trianon mit Ungarn die Übergabe des Burgenlandes an Österreich vollzogen werden sollte, scheiterte dies am Widerstand ungarischer Freischärler, denen reguläre ungarische Truppen zu Hilfe kamen. Im September 1921 erklärte sich die Konferenz in Paris mit der von Italien angebotenen Vermittlung einverstanden; Ergebnis war das Protokoll von Venedig (13. Oktober 1921), das in Abänderung der Friedensverträge die Durchführung eines Plebiszits in der Stadt Ödenburg (Sopron) und acht umliegenden ländlichen Gemeinden bestimmte. Der Rest des laut Staatsvertrags von Saint-Germain an Österreich gefallenen westungarischen Gebiets, das Burgenland, wurde im November 1921 von Österreich besetzt. Das Plebiszit in Ödenburg fand am 14., 15. und 16. Dezember 1921 statt. Man hielt sich dabei, wie erwähnt, nicht an die Regeln der sogenannten internationalen Plebiszite. Die Organisation der Abstimmung lag in den Händen der lokalen ungarischen Behörden; der interalliiert mit je einem Vertreter Ungarns und Österreichs zusammengesetzten Plebiszitkommission wurde jede echte Kontrolle unmöglich gemacht. Die österreichischen Vertreter in der Abstimmungskommission, an ihrer Spitze der Kärntner Albert Peter-Pirkham, brachen daher ihre Tätigkeit vor dem Wahltermin ab. Das Abstimmungsergebnis von 65% für Ungarn bedeutete den Verbleib der Ödenburger Region bei Ungarn. Die Völkerbundexpertin Sarah Wambaugh kommentierte das Ergebnis von Ödenburg folgend: Möglicherweise hat die Mehrheit für Ungarn den Willen der Bevölkerung richtig wiedergegeben, möglicherweise aber auch nicht. Keinesfalls aber sei das Plebiszit von Ödenburg überzeugend gewesen.

Trotz der späteren Ausgliederung von Ödenburg war der Gewinn des Burgenlandes ein Erfolg für Österreich. Dieser liegt jedoch, von der Warte des neuen Stils in der Politik, wie ihn Wilson und andere alliierte Politiker proklamierten, beurteilt, auf einer anderen Ebene als die Zuerkennung der Kärntner Volksabstimmung. Die Tatsache, daß beim Burgenland der Gebietstransfer zwischen zwei schwachen „Verliererstaaten" stattfand, mag den Alliierten die pro-österreichische Lösung erleichtert haben. Politische Beweggründe gaben jedenfalls den Ausschlag. Ob dabei die Absicht überwog, das bolschewistische Ungarn (seit März 1919 Räteregierung des Bela Kun) nicht so nahe an Wien grenzen zu lassen, oder ob wirtschafts- und finanzpolitische Überlegungen der Engländer und Amerikaner den Weg der Politik beeinflußten, sei hier nicht weiter untersucht.[180]

5.
EINEINHALB JAHRE „GETEILTES“ KÄRNTEN (JUNI 1919 BIS OKTOBER 1920).

JUGOSLAWISCHE VERWALTUNG IN ZONE A. DIE SYMPATHIEN FÜR SHS SCHWINDEN.

Gemäß Artikel 50 des Friedensvertrags wurde die Zone A (oder I), in der zuerst eine Abstimmung stattfinden sollte, unter SHS-Verwaltung gestellt. Jugoslawien übte im Abstimmungsgebiet die vollen staatlichen Hoheitsrechte mittels zweier, der slowenischen Landesregierung in Laibach untergeordneten, Bezirkshauptmannschaften, Völkermarkt (Velikovec) und Ferlach (Borovlje), aus. Die Zone war von SHS-Militär okkupiert. Laut Artikel 50 hatten die jeweiligen Truppen (jugoslawische in Zone A und österreichische in Zone B) so schnell wie möglich durch an Ort und Stelle auszuhebende Polizeikräfte ersetzt zu werden. Dies wurde von SHS-Seite nicht beachtet. Die Kärntner Landesregierung hingegen verzichtete freiwillig auf

Alte Bürgerschule, Hauptplatz Nr. 29, St. Veit an der Glan; hier war der Sitzungssaal der Landesregierung. Regierung und Landesversammlung tagten von Anfang September 1919 bis nach der Volksabstimmung 1920 in St. Veit außerhalb der Abstimmungszonen. Foto: Heinz Ellersdorfer.

die Stationierung von Militär in ihrer Zone B. Sie erklärte sich in Eingaben an die Interalliierte Mission in Klagenfurt zur weitestgehenden Beschränkung ihrer Hoheitsrechte bereit, wenn solches entsprechend auch für Zone A und die SHS-Verwaltung durchgesetzt werden könnte. Kärntner Landesregierung und Landtag hatten sich auf Anraten der Interalliierten Militärmission nach dem Abzug der serbischen Truppen aus Klagenfurt nicht in die Landeshauptstadt zurückbegeben. Sie blieben außerhalb des Abstimmungsgebiets (Klagenfurt lag in Zone B) und saßen vom 1. September 1919 bis nach der Volksabstimmung im Oktober 1920 in St. Veit an der Glan. In der alten Bürgerschule am Hauptplatz Nr. 29 fanden die Regierungssitzungen statt.[181]

In Zone A kam die jugoslawische Verwaltung sofort zur Sache: In 34 der insgesamt 51 Gemeinden wurden die deutschen oder deutschgesinnten Bürgermeister abgelöst und durch nationalslowenisch orientierte „Gerenten“ ersetzt. Schon bald ist Kritik an den neuen Beamten auch slowenischerseits offen geäußert worden. Janko Brejc, der Ende 1919 eine Rundreise durch die Zone A machte, berichtete nach Laibach über die armselige slowenische Administration, die der österreichischen Agitation direkt in die Hände

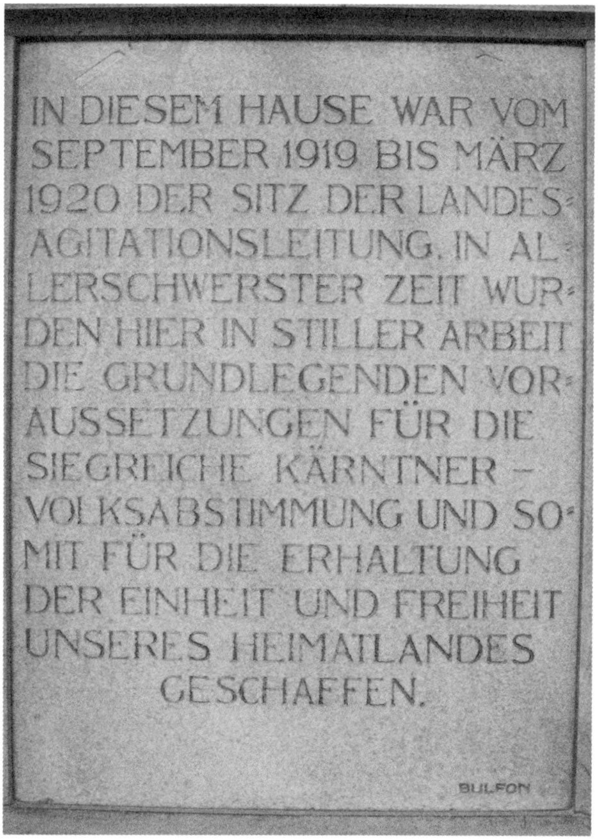

Tafel am Gebäude der alten Bürgerschule in St. Veit, Sitz der Landesregierung ab September 1919. Der „geistige Abwehrkampf“ (Propaganda) oblag anfangs allein dem Nationalpolitischen Ausschuß der Landesversammlung (Obmann Reinlein, Geschäftsführer Friedrich Wouk). Ab Jänner 1919 gab dieser die Zeitschrift „Kärntner Landsmannschaft“ heraus. Am 22. August 1919 ist in Spittal die „Landesagitationsleitung“ gegründet worden, die im September 1919 mit der Landesregierung nach St. Veit zog. Am 10. März 1920 wurde der Kärntner Heimatdienst ins Leben gerufen. Er bestritt die heiße Phase der Propaganda vor der Volksabstimmung von Klagenfurt aus.

spiele. Selbst pro-SHS eingestellte Pfarrer kritisierten die Beamten als zu wenig religiös und zu wenig sozial bzw. das Militär wegen des von ihm ausgeübten Terrors. General Majster hatte mehr Druck und härteres Durchgreifen empfohlen: Hausdurchsuchungen, Internierungen, Verhaftungen, Verkündigung von Standrecht waren die Folge. Präsident Brejc sagte im August 1919 in Laibach, „daß unser eigenes Militär sich in sehr vielen Fällen auch der slowenischen Bevölkerung gegenüber so verhalten hat, als befinde es sich in Feindesland“. Schul- und Gendarmeriechroniken der betroffenen Orte geben ein detailliertes Bild der Repressionen.[182]

Unter solchen Umständen verschlechterte sich die Stimmung in der Zone A. Immer wenn in Laibach Zweifel an einem positiven Abstimmungsergebnis auftauchten, wurden Gerüchte in Umlauf gesetzt, wonach es ohnehin keine Abstimmung geben und die Demarkationslinie als endgültige Grenze bestehen bleiben werde. Derartiges passierte schon im Juli 1919, im November 1919 und Jänner 1920 wieder und bis zur Volksabstimmung noch mehrmals.[183] Erfolgversprechender für den SHS-Staat wäre es gewesen, das bei der von Präsident Brejc initiierten, am 28./29. August 1919 in Laibach veranstalteten, „Kärntner Enquete“ vorgelegte Programm für das Abstimmungsgebiet durchzuziehen. Zu den damals angeregten Initiativen zählten neben Negativmaßnahmen wie Staatsüberwachung des Großgrundbesitzes und Ausweisung der entlassenen Beamten samt Familien auch positive wie die Errichtung einer Wirtschaftsgesellschaft mit dem Zweck, Erzeugnisse der Kärntner Landwirtschaft anzukaufen und der Bevölkerung Industrieprodukte, an denen Mangel herrschte, zukommen zu lassen. Weiters plante man die Abhaltung von Bauernmärkten in den größeren Orten der Zone, die Errichtung provisorischer Krankenhäuser in Ferlach und Völkermarkt, den Bau von Straßen und die Führung zusätzlicher Buslinien. „Kärnten muß unser sein!“: Alle Kräfte Sloweniens sollten in den Dienst dieses Ziels gestellt werden, dafür plädierte Präsident Brejc. Man hielt sich aber nicht an die Vorgaben der Kärntner Enquete. Brejc wurde im September 1919 seines Amtes enthoben (im März 1920 kehrte er zurück), sein Nachfolger Gregor Žerjav schwenkte im November 1919 wieder auf eine Politik der Plebiszitvermeidung ein und kündigte Verhandlungen mit Wien an.[184]

Im jugoslawisch besetzten Kärnten kam zu Jahresende 1919 der am 29. Juni 1919 neu gegründete Nationalrat (Narodni svet) auf Touren. 47 Ortsausschüsse hatten sich damals schon etabliert. Der erste Kärntner slowenische Nationalrat vom Herbst 1918 war Ende April 1919 aufgelöst worden. Hauptaufgabe des neuen war die Organisation der Volksab-

Deutschösterreichisch gesinnte Flüchtlinge aus der Zone A (hier eine Gruppe aus Völkermarkt in Friesach) konnten teilweise zu Ostern 1919, vollends erst am 6. August 1920 (Öffnung der Demarkationslinie durch die Interalliierte Plebiszitkommission) in ihre Heimatorte zurückkehren. Foto: Landesmuseum für Kärnten.

stimmungsagitation. General Majster als Ehrenpräsident und treibende Kraft des Narodni svet zog von Völkermarkt aus die Fäden. Als Sprachrohre fungierten die Zeitschriften „Korošec" (Der Kärntner), „Mir" (Frieden) und die deutschsprachige „Draupost". Die jugoslawische Propaganda hatte es nicht leicht, denn die Teilung des Landes zeitigte die erwarteten Nachteile – der Verkehr funktionierte nicht, die Bauern konnten ihre Produkte nicht verkaufen, die Versorgung mit Industriegütern war miserabel. Petroleum fehlte und sogar bei den Lebensmitteln traten Engpässe auf. Der Glaube an das reiche Jugoslawien, das dem armen Österreich mit allem aushelfen mußte und konnte, geriet ins Wanken. Drei Maßnahmen der jugoslawischen Verwaltung waren besonders dazu angetan, die Sympathien für SHS dahinschwinden zu lassen: die Amtsenthebung von Lehrern und Beamten, das Veto gegen die Rückkehr tausender Flüchtlinge (darunter alle jene, die in den Heimwehren gegen SHS gekämpft hatten) in die Zone A und die Sequestration von Eigentum. Schon 1919 kam es zur Entlassung der deutschen oder deutschgesinnten Lehrer in der Zone A – an ihre Stelle rückten 300 neue Lehrer, meist Flüchtlinge aus dem italienisch besetzten Küstenland. Auch Beamte und Eisenbahner wurden gekündigt, Gastwirten und Trafikanten entzog man die Konzession. Zu Ostern 1919

Pro-österreichische Volksabstimmungspropaganda 1920: Die vollständige Abriegelung der jugoslawisch verwalteten Zone A vom restlichen Kärnten durch eine „hermetisch" geschlossene Demarkationslinie war eine der ungeschicktesten Entscheidungen der SHS-Seite.

konnte ein Teil der mehrere tausend Menschen zählenden Flüchtlinge – sie waren in der Zone A beheimatet und abstimmungsberechtigt – zurückkehren, die restlichen mußten auf die erst von der Interalliierten Plebiszitkommission am 6. August 1920 durchgesetzte Öffnung der Demarkationslinie warten.[185]

Die Belgrader Regierung hatte schon im Februar 1919 eine Agrarreform und die Enteignung des Großgrundbesitzes angekündigt. Ende April ordnete sie im Interesse der jugoslawischen Wirtschaft an, Firmen und Vermögenswerte, die sich im Besitz von Angehörigen feindlicher Länder befanden, der Staatsaufsicht zu unterwerfen. Auf der Grundlage dieser Bestimmungen wurden auch in der Kärntner Zone A Güter und Betriebe der Staatsaufsicht oder einem Sequester unterstellt. Es handelte sich dabei vor allem um Güter des Adels, um größere Werke wie die Papier- und Zellulosefabrik Rechberg, die Landwirtschaftliche Genossenschaft Völkermarkt, Betriebe der Kärntner Eisenindustrie-Gesellschaft, der Kärntner Holzverarbeitungs-

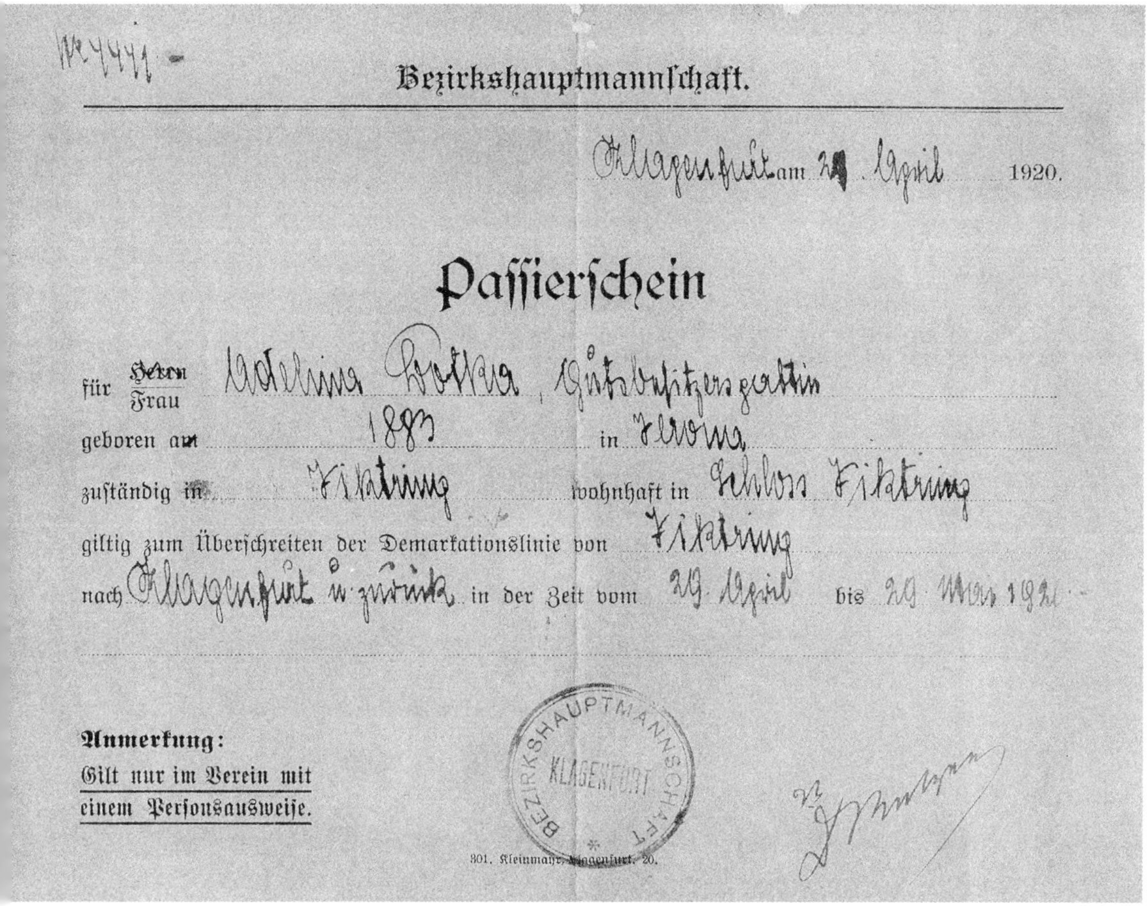

Nr. 4441 –

Bezirkshauptmannschaft.

Klagenfurt am 29. April 1920.

Passierschein

für ~~Herrn~~ Frau Adelina Potka, Gutsbesitzersgattin

geboren ~~am~~ 1883 in Verona

zuständig ~~in~~ Viktring wohnhaft in Schloss Viktring

giltig zum Überschreiten der Demarkationslinie von Viktring

nach Klagenfurt u. zurück in der Zeit vom 29. April bis 29. Mai 1920

Anmerkung:
Gilt nur im Verein mit einem Personsausweise.

BEZIRKSHAUPTMANNSCHAFT KLAGENFURT

301. Kleinmayr, Klagenfurt. 20.

Die Demarkationslinie konnte nur mittels Passierschein überschritten werden. (Sammlung Gerd Orehounig.)

gesellschaft „Drauland“ sowie Besitzungen und Betriebsstätten von weiteren mehr als 50 kleineren und größeren Unternehmern und Gewerbetreibenden. Erst am 14. September 1920 hat die Interalliierte Plebiszitkommission die Staatsaufsicht beendet.

Die Kärntner Landesregierung hatte am 15. April 1919 ebenfalls Betriebe von Südslawen unter öffentliche Aufsicht genommen – so das Drahtwerk der Krainischen Industriegesellschaft in Feistritz im Rosental, die Erste Ferlacher Waffengesellschaft, das Sägewerk Tavčar in St. Ruprecht bei Klagenfurt und die Besitzungen des slowenischen Landespräsidenten Brejc, nämlich das Gut Grießerhof, die Kärntner Talkumwerke A.G. und die Federweißerzeugung, alle in Micheldorf bei Friesach. Nach Festlegung der Demarkationslinie blieb nur noch der Besitz von Brejc unter Kärntner Aufsicht; er kam an ihn zurück und wurde verkauft.[186]

Eine der ungeschicktesten Entscheidungen der jugoslawischen Verwaltung in Südkärnten war die vollständige Abriegelung ihrer Zone durch „hermetische“ Schließung der Demarkationslinie. Dadurch wurde nämlich die Richtigkeit der Argumente von der Unteilbarkeit Kärntens offenbar. Als die Demarkationslinie unter Druck der Plebiszitkommission im Sommer 1920 aufging, setzte ein wahrer Run auf die traditionellen Märkte, vor allem auf Klagenfurt, ein – man konnte endlich wieder seine Waren verkaufen und sich in den Geschäften mit Industrieartikeln eindecken. Die jugoslawische Seite hatte mit dem Dichtmachen der Demarkationslinie die Aussperrung der deutschösterreichischen Propaganda bezweckt und den wirtschaftlichen Verfall von Klagenfurt erhofft. Nichts davon traf ein.[187]

DER „GEISTIGE ABWEHRKAMPF“ VOR DEM PLEBISZIT – EINE MITREISSENDE PROPAGANDASCHLACHT.

Am 22. August 1919 wurde in Spittal – damals Exil von Landesversammlung und Landesregierung – die Landesagitationsleitung ins Leben gerufen. Ihr Auftrag: Vorbereitung der Volksabstimmung. Im September 1919 siedelte sie mit der Regierung nach St. Veit an der Glan. Hier wurde am 10. März 1920 durch Beschluß der Landesversammlung der Kärntner Heimatdienst gegründet, der in der heißen Phase die Propagandaarbeit für die Volksabstimmung trug, sich jedoch später auch um andere Agenden wie die Erfassung der Stimmberechtigten kümmerte. Hans Steinacher, Geschäftsführer schon in der Landesagitationsleitung, bekleidete weiterhin diese Funktion. Seinen Sitz verlegte der Heimatdienst mitten ins Geschehen, nämlich in das Gebäude der Ackerbauschule, jetzt Landwirtschaftskammer, in Klagenfurt.[188]

Josef Friedrich Perkonig leitete innerhalb des Heimatdienstes das Referat für Agitation – er war für die Herstellung der Propagandamittel, Zeitungen, Broschüren, Flugschriften, Plakate, Werbekarten und Werbemarken zuständig. In den beiden letzten Monaten vor dem 10. Oktober 1920 oblag ihm auch die Redaktion der „Kärntner Landsmannschaft“. Diese Zeitschrift erschien erstmals am 5. Jänner 1919, wurde nach der jugoslawischen Besetzung von Klagenfurt am 6. Juni eingestellt und am 24. September 1919 wieder gegründet. Sie kam zuerst wöchentlich (Auflage 6600 Stück), ab September 1920 häufiger heraus und war ein zentrales Organ der Agitation. Daneben wurde auf derselben Linie die Zeitschrift „Koroško Koroškem“ (Kärnten den Kärntnern) in Slowenisch herausgegeben. Darüber hinaus

Der SHS-Staat hat keine gesetzliche Arbeiterfürsorge! Pro-österreichische Volksabstimmungspropaganda 1920: Die Wahlwerbung war auf Österreich ausgerichtet – demokratische Republik versus SHS-Monarchie. Auch der SHS-Staat stellte bei seiner Propaganda, abgesehen von der nationalen Komponente, Österreich in den Mittelpunkt – negativ als Bettlerstaat. Vgl. S. 176–183.

Knapp vor der Volksabstimmung kam dieser Flugzettel (auch Plakat) in einer Auflage von über 600.000 Stück heraus. Er gibt die Anleitung, wie man abzustimmen hatte. Der Stimmzettel für den nicht gewählten Staat mußte zerrissen ebenfalls ins Kuvert gesteckt werden. Um Unregelmäßigkeiten vorzubeugen, waren die Stimmzettel und die Umschläge in England hergestellt worden.

Nach der Volksabstimmung wurden von Hermann Heller und Alexander Rothaug drei große Abstimmungsbilder geschaffen, die das Vereinshaus in Klagenfurt (jetzt ORF-Landesstudio, Sponheimerstraße) zierten. Oben Ausschnitt aus dem Bild „Kundgebung auf dem Zollfeld (12. September 1920) und Treuschwur" (Landesmuseum für Kärnten). Als Redner dargestellt ist Leopold Graf Goëss, dessen Schloß Ebenthal in der Abstimmungszone A lag. Er war zwischen 1897 bis 1904 Statthalter in Triest gewesen. Ihn und den letzten Landespräsidenten von Kärnten, Karl Graf Lodron-Laterano (1915–1918), hatte die Miles-Mission als Vertreter der „alten Zeit" befragt. Lawrence Martin in seinem Bericht über das Gespräch mit Goëss: Er glaube so sehr an ein ungeteiltes Kärnten, daß ihm alles recht sei, wenn nur die Grenze nicht durch die Mitte der Provinz gezogen werde. Foto: Ulrich P. Schwarz. Vgl. S. 197.

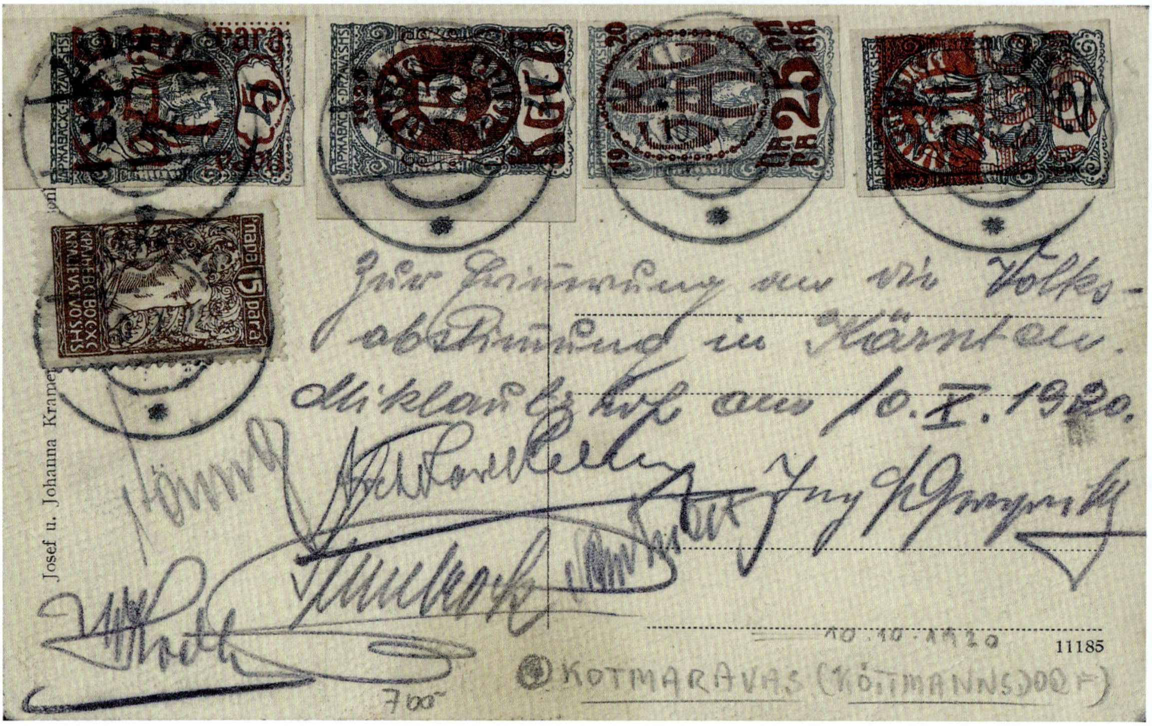

Ein Set jugoslawischer Abstimmungsmarken auf einer zeitgenössischen Postkarte, abgestempelt am 10. Oktober 1920. Der Kärntner Heimatdienst finanzierte mit seinen „Abstimmungsmarken“ – in Österreich im Umlauf befindliche Marken, die mit dem Aufdruck „Kärnten Volksabstimmung“ versehen und zum dreifachen Nennwert verkauft wurden, einen Großteil seiner Wahlpropaganda. Die jugoslawische Seite hat nachgezogen und ebenfalls im Umlauf befindliche Marken überdruckt und zum dreifachen Nennwert verkauft. Der Aufdruck zeigte die Jahreszahl 1920 mit den Buchstaben KGCA, den Anfangsbuchstaben von Koroška Glasovalna Cona A (Kärntner Abstimmungszone A). Die slowenischen Marken kamen erst am 29. September 1920 an die Postschalter (Posch, 495). Sammlung Gerd Orehounig. Vgl. S. 182f.

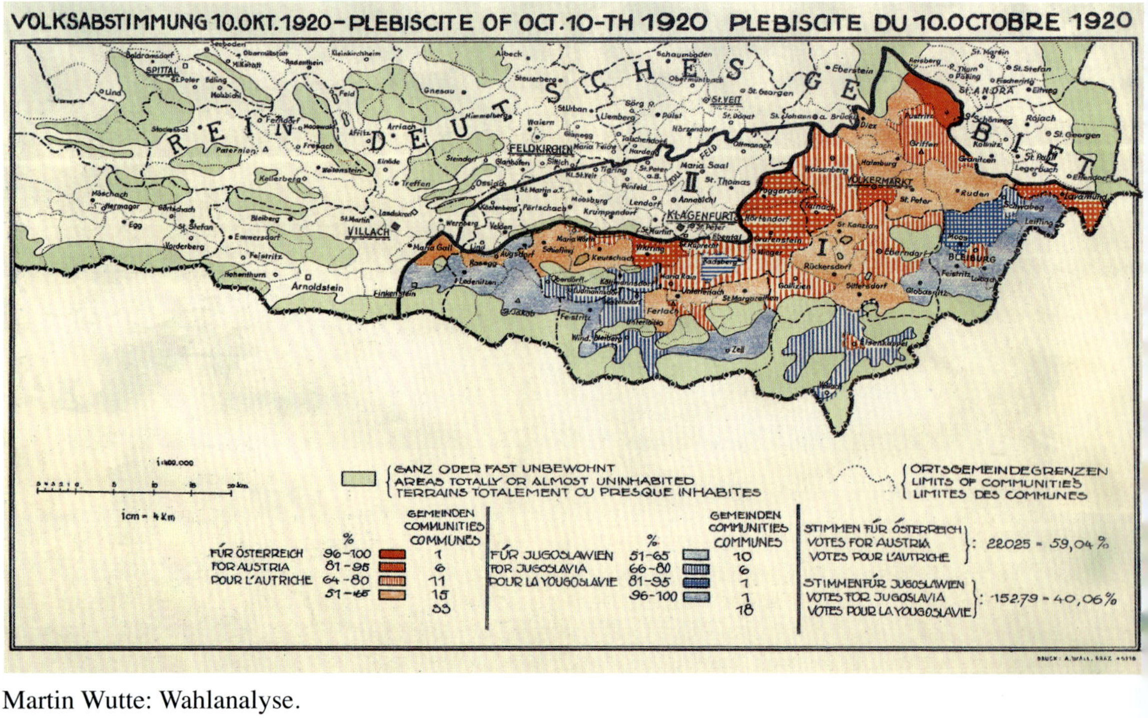

Martin Wutte: Wahlanalyse.

Josef Friedrich Perkonig (Zeichnung von Leo Kainradl) war im Rahmen des Kärntner Heimatdienstes für die Agitation, die Herstellung der Propagandamittel, zuständig. Im geschäftsführenden Ausschuß des Kärntner Heimatdienstes hatten Ing. Vinzenz Schumy, Ing. Franz Pichler-Mandorf und Dr. Franz Reinprecht den Vorsitz. Die Geschäftsleitung übte Hans Steinacher aus; ihm standen als Landesabschnittsleiter Josef Glantschnig, Karl Fritz, Sylvester Klinge, Sepp König, Franz Kraigher, Valentin Maierhofer, Hans Skorianz und Florian Velikogna zur Seite.

Im Gebäude der Ackerbauschule in Klagenfurt (jetzt Landwirtschaftskammer) schlug der Kärntner Heimatdienst seinen Sitz auf.

druckte der Kärntner Heimatdienst bis zum 10. Oktober 22 Broschüren, 105 verschiedene Flugblätter, über 50 diverse Klebezettel und 13 Sorten von Werbeplakaten. Die Flugblätter erreichten Auflagen bis zu 30.000, einige sogar bis 250.000, die Klebezettel bis zu 60.000 Stück. Das absolut auflagenstärkste Flugblatt (inklusive Plakatvariante wurden 614.000 Exemplare gedruckt) wurde knapp vor der Volksabstimmung in Umlauf gebracht und gab eine simple Anleitung, wie das Votum vorzunehmen war – unter dem grünen Stimmzettel (für Österreich) war der zerrissene weiße Stimmzettel (für SHS) abgebildet. Dazu der Text: „So siegt Kärnten. Tako zmaguje koroška“. Broschüren zu verschiedenen Themen erschienen unter der Sammelbezeichnung „Kärntner Flugschriften zur Volksabstimmung“ – am bekanntesten war das sogenannte „Grüne Büchl“ (Kärntens Schicksalsstunde – Korošci, vaša usoda, vaša bodočnost) von Hans Steinacher. Im September 1920 ist in den „Sozialdemokratischen Mitteilungen“ mit der im Vergleich zu Jugoslawien fortschrittlichen Sozialgesetzgebung in Österreich geworben worden. Sechs Kärntner Druckereien waren im Einsatz: Leon, Merkel, Carinthia, Kleinmayr, Röschnar in Klagenfurt und Schlick in St. Veit.[189]

Die Gegenseite, der Narodni svet, hat ebenfalls die ganze Palette der Agitationsmöglichkeiten ausgeschöpft. Eine besonders schlagkräftige Aktion waren die „Stimmen aus Deutschösterreich“ (ab Juli 1920 „Deutschösterreichische Blätterstimmen“), in denen durch Abdrucken aktueller Artikel aus Wiener und Grazer Zeitungen wirkungsvoll auf die katastrophale Wirtschaftslage Österreichs und anhand der Anschlußüberlegungen auf die Nicht-Lebensfähigkeit dieses Staates hingewiesen wurde.[190]

Die Kärntner Propaganda habe jedoch den „Kampf mit dem Papier“ gewonnen – so urteilte Perkonig 1930 rückblickend über die Tätigkeit des Kärntner Heimatdienstes. Dieser sei eine wunderbare Organisation bis in die letzte Zelle hinein gewesen. Perkonig berichtet von den tollkühnen Unternehmungen in der Anfangsphase, als die Demarkationslinie noch dicht abgesperrt war und das Propagandamaterial nur unter großer Gefahr in die Zone A geschmuggelt werden konnte. Pro-österreichische Agitation in ihrer Zone wurde von den Jugoslawen streng bestraft. Als im Sommer 1920 die Demarkationslinie aufging, begann die Propagandaschlacht intensiv zu werden: Die Straßen seien buchstäblich kilometerweit mit Flugzetteln dicht besät gewesen, so Perkonig. Nicht ein Flugblatt wiederholte den Inhalt des anderen. War zu Anfang jede Frage ausführlich behandelt, so drängte später „alles in wenigen kurzen, schlagwortartigen Hinweisen, in leidenschaftlichem Fordern, Warnen und Mahnen“ zusammen. Jeder Flugzettel war die

Pro-österreichische Volksabstimmungswerbung 1920: Der Bauer sät und will im Herbst ernten. Er ist seinem Land treu und will keine Veränderung. Sammlung: Markus Sonntag.

„unterstrichene Erinnerung eines hundertmal erhobenen Rufes“. Und die Plakate: „An allen Ecken klebten sie, von Künstlern entworfen, ... die meisten so einfach in Gedanken und Zeichnung, daß sie den Ton des Volkes trafen und dessen Sorgen berührten. Jedes Plakat wurde in zwei Ausgaben aufgelegt, die eine war mit deutschem Text versehen, die andere mit slowenischem, und zwar vorwiegend in der windischen Mundart ...“. Perkonig weiter: „Wie jämmerlich, dilettantisch waren gegen diese volkstümlichen Kunstwerke die paar Erzeugnisse der südslawischen Werbung. Dürftig in dem geistigen Einfall, waren sie nur mit einfachen, grünen Umrissen der Zeichnung gedruckt, auch nicht ein einziges Bild in Mehrfarbendruck vermochten sie den kärntnerischen Plakaten entgegenzustellen. ... Und sie ahmten alles nach, auch die köstliche Idee der Klebezettel: Kleine Blättchen, im Format etwa 10 mal 6 Zentimeter ..., bedruckt mit Schlagworten wie „Grün ist das Serbengift!“ ..., waren sie so handsam, daß sie sich bequem in der inneren Handfläche verbergen ließen und während des Augenblicks, da ein gefährlicher Zeuge unachtsam war, hinter seinem Rücken aufgeklebt werden konnten. Nirgends war man vor den Klebezetteln sicher; das erfuhr auch General Majster, dem das Auto in einigen unbewachten Minuten besprenkelt wurde.“

Perkonig spricht von der Leidenschaft, die jene antrieb, die z. B. den Text eines Flugblattes überdachten, der Tausende von Menschen aufrüttelte. Je näher das Datum der Volksabstimmung rückte, umso mehr trat in der Propagandaarbeit der Text zurück und die Illustration in den Vordergrund. Den Plakatstil in Inhalt und Form perfektioniert haben die Künstler Leo Kainradl, Felix Kraus, Josef Prokop und andere. Sie konnten sich aus dem von der Wissenschaft breit und detailliert aufbereiteten Feld der historischen und aktuellen Fakten die Stichworte holen. Die Arbeiten Martin Wuttes, August von Jaksch', Georg Grabers, Primus Lessiaks, Max Pirkers und anderer Forscher, die im Geschichtsverein für Kärnten und in der Zeitschrift Carinthia den erforderlichen Rückhalt hatten, boten die Grundlage für die Kärntner Werbelinie.[191]

Die den deutschen und slowenischen Kärntnern gemeinsame Heimat wurde in den Mittelpunkt gestellt. In diesem Sinn hat man strikt jede Veröffentlichung, jeden Slogan sowohl in Deutsch als auch in Slowenisch bzw. im heimischen Dialekt herausgegeben. Den Kaiser als Integrationsfigur gab es nicht mehr, die Heimat trat als ebenso realer wie emotionsbesetzter Wert an seine Stelle. Die gemeinsame Geschichte, die gemeinsamen Bräuche, das durch die Jahrhunderte zusammengewachsene Kärntner Volk – all das wurde betont und dem Motto „Kärnten frei und ungeteilt“ untergeordnet.

Pro-österreichische Volksabstimmungspropaganda 1920: Der uniformierte fremdartige Typ mit dem schwarzen Schnauzbart verkörpert den Militarismus der SHS-Monarchie; die helle Frauengestalt symbolisiert „Carinthia".

Dabei konnte auch die Bodenständigkeit der bäuerlichen Bevölkerung angesprochen werden: Der Bauer sät und will im Herbst ernten. Er ist seinem Land treu, weil er keine Veränderung möchte.

Der Feind, der den Frieden stört, ist keinesfalls der Kärntner Slowene, sondern der SHS-Soldat, der klischeehaft auf vielen Werbeaussendungen und Plakaten des Kärntner Heimatdienstes als uniformierter, fremdartiger Typ mit einem schwarzen Schnauzbart abgebildet wird. Er verkörpert den Militarismus der SHS-Monarchie mit ihrer allgemeinen Wehrpflicht und will der Kärntner Mutter den Sohn wegnehmen, damit dieser irgendwo in Mazedonien oder gegen Albanien für König Peter in den Krieg zieht. Der SHS-Soldat auf der Pro-Österreich-Werbung symbolisiert mit seinem dunklen Äußeren – manchmal drastisch der blonden, hellen Frauengestalt „Carinthia" gegenübergestellt – auch den zivilisatorischen und kulturellen Unterschied zwischen Deutschösterreich und der „Balkankultur" des serbisch dominierten SHS-Staates; im besonderen die Barriere, die sich zwischen der tiefen Religiosität der katholischen Südkärntner Bevölkerung und der serbisch-orthodoxen Ausrichtung des führenden Staatsvolkes der dreinamigen Nation auftun mußte. In diesem Zusammenhang hat sich der Gurker Fürstbischof Adam Hefter noch kurz vor dem Plebiszit zu Wort gemeldet; er reagierte auf die Pro-SHS-Wahlempfehlung des Eberndorfer Generalvikars, indem er auf diese Gegensätze hinwies.[192]

Die Werbelinie des Narodni svet baute auf das Nationalbewußtsein, auf die Vereinigung der Kärntner Slowenen mit allen südslawischen Brüdern. Im zentralen pro-jugoslawischen Flugblatt „Die zehn Abstimmungsgebote für Slowenen“ hieß es u. a. „2. Du sollst nicht leichtfertig über Jugoslawien spotten, das Dich erlöst hat! ...“ und „4. Ehre Deine Muttersprache, auf daß Du auf eigener Scholle Dein eigener Herr werdest und nicht ein deutscher Knecht!“ Ein Fehler war, daß man sich nicht einmal innerhalb Kärntens mit allen Brüdern, allen Slowenischsprechenden, solidarisch erklärte. Die Nemčurji nämlich, die „Deutschtümler“, hätte man laut Propaganda-Flugblatt des Narodni svet am liebsten in einen Sack verpackt und in die Drau entsorgt. Auch weltanschaulich war keine Gemeinsamkeit gegeben. Schon bei den Wahlen zu Ende der Monarchie hatte sich gezeigt, daß die Kärntner Slowenen in drei politische Lager gespalten waren: den deutschfreundlichen liberalen Block, der dem Bauernbund unter Vinzenz Schumy zuneigte, die Sozialdemokraten und den slowenischnationalen klerikalen Block. Die Sozialdemokraten waren die entscheidende politische Kraft im Abstimmungsgebiet; bei den Nationalratswahlen im Februar 1919 hatten sie hier fast zwei Drittel der Stimmen erhalten. Die wenigen pro-SHS ausgerichteten Sozialdemokraten taten sich schwer, denn für Österreich sprachen die bessere Sozialgesetzgebung – Arbeitslosenunterstützung, Achtstunden-Arbeitstag, Urlaubsregelung – und die Tatsache, daß die Wahl zwischen einer Republik, in der übrigens auch Frauen das Wahlrecht besaßen, und einer Monarchie zu treffen war. Das hatte Gewicht, auch wenn diese Republik Deutschösterreich immer wieder als Bettlerstaat hingestellt und ihre Lebensfähigkeit in Zweifel gezogen wurde. Im 10. Abstimmungsgebot für die Slowenen hieß es: „Begehre nicht deutschen Reichtum, denn es gibt keinen!“[193]

Die Finanzierung der pro-österreichischen Propagandaarbeit bedeutete für die Verantwortlichen eine Herausforderung. Den größten finanziellen Erfolg und die Abdeckung des Löwenanteils der angelaufenen Schulden brachte die vom Kärntner Heimatdienst initiierte und durchgezogene Aktion „Abstimmungsmarken“. Man einigte sich mit den zentralen Wiener Poststellen Ende August 1920 darauf, von allen damals in Umlauf befindlichen 19 Werten der österreichischen Postmarken jeweils zwischen 300.000 und 495.000 Stück mit dem Aufdruck „Kärnten Volksabstimmung“ zu versehen und diese um den dreifachen Nennwert zu verkaufen. Die zwischen dem 16. September und 10. Oktober 1920 gültigen Postwertzeichen erwiesen sich als ein Renner und brachten dem Heimatdienst an Gebühren über 30 Millionen Kronen ein.[194] Abzüglich der Ausfallshaftung, die übernommen werden hatte müssen, blieb ein Reinerlös von 11,8 Millionen Kronen. Damit konnten mehr als 50 Prozent der auf 20 Millionen Kronen geschätzten Kosten der Abstimmungspropaganda abgedeckt werden. Über die „Grenzspende" des Deutschen Schutzbundes kamen 1,3 Millionen Kronen Zuschuß, vom Verein „Südmark" 1,8 Millionen; Kärntner Vereine in Wien leisteten einen Beitrag von rund 680.000 Kronen.[195]

Der Wiener Kabinettsrat hatte im Juli 1920 die Herausgabe der „Abstimmungsmarken" ermöglicht. Zusätzlich förderte Wien Kärnten mit einer Reihe von Maßnahmen. Schon Anfang Oktober 1919 war ein Kredit in der Höhe von zwei Millionen Kronen für die Vorbereitung des Plebiszits bewilligt worden. Der „Bettlerstaat" Österreich machte seine letzten Reserven locker, um die Bevölkerung des Abstimmungsgebiets durch die Belieferung mit Lebensmitteln für Österreich einzunehmen. Weiters stellte die Wiener Regierung schon im Sommer 1919 einen Betrag von zwei Millionen Kronen zur Wiedergutmachung der durch den SHS-Einfall verursachten Schäden bereit, sagte Steuererleichterungen zu und unterstützte die Flüchtlinge, die aus der Zone A geflohen waren. In den Monaten unmittelbar vor der Abstimmung wurde der Kreditrahmen für die Abstimmungspropaganda auf zehn Millionen Kronen erweitert.[196] Wien war sich der Tragweite der Kärntner Entscheidung für den Bestand der jungen Republik bewußt.

DIE INTERALLIIERTE PLEBISZITKOMMISSION KOMMT. WIRD ES ÜBERHAUPT EINE VOLKSABSTIMMUNG GEBEN? „DIE VERANTWORTUNG MÜSSEN SIE TRAGEN!"

Es war nicht vorauszusehen, daß es fast ein Jahr dauern würde, bis nach vorschriftsmäßiger Erfüllung aller Formalitäten der österreichische Staatsvertrag in Kraft trat und seine Bestimmungen durchgeführt werden konnten. Am 16. Juli 1920 wurde endlich das Protokoll der Ratifizierungsurkunden der 22 beteiligten Staaten in Paris hinterlegt und der Vertrag damit gültig. Laut Artikel 50 hatte das Plebiszit in Zone A innerhalb von drei Monaten stattzufinden. Nun erst kam die Interalliierte Abstimmungskommission, die für die Unparteilichkeit der Verwaltung sorgen und das Votum vorbereiten sollte, nach Kärnten. Bis dahin hatte es praktisch keine internationale

Die Interalliierte Plebiszitkommission im Hof der Klagenfurter Burg. Sitzend von links nach rechts: Jovan Jovanović (Jugoslawien), Graf Charles de Chambrun (Frankreich), Sir Capel Peck (Großbritannien), Prinz Livio Borghese (Italien), Albert Peter-Pirkham (Österreich). Foto: Landesmuseum für Kärnten.

Kontrolle gegeben, und in der Zone A war hinter dicht geschlossener Demarkationslinie die Bevölkerung der SHS-Verwaltung überlassen gewesen. In Kärntner Regierungskreisen befürchtete man, daß dadurch Verhältnisse geschaffen würden, die eine faire Abstimmung unmöglich machten.

Die Kärntner Plebiszitkommission nahm ihre Arbeit am 21. Juli 1920 auf. Da der US-Senat dem Vertrag seine Zustimmung verweigert hatte, bestand sie nur aus drei alliierten stimmberechtigten Mitgliedern, einem Engländer, der das Präsidium innehatte (Sir Capel Peck), einem Franzosen (Comte Charles de Chambrun) und einem Italiener (Prinz Livio Borghese) sowie je einem Vertreter Jugoslawiens und Österreichs als nicht stimmberechtigten Mitgliedern. Albert Peter-Pirkham, dessen diplomatisches Geschick Kärnten seit den Tagen der Miles-Mission zugute gekommen war, bewährte sich auch in dieser Funktion. Delegat Jugoslawiens war der Professor für Geographie an der Belgrader Universität, Jovan Cvijić, abwechselnd mit und später abgelöst durch den vormaligen SHS-Gesandten in London, Jovan Jovanović.[197]

Die Kärntner Situation bedeutete für die Kommission eine große Herausforderung. In einem Gebiet, das unter der Verwaltung einer der beiden

Die Autos der Plebiszitkommission vor ihrem Amtssitz, der Burg in Klagenfurt (Burggasse). Foto: Reinhold Gasper.

betroffenen Seiten stand, ein faires Plebiszit zu ermöglichen, hielt Sir Capel Peck anfangs für nahezu unmöglich. Umso mehr als nach einer jugoslawischen Charakterisierung die Abstimmungskommission ein „zahnloser Cerberus“ war. Sie hatte keine Truppen zur Verfügung und eine unklare Position mit zweifelhaften Hoheitsrechten und einer illusorischen Ermächtigung zur Kontrolle der Verwaltung ohne entsprechende vollziehende Gewalt. So etwa konnte man seitens der Kommission des Problems der mit Einverständnis der SHS-Behörden in der Zone A agierenden sogenannten Prügelbanden nie wirklich Herr werden. Daß trotz häufig wiederkehrender Zweifel am Erfolg die beträchtlichen Schwierigkeiten durch die Plebiszitkommission doch bewältigt wurden, spricht für deren Leistung, läßt sich aber letztlich nur aus der positiven Einstellung auch der jugoslawischen Seite zur Volksabstimmung erklären. Beide Parteien glaubten an den Sieg.[198]

Die Haltung der Kärntner Führung hatte sich von einer für Österreich negativen Einschätzung des Volksabstimmungsresultats im Sommer 1919 zu einer positiven Beurteilung im Sommer 1920 gewandelt. Die in der österreichischen Antwort vom 6. August 1919 auf die alliierten Friedensbedingungen enthaltene Forderung nach einer zonenweisen Auswertung des Abstimmungsergebnisses war bekanntlich einem Kärntner Vorschlag ent-

Es war Sommer in Kärnten ... Die Mitglieder der Plebiszitkommission logierten zeitweise in der Villa Miralago beim Hotel Excelsior in Velden. Hinweis Hans Viertler: Autobiographie des Gendarmerie-Postenkommandanten Balthasar Schmölzer (Unterlagen und Foto: Verwaltungs- und Heimatarchiv der Marktgemeinde Velden).

sprungen. Zum Glück hatten weder Jugoslawien noch die Friedenskonferenz diese Änderungswünsche angenommen. Ein Jahr später, im Sommer 1920, kam von jugoslawischer Seite – von Belgrad an Wien – die Anregung zur zonen- bzw. gemeindeweisen Auswertung des Plebiszitergebnisses in Zone A. Man erwartete sich im Gebiet östlich der Ferlacher Furche eine eindeutige Mehrheit für SHS, westlich davon eine eindeutige für Österreich und dachte deshalb an eine post-plebiszitäre Zuteilung der jeweiligen Hälfte an den entsprechenden Staat. Artikel 50 des Friedensvertrags besagte hingegen, daß je nach Abstimmungsergebnis die Zuteilung der Gesamtzone en bloc erfolgen sollte.

Am 28. Juli 1920 trafen in der Bürgerschule von St. Veit, dem damaligen Regierungssitz, Vertreter der Wiener Staatsregierung, nämlich der Staatssekretär für Äußeres Dr. Karl Renner (er war kurz zuvor als Staatskanzler zurückgetreten) und die Staatssekretäre Dr. Deutsch (für Heerwesen) und Dr. Breisky (für Inneres) mit den Mitgliedern der Kärntner Landesregierung, des Landesrats und mit Parteienvertretern zu einer wichtigen Konferenz zusammen. Man erörterte die Vorgangsweise angesichts der bevorstehenden Volksabstimmung vor dem Hintergrund der Ereignisse in

Teschen, wo trotz Anwesenheit einer alliierten Kommission Unruhen die Durchführung der Volksabstimmung vereitelt hatten. An eben jenem 28. Juli 1920 beschloß die Friedenskonferenz die Teilung des Gebiets zwischen Polen und der Tschechoslowakei. Angesichts des Verhandlungsangebots von Belgrad wollte Renner die Lage in Kärnten sondieren. Abmachungen bezüglich einer territorialen Unterteilung des Abstimmungsgebiets nach dem Plebiszit bei sehr knappem Ergebnis wurden von den Vertretern der Kärntner Regierung und Parteien jedoch strikt abgelehnt. Renner und seine Regierungskollegen akzeptierten die von den Kärntner Verantwortlichen vorgelegte Kalkulation, wonach für Österreich rund 60 Prozent der Stimmen zu erwarten seien. Er machte aber Lemisch und die anderen eindringlich darauf aufmerksam, daß sie die Verantwortung dafür zu tragen haben werden, wenn man jetzt Vereinbarungen, die wenigstens einen Teil der Zone retten würden, ausschlägt. Renner beendete die Sitzung mit den Worten: „Glück auf, meine Herren, ich hoffe, wir werden dieses Land retten!“ Wilhelm Neumann hat durch Veröffentlichung des Protokolls dieser St. Veiter Sitzung die Legende ausgeräumt, daß Renner damals Kärnten zum Verzicht auf die Volksabstimmung und zur Anerkennung der Draugrenze bewegen wollte.[199]

Wirklich überzeugt von einem positiven Ergebnis der bevorstehenden Volksabstimmung in Kärnten konnten Renner und der Wiener Kabinettsrat nicht werden. Es gab in Wiener Regierungskreisen Überlegungen, ob es nicht besser wäre, sich durch einen Teilungskompromiß wenigstens das Land ohne den südöstlichen Abschnitt zu sichern. Dies blieb jedoch ohne Konsequenzen, weil Renner die Kärntner Politik nicht durchkreuzte.[200] Den Kärntnern aber war die Sache zu wichtig. Man konnte sich nicht auf Kompromisse einlassen. Die Landeseinheit mußte einfach bewahrt bleiben. Der feste Glaube, kombiniert mit einem hundertprozentigen Einsatz, brachte den Erfolg.

Mit ihrem Glauben an den Sieg bei der Volksabstimmung standen die Kärntner allerdings im Sommer 1920 ziemlich allein. Graf Vanutelli-Rey, damals Vertreter Italiens bei der Friedenskonferenz in Paris, warnte über den dortigen österreichischen Bevollmächtigten, Baron Eichhoff, eindringlich, eine glatte Durchführung der Volksabstimmung mit einem ungünstigen Ergebnis an sich herankommen zu lassen. Er plädierte für eine Vereitelung des Plebiszits und eine Teilung der Zone A in einen östlichen und einen westlichen Abschnitt. Die Gerichtsbezirke Ferlach und Rosegg sollten an Österreich fallen. Dieser Vorschlag entsprach einmal mehr den Eigeninteressen der Italiener: Das Rosenbacher Gebiet, der Tunnel und ein Teil der

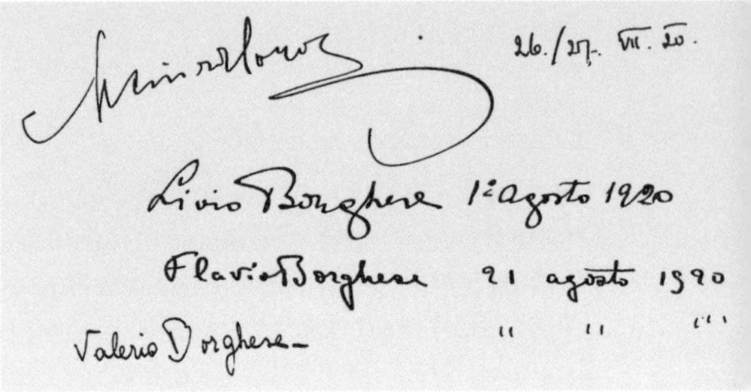

Prinz Livio Borghese, italienisches Mitglied der Plebiszitkommission. Signatur in einem Gästebuch. Foto: Miller-Aichholz.

Trasse der Karawankenbahn lagen in der Zone A. Nach wie vor wollte Italien, daß die direkte Bahnverbindung von Triest über Görz und Aßling nach Klagenfurt bzw. Villach und weiter nur über österreichisches und italienisches Gebiet verlief. Die Zuteilung des sogenannten Aßlinger Dreiecks im westlichen Oberkrain war damals auch noch nicht entschieden: Erst durch den Vertrag von Rapallo am 12. November 1920 kam es endgültig an Jugoslawien.[201]

Erwägungen von Kompromißverhandlungen zwischen Österreich und Jugoslawien nach vollzogener Volksabstimmung bzw. Überlegungen bezüglich einer zonenweisen Auswertung des Ergebnisses gab es auch von seiten der Plebiszitkommissionsmitglieder. Abgesehen davon hat Sir Capel Peck stets die bindende Kraft der Vertragsbestimmungen betont. Und er tat schon aus Prestigegründen alles dazu, um das Verfahren durchzuziehen. In mühsamen Verhandlungen, behindert durch die Verzögerungstaktik der jugoslawischen Seite, mußten die Voraussetzungen für eine unparteiliche Verwaltung geschaffen und mußte den Abstimmenden das Gefühl von Freiheit und Sicherheit vermittelt werden. Entscheidend war, daß es gelang, die direkte Unterstellung des jugoslawischen Vertreters in der Kommission unter Belgrad zu erreichen. Dessen relative Unabhängigkeit von Laibach hat erst ermöglicht, daß die wesentliche und gleichzeitig umstrittenste

Maßnahme gesetzt werden konnte, ohne die eine reguläre Abwicklung des Plebiszits undenkbar war – die Öffnung der Demarkationlinie, am 6. August 1920 erreicht. Der Abzug der jugoslawischen Truppen aus der Zone A war am 18. September verwirklicht.

Insgesamt bestand das interalliierte Team in Kärnten aus rund 100 Personen, die in verschiedenen Gremien wirkten. Das ganze Abstimmungsgebiet war in Distrikte geteilt – in der Zone A gab es die Distrikte Bleiburg, Ferlach, Völkermarkt und Rosegg. In ihnen oblag den Distriktsausschüssen – alliierten Dreierteams, denen in beratender Funktion je ein österreichischer und ein jugoslawischer Vertreter angehörten – auf unterer Ebene die Kontrolle der Verwaltung (Einsichtnahme in alle Urkunden und Akten) und die technische Vorbereitung des Plebiszits. Sie kontrollierten die Gemeindeabstimmungsausschüsse, die aus je drei österreichischen und jugoslawi-

Villa Cap Wörth bei Velden am Wörthersee; 1922 von Prinz Livio Borghese, dem italienischen Mitglied der Plebiszitkommission, erworben (heute Besitz des ÖGB). „Was die Erinnerung betrifft, die ich an Kärnten habe, so ist sie die allerbeste und unvergeßlich. Es genügt, Ihnen zu sagen, daß ich seit drei Jahren ein kleines Haus am Wörthersee besitze, Cap Wörth genannt, und daß ich immer glücklich bin, dorthin zurückzukehren, sooft es mir der Dienst erlaubt.“ So schrieb Borghese 1925 an die „Kärntner Monatshefte“ in Beantwortung einer Anfrage. Vgl. Viertler, Prinz Livio Borghese und seine Beziehung zu Cap Wörth, 549. Foto: Verwaltungs- und Heimatarchiv der Marktgemeinde Velden.

schen Vertrauensmännern zusammengesetzt waren und die Stimmlisten erstellten. Bei allen Berufungen und Einsprüchen erfolgter oder unterbliebener Eintragungen in die Stimmlisten fällten die Distriktsausschüsse ein abschließendes Urteil. Dasselbe taten sie, wenn in den Gemeindeausschüssen, in denen mit einfacher Stimmenmehrheit entschieden wurde, Stimmengleichheit herrschte. Dies geschah trotz vorheriger Befürchtungen nicht oft – auch in diesem Fall muß gelten, daß der gute Wille aller Beteiligten eine gedeihliche Zusammenarbeit ermöglichte. Wenig Schwierigkeiten bei der Erstellung der Stimmlisten gab es auch deshalb, weil die Bedingungen für das Stimmrecht sehr starr waren. Wählen durfte, wer den ständigen Aufenthalt in der entsprechenden Zone am 1. Jänner 1919 und dazu entweder die Geburt oder den ständigen Wohnsitz seit 1. Jänner 1912 in der Zone nachweisen konnte.[202]

DER 10. OKTOBER. DIE ANALYSE: MATERIELLE LEBENSINTERESSEN UND LANDESBEWUSSTSEIN GEBEN DEN AUSSCHLAG.

Die Plebiszitkommission hat gute Arbeit geleistet. Die Volksabstimmung wurde regulär durchgeführt. Trotz aller bis zuletzt geäußerten Befürchtungen verlief der 10. Oktober ruhig und mit einer Wahlbeteiligung von 95 Prozent. Die Abstimmung begann um 7 Uhr früh. In der Zone A waren 97 Wahllokale eingerichtet; über 37.000 Menschen strömten ihnen zu. 58 von der Interalliierten Kontrollkommission in Wien entlehnte Offiziere, die auf Betreiben der Plebiszitkommission für diesen Tag nach Kärnten entsendet wurden, stellten einen gewissen Ordnungs- und Schutzfaktor dar. Die „Heimattreuen" zogen oft in Gruppen, Lieder singend, zu den Urnen. In den meisten Gemeinden wurden bis zu Mittag alle Stimmen abgegeben. Das Ergebnis ist am 13. Oktober auf dem Neuen Platz in Klagenfurt verkündet worden: Für Österreich hatten 22.025 (59,04%), für Jugoslawien 15.279 (40,96%) votiert.

Die Abstimmungsdistrikte Rosegg und Bleiburg hatten mit 53,7% bzw. 51,0% mehrheitlich für Jugoslawien gestimmt, die Distrikte Ferlach und Völkermarkt mit 56,4% bzw. 77,2% für Österreich. 33 der Gemeinden in der Zone A wiesen eine pro-österreichische Stimmenmehrheit auf – Drau, Rosegg, Ebenthal, Ferlach, Keutschach, Köttmannsdorf, Maria Rain, Maria Wörth, Mieger, St. Margareten, Schiefling, Unterferlach, Unterloibl, Viktring, Bleiburg, Eberndorf, Eisenkappel, Gallizien, Rückersdorf, St. Kan-

Ankunft von auswärtigen Abstimmungsberechtigten. Bahnhofplatz Klagenfurt mit alten und neuen Sommerwagen der Straßenbahn. Foto: Reinhold Gasper.

zian, Sittersdorf, Diex, Grafenstein, Griffen, Haimburg, Lavamünd, St. Peter, Poggersdorf, Pustritz, Ruden, Tainach, Völkermarkt und Waisenberg. 21 der 33 Gemeinden, die sich für Österreich entschieden hatten, waren der Umgangssprache nach mehrheitlich slowenisch. Die 18 Gemeinden mit einer Mehrheit für Jugoslawien waren: Augsdorf, Latschach, Ledenitzen, St. Jakob, Feistritz i. R., Ludmannsdorf, Oberdörfl, Radsberg, Weizelsdorf, Windisch-Bleiberg, Zell, Feistritz bei Bleiburg, Globasnitz, Leifling, Loibach, Moos, Schwabegg und Vellach.[203]

Stark pro-österreichisch ausgerichtet erwiesen sich die Gegenden östlich von Klagenfurt, in der mittleren Sattnitz, um Ferlach, rund um den Klopeiner See und im ganzen Gerichtsbezirk Völkermarkt. Als pro-jugoslawisch deklarierte sich die Bevölkerung im Gebiet um den Faaker See und im westlichen Rosental sowie in den abgelegenen Karawankengemeinden von Windisch-Bleiberg bis Leifling. Insgesamt ergab die Wahl südlich der Drau ein

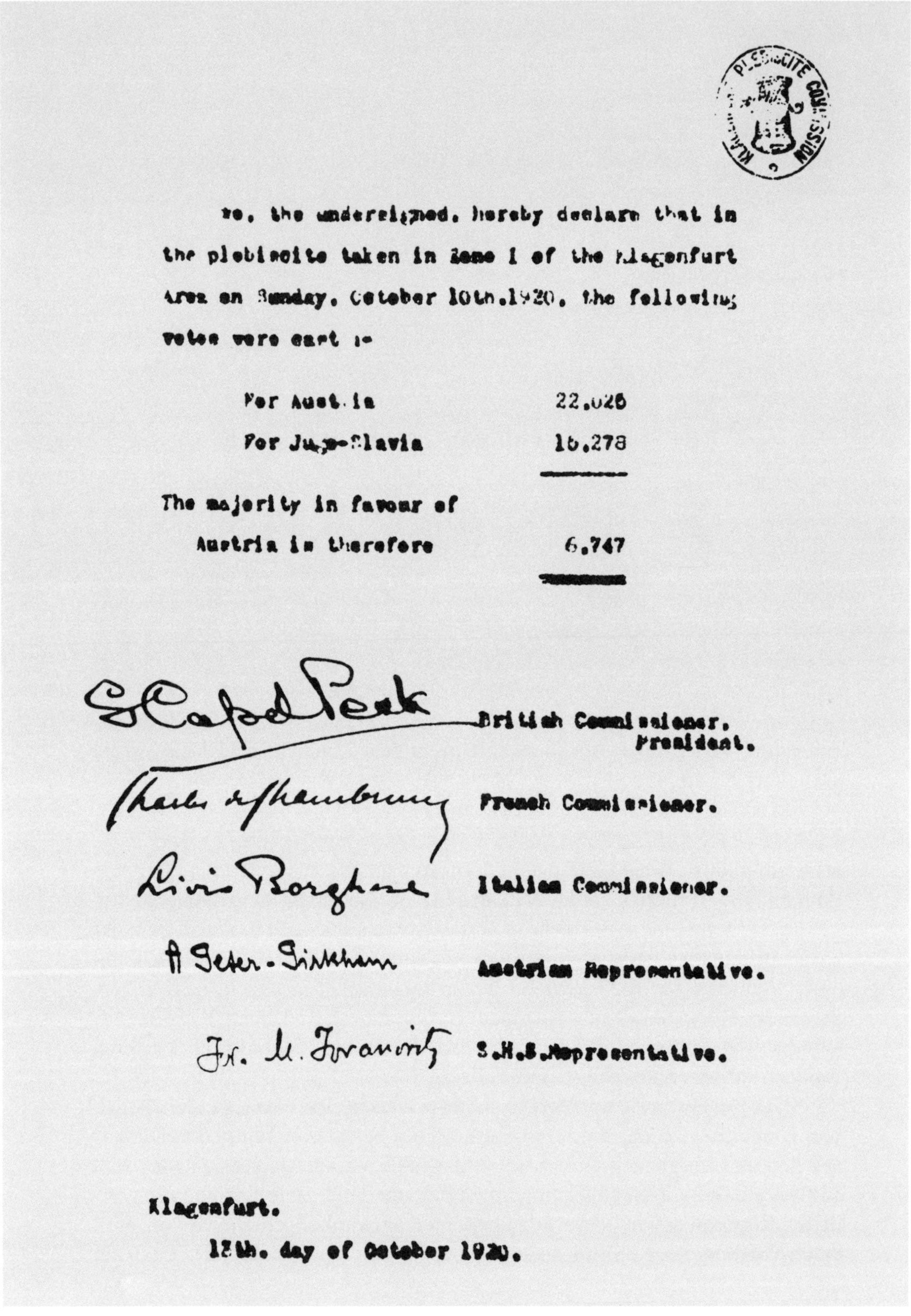

We, the undersigned, hereby declare that in the plebiscite taken in Zone I of the Klagenfurt Area on Sunday, October 10th.1920, the following votes were cast :-

For Austria	22.025
For Jugo-Slavia	15.278
The majority in favour of Austria is therefore	6.747

British Commissioner. President.

French Commissioner.

Italian Commissioner.

Austrian Representative.

S.H.S.Representative.

Klagenfurt.

12th. day of October 1920.

Urkunde der Interallierten Abstimmungskommission über das Ergebnis der Volksabstimmung (Kärntner Landesarchiv). Die Angabe über die Zahl der Stimmen für Jugoslawien ist falsch (1 Stimme) infolge eines Fehlers bei der Auszählung im Distrikt Bleiburg. Das richtige Ergebnis: 15.279. Vgl. Wadl, Die Kärntner Volksabstimmung, 179.

Plus von 312 Stimmen für SHS. Die Nähe zu Klagenfurt war für das Stimmverhalten ein wichtiges Kriterium. Über 75 % der Pro-Österreich-Stimmen wurden, abgesehen von überwiegend deutschen Gemeinden wie Pustritz, Lavamünd und Bleiburg, vor allem von Orten nahe der Landeshauptstadt erzielt – Viktring, Maria Rain, Mieger (1910: 96,2 % Slowenischsprachige), Poggersdorf, Grafenstein, Tainach, Völkermarkt und Griffen. Mehr als 75% für SHS wurden in Gemeinden erreicht, die verkehrsmäßig in keiner guten Verbindung zu Klagenfurt standen: Ludmannsdorf, Windisch-Bleiberg, Zell, Vellach, Moos, Schwabegg. (Siehe Farbkarte vor S. 177).[204]

Bei der Volkszählung 1910 hatten in der Zone A 68,6% Slowenisch und 31,4 % Deutsch als Umgangssprache angegeben. Das Verhältnis 70:30% kann auch für 1920 gelten. Daraus ergibt sich, daß am 10. Oktober mindestens 10.500 Personen slowenischer Umgangssprache für Österreich votierten (Wilhelm Wadl). Etwa die gleiche Anzahl Deutschsprachiger stimmte für Österreich; mindestens 500 Deutschsprachige gaben den weißen Stimmzettel für SHS ab. Was hat 42% der Slowenischsprachigen, also fast die Hälfte, bewogen, für den Staat Österreich zu stimmen? Viele Punkte, die schon die Werbung des Kärntner Heimatdienstes unterstrichen hatte, fallen hier ins Gewicht. Jedenfalls scheint als erwiesen, daß weder sprachliche noch nationale Motive den Ausschlag gaben, sondern ganz einfach die Hoffnung auf bessere Lebensbedingungen. Die Sperrung der Demarkationslinie hatte klar gemacht, was die Teilung des Landes für die Bauern im südlichen Kärnten bedeutete – in Jugoslawien war die Konkurrenz bei Agrarprodukten härter (ein Preisverfall resultierte daraus), die Industrieartikel waren teurer. Die Befreiung, die viele empfanden, als sie nach der Öffnung der Demarkationslinie wieder ihre Überschußgüter aus der Landwirtschaft auf dem Klagenfurter Markt verkaufen konnten, mag ihr Stimmverhalten beeinflußt haben.

Wirtschaftliche Motive waren es aber auch, die gewisse Gemeinden stärker zu Jugoslawien tendieren ließen, als dies erwartet wurde. Ferlach etwa, die Büchsenmacherstadt, erhoffte sich von der Militärmonarchie Jugoslawien bessere Absatzmöglichkeiten. Der größte Arbeitgeber in Feistritz im Rosental war die Krainische Industriegesellschaft mit Sitz in Aßling (Jesenice); die Bevölkerung ging hier teilweise nach dem Motto vor: Wes Brot ich esse, des Lied ich singe. Möglicherweise beeinflußten auch offene Drohungen neben der Angst vor Verlust des Arbeitsplatzes das Stimmverhalten. Für SHS votierten in Feistritz 54,9%; damit war dies die einzige Gemeinde, in der die Mehrheit der sozialdemokratischen Wähler für Jugoslawien stimmte (Wilhelm Wadl). Das mehrheitlich slowenischsprachige

Die ersten großen Gedenkfeiern fanden 1930 statt.

St. Margareten (92,5%) wiederum entschied sich mit 51,1% für Österreich – die vielen in diesem Ort ansässigen Faßbinder und Korbflechter waren vom Klagenfurter Markt abhängig.

Im Gerichtsbezirk Bleiburg ergab sich die Situation, daß die beabsichtigte Grenzziehung und die Abtrennung des Mießtales vielfältige wirtschaftliche Nachteile mit sich gebracht hätten. Besitzungen wären zerschnitten worden und die Stadt Bleiburg hätte mit dem Mießtal ihr hochindustrialisiertes Hinterland verloren. Wirtschaftliche Interessen, nämlich gute Jobs in Verwaltung, Schule, Exekutive und Zoll, gaben wohl den Ausschlag dafür, daß in den Städten und Märkten wie Lavamünd, Bleiburg, Eisenkappel und Ferlach auch Deutsche für SHS stimmten. In diesen Fällen konnte auch der Druck der SHS-Behörden besonders massiv wirken. Die Ergebnisse des Plebiszits für Österreich liegen hier unter dem Anteil an deutschsprachiger Bevölkerung.

Für die Entscheidung von rund 10.000 slowenischsprachigen Kärntnern, für Österreich zu stimmen, waren sicher auch emotionale Motive, wie das Landes- und Heimatbewußtsein, ausschlaggebend. Das Zusammengehörigkeitsgefühl innerhalb des Landes war jedenfalls stärker als die Nationalismus-Bewegung, die von Intellektuellen getragen war und weite Bevölkerungskreise nicht ansprechen konnte.[205]

Das Volksabstimmungsergebnis war für Laibach ein Schock. Unter dem Druck der Öffentlichkeit erfolgte eine neuerliche Besetzung der Zone A durch Jugoslawien. Die Plebiszitkommission protestierte und übernahm am 18. Oktober selbst die Verwaltung der Zone A. Die Konferenz in Paris forderte am 16. Oktober Belgrad auf, Kärnten sofort zu räumen. Dies ist dann auch geschehen. Am 3. November 1920 anerkannte die Pariser Konferenz das Kärntner Abstimmungsergebnis. In der feierlichen Schlußsitzung der Plebiszitkommission am 18. November 1920 wurde schließlich die Kärntner Abstimmungszone A der Republik Österreich unterstellt.[206]

FÜR KÄRNTEN UND FÜR ÖSTERREICH – SIEG DER KONTINUITÄT.

Am 10. Oktober 1920 war die Bevölkerung der Südkärntner Zone A aufgerufen, sich zwischen einer Zugehörigkeit zur Republik Österreich oder zum Königreich SHS zu entscheiden. Die Wahlpropaganda beider Seiten hatte entsprechend agiert: Abgesehen von national motivierten Argumenten warnte SHS vor einer trüben Zukunft im „Bettlerstaat" Österreich. Die Deutschkärntner Werbelinie lockte mit der demokratischen Republik und der fortschrittlichen Sozialgesetzgebung. Tatsächlich haben wirtschaftliche und soziale Überlegungen, Fragen der besseren Lebenschancen, das Abstimmungsverhalten der Kärntner stark beeinflußt. Obwohl Derartiges schwer zu messen ist, spielte sicherlich auch das Heimatbewußtsein, das Hängen am Althergebrachten und Gewohnten, eine Rolle.

Jene rund 10.000 Kärntner Slowenen, die mit ihren Pro-Österreich-Stimmen die Wahl entschieden, votierten für die Heimat, die ihnen kulturell, sozial und wirtschaftlich näher war als der Staat des nationalen „Muttervolkes". Ihre Ja-Stimmen bedeuteten aber nicht, daß sie im deutschen Staat Österreich aufgehen und sich freiwillig assimilieren wollten. Die Kärntner Politik von damals hat dies gut verstanden. In einer feierlichen Erklärung des Landtages vom 28. September 1920 war als Grundsatz zukünftiger Landespolitik festgehalten, daß den slowenischen Landsleuten stets ihre sprachliche und nationale Eigenart bewahrt und für ihr geistiges und wirtschaftliches Aufblühen gesorgt werden solle. Mit diesem Versprechen wurde eine Kontinuität beschworen, die an die multiethnische Tradition in

Schloß Ebenthal: Taufe anno 1916. Links: Leopold Graf Goëss; Mitte: seine Frau Marianne, die ein detailliertes Tagebuch für die Jahre 1918–1920 schrieb.
Leopold Goëss war Obmann der Kärntner Heimatdienst-Stelle Ebenthal. Der historische Kärntner Heimatdienst (gegr. 10. 3. 1920) wurde am 20. 12. 1923 aufgelöst.

der Monarchie bzw. den Artikel XIX des Staatsgrundgesetzes von 1867 über die Gleichheit der Volksstämme anzuknüpfen schien. Die Minderheitenschutzbestimmungen im Staatsvertrag von Saint-Germain garantierten überdies den ethnischen, sprachlichen und religiösen Minderheiten dieselben Rechte wie den anderen österreichischen Staatsbürgern.

Zwischen 1918 und 1920 konzentrierte sich die Kärntner Politik auf die Erhaltung der ungeteilten Heimat, und zwar naturgemäß auf die Erhaltung der Heimat für beide Volksgruppen. Die Entscheidung für Österreich am 10. Oktober war kein „deutscher Sieg". Eine organisierte Bewegung für den Anschluß an Deutschland, wie sie in Tirol, Salzburg und auch in der Steiermark existierte, hat es in Kärnten nicht gegeben. Kurze Zeit, Ende 1918/Anfang 1919, bestand, von Velden ausgehend, sogar der Plan, durch die Schaffung einer selbständigen Kärntner Republik die Einheit des Landes zu retten.

Daß der Wille zur Kontinuität die Menschen damals mehr als alles andere bewegte, zeigt am besten das vielumjubelte Auftreten eines Mannes der „alten Zeit", der Monarchie, bei der größten Kundgebung vor der Volksabstimmung. Vor rund 30.000 Menschen sprach am 12. September 1920 auf dem Zollfeld Leopold Graf Goëss, vor dem Krieg Statthalter in Triest, dessen Schloß Ebenthal südöstlich von Klagenfurt in der Abstimmungszone A lag. Als anläßlich des Zehn-Jahre-Jubiläums der Volksabstimmung 1930 die Maler Hermann Heller und Alexander Rothaug einen monumentalen Fries für das Vereinshaus in Klagenfurt (heute ORF-Zentrale, Sponheimerstraße) gestalteten, verewigten sie auf dem Mittelbild der Trilogie (Abwehrkampf–Kundgebung auf dem Zollfeld und Treuschwur – Abstimmung und Verkündigung des Ergebnisses) Leopold Goëss bei seiner Rede. Der überwältigende Applaus, den ihm die Menge zollte – verschiedene Chroniken berichten – zeigt, daß über die „Revolution" von 1918 hinweg das alte „ständische" Landesbewußtsein, das keinen wie immer gearteten nationalen Touch aufwies, die Kärntner ansprach.

Die Worte des Schloßherrn von Ebenthal auf dem Zollfeld waren ein starkes Plädoyer für die Kärntner Einheit: „Wir stehen heute an einer Stelle, wo in grauer Vorzeit unsere Vorfahren deutscher und slowenischer Zunge mit ihren Herzögen den Treueschwur gewechselt haben ... Heute geloben wir, daß wir alle einstehen wollen für die Unteilbarkeit unseres Heimatlandes Kärnten .... Aus dem feindlichen Lager tönt uns der Ruf entgegen, die Zone A sei schon verloren, und fällt die Zone A, so fällt auch die Zone B, denn B kann ohne A nicht leben. Falsch ist das eine und falsch ist das andere: Zone A ist noch lange nicht verloren ... und die Landeshauptstadt hat mit ihrem Gebiet (Zone B) die Feuerprobe der Absperrung von uns glänzend bestanden und gezeigt, daß sie auch weiterhin bestehen könnte, wenn, was Gott verhüte, sie von der Zone A getrennt werden sollte. Umgekehrt aber kann die Zone A abgetrennt vom Heimatland nicht leben: Eingezwängt zwischen einer widernatürlichen Grenze im Norden und dem von der Natur gesetzten Grenzwall der Karawanken im Süden, den keine Menschenhand zu beseitigen vermag, wäre dieser schmale Landstrich dem wirtschaftlichen Tod geweiht. Wir in Zone A rüsten für die große Stunde, nicht in Haß und Rache, nein, nur geleitet durch die Liebe zu unserer teuren Heimat, und durch die klare Erkenntnis, um was es geht. Denn das Feldgeschrei lautet nicht: hie deutsch – hie slawisch, es lautet: hier ein freies, ungeteiltes Kärnten, dort der Balkan mit ewiger Knechtschaft unter einem landfremden Volk. Vieles ist geschehen, noch mehr bleibt zu tun. Schulter an Schulter hat der Kärntner Deutsche wie der Kärntner Slowene seit jeher, herauf bis in die jüngsten Tage, seine Heimat mit seinem Blute verteidigt; Schulter an Schulter wollen wir auch im bevorstehenden unblutigen Kampfe, Deutsche und Slowenen, für unsere gemeinsame Heimat einstehen."[207]

Für Österreich hatte der Ausgang des Kärntner Plebiszits vom 10. Oktober 1920 großes Gewicht. Das Resultat bedeutete eine Stärkung der Republik, weil wichtiges Staatsgebiet erhalten blieb. Schon im Jahr zuvor, 1919, hatte das Zugeständnis der Kärntner Volksabstimmung durch die Friedenskonferenz der jungen Republik ihren wichtigsten außenpolitischen Erfolg gebracht. Altbundeskanzler Dr. Ignaz Seipel faßte anläßlich des Zehn-Jahre-Jubiläums der Volksabstimmung 1930 diese Fakten in Worte: „Die Österreicher haben seit der Beendigung des Weltkrieges wenig erlebt, das ihnen Anlaß geben könnte, Feste zu feiern. Zu dem Wenigen gehört der Ausgang des Kampfes, den das Land Kärnten um seine Einheit und Unversehrtheit geführt und vor zehn Jahren in der unvergeßlichen Volksabstimmung siegreich abgeschlossen hat.“[208]

Die Kärntner hatten mit ihrem erfolgreichen Kampf um die Landeseinheit der Republik dazu verholfen, daß nach dem 10. Oktober 1920 im Präsidium des Nationalrates in Wien das Kärntner Votum als ein „Sieg des österreichischen Staatsgedankens“ gewürdigt werden konnte. Die Volksabstimmungsfeiern ab 1930 sind meist in Anwesenheit hoher österreichischer Würdenträger mit dem Bundespräsidenten an der Spitze begangen worden. 1995 war es Bundespräsident Dr. Thomas Klestil, der in Fortführung der Tradition den Satz vom Kärntner Freiheitskampf als dem ersten Sieg des österreichischen Staatsgedankens wiederholte.[209]

NACHWORT
„BRÜCKEN BAUEN“.

In Kärnten wird die Erinnerung an den 10. Oktober 1920 hochgehalten. Zu Recht: Abwehrkampf und Volksabstimmung stellen eindeutig die herausragenden Erfolgskapitel der neueren Kärntner Geschichte dar. Durch mutiges Agieren der Verantwortlichen im richtigen Moment blieb Kärnten eine Diktatlösung erspart. Von allen strittigen Grenzproblemen der Ersten Republik wurde nur die Frage der Kärntner Grenzziehung nicht durch Spruch der Alliierten, sondern durch eine demokratische Wahl entschieden. Als man 1995 festlich die 75. Wiederkehr der Kärntner Volksabstimmung beging, wurden diese Feiern von einigen Kritikern als provinziell und anachronistisch verurteilt. In einem sich abzeichnenden „Europa der Regionen“, so hieß es, seien Überbleibsel des verderblichen Nationalismus wie die Volksabstimmungsfeiern kontraproduktiv. Gerade die Volksabstimmung vom 10. Oktober 1920 paßt aber bestens in die Vision vom Europa der Regionen, denn ihr wohnt eine äußerst moderne Komponente inne: Das Kärntner Plebiszit fand in einer Zeit des triumphierenden Nationalismus statt; die Zukunft schien bei den Nationalstaaten zu liegen, innerhalb deren Grenzen Leute derselben Abstammung und derselben Sprache vereint sein sollten. Kärnten schwamm am 10. Oktober 1920 gegen den Strom der Zeit. Denn bei der Abstimmung votierte fast die Hälfte der umgangssprachlichen Slowenen nicht für die nationale Lösung, den slawischen Mutterstaat der Serben, Kroaten und Slowenen, sondern für die „Region“, die ungeteilte Heimat und damit für Deutsch-Österreich.[210]

Die Zeiten nach der Volksabstimmung führten zunehmend zur Polarisierung. Lange Verhandlungen im Landtag ab 1925 über eine Kulturautonomie der Kärntner Slowenen scheiterten. Und bald nahmen jene Kräfte überhand, die Europa in den Abgrund stürzten. Die Aussiedlung der Kärntner Slowenen 1942, extreme Konsequenz des Nationalismus, rief in Kärnten scharfe Kritik hervor. Trotzdem stand das grausamste Kapitel dieses Abschnitts unserer Geschichte noch bevor – die Verschleppung und Ermordung heimattreuer Kärntner durch Titopartisanen nach Kriegsende 1945.

Im Mai und Juni 1945 kam es zur Besetzung von Kärntner Gebiet durch Tito-Truppen und zur Proklamation des Anschlusses „Slowenisch-Kärntens“ an Jugoslawien. Durch das „Tito-Plebiszit“, die Abstimmung mit dem Gewehr, so die jugoslawische Argumentation, sei die Volksabstimmung von

1920 ungültig geworden. Nach dem unter alliiertem Druck erfolgten Abzug der jugoslawischen Besatzungstruppen aus Kärnten wurde die „Kärntner Frage" auf die Ebene der Friedenskonferenz verwiesen. Von 1947 bis 1949 war sie ein wesentlicher Punkt bei den Verhandlungen über den österreichischen Staatsvertrag. Das am 22. Jänner 1947, zu Beginn der ersten alliierten Verhandlungsrunde, von der jugoslawischen Delegation präsentierte Memorandum enthielt einen Gebietsanspruch, der über die Kärntner Abstimmungszonen von 1920 weit hinausging, in der Folge aber modifiziert wurde. 1949 wurden neue jugoslawische Forderungsmodelle ins Spiel gebracht – Grenzberichtigungen im Bereich Bleiburg, Schwabegg und Lavamünd, die Schaffung einer autonomen slowenischen Region in Kärnten bzw. die Abhaltung eines Plebiszits südlich der Drau. Grenzänderungen oder gar eine neuerliche Volksabstimmung hatten die Westalliierten von Anfang an abgelehnt. Die Kärntner „nationale" Frage war für sie durch das unter interalliierter Aufsicht durchgeführte Plebiszit von 1920 gelöst. Ein US-Sonderbeauftragter bereiste im April 1949 gewissermaßen auf den Spuren der Miles-Mission von 1919 Südkärnten und kam zu dem Urteil, daß die ethnische Struktur des Landes eine Autonomie-Regelung nicht zulasse, und eine solche außerdem von der Bevölkerung im gemischtsprachigen Gebiet ebensowenig gewollt werde wie eine Union mit Jugoslawien. Im Juni 1949 stand schließlich fest, daß es zu keiner Grenzänderung auf Kärntner Gebiet kommen würde. Anschließend sind jene Minderheitenrechte ausgehandelt worden, die als Artikel 7 im Staatsvertrag von 1955 aufscheinen.[211]

Auch nach dem Zweiten Weltkrieg war also die Erhaltung der Landeseinheit das vordergründig wichtigste Problem der Kärntner Politik. Allerdings vertraute man damals in der Frage der Grenze der Wiener Politik und Diplomatie. Im Land selbst wurde die „Kärntner Frage" nach 1945 vor allem als Minderheitenfrage gesehen. Hier beabsichtigte man, durch großzügige Lösungen beispielhaft zu wirken. Ergebnis dieses politischen Wollens war die Schulsprachenverordnung vom Oktober 1945, die verfügte, daß in einem genau umgrenzten Gebiet im Süden des Landes der Unterricht für alle Kinder, gleichgültig ob deutscher oder slowenischer Umgangssprache, obligatorisch zweisprachig erteilt wurde.

In der Auseinandersetzung mit der Minderheitenfrage beriefen sich die damit befaßten Kärntner Politiker auf Österreich, und zwar auf die mustergültige Multinationalität der 1918 untergegangenen Habsburgermonarchie. Abstand nehmen von der Denkweise des blinden Nationalismus, nie wieder Haß gegen fremdes Volkstum, absolute Gleichberechtigung der slowenischen Minderheit – das waren die Parolen. Zusätzlich bekannte man sich trotz der

Ansprüche des südslawischen Nachbarn auf Teile Kärntens und obwohl, so die Formulierung des Kärntner Landeshauptmanns, das Regierungskonzept jenseits der Karawanken sich von dem unseren unterschied, bereits ab 1946 zur Freundschaft über die Grenzen hinweg und zu Europa. In Kärnten konnte man auf die Loyalität der Mehrheit der zweisprachigen Kärntner bauen. Die nationalen Slowenenführer hielten allerdings bis 1955 die Forderung nach Teilung des Landes aufrecht, was nach späterer eigener Einschätzung lange Zeit dem Aufbau eines toleranten Klimas in Kärnten hinderlich war. Nach dem Staatsvertrag von 1955 gaben schließlich die beiden Kärntner Slowenenorganisationen Loyalitätserklärungen gegenüber Österreich ab.

In der Kärntner Öffentlichkeit markierte der Staatsvertrag insoferne eine Trendwende, als man nach den Jahren eines starken Österreichbewußtseins allmählich zu einem Bewußtsein zurückkehrte, das weniger österreichische als Kärntner Traditionen in den Mittelpunkt stellte. In der Minderheitenfrage wurde fortan nicht mehr die multinationale Tradition der Habsburgermonarchie als Vorbild zitiert, sondern das friedliche Zusammenleben von Deutschen und Slowenen seit mehr als tausend Jahren in Kärnten. Eberhard Kranzmayers Definition des Landesnamens als „Land der Befreundeten" trug genauso dazu bei wie der bald geflügelt gewordene Satz des humanistischen Kärntner Geschichtsschreibers Christalnick (eine Arbeit Wilhelm Neumanns über ihn erschien 1956), wonach sich die windischen Kärntner mit den Deutschen in Kärnten so gewaltiglich vermischt hätten, daß aus ihnen einerlei Volk geworden sei.

Die Wirklichkeit sah anders aus. Ab den 1960er Jahren setzten Kontroversen über die Durchführung des Artikels 7 des Staatsvertrags ein. Höhepunkt der Krise war dann der Ortstafelstreit 1972. Jahrelang gab es keine Entspannung. Die Folgen waren ein negatives Kärnten-Bild, die Entfremdung Kärnten–Wien, das Fortschreiten der Polarisierung im Land. Eine in den 1980er Jahren durchgeführte Untersuchung zeigte, daß bei den volksbewußten Kärntner Slowenen die Identifizierung mit Österreich stark ausgeprägt war, die mit Kärnten jedoch eine untergeordnete Rolle spielte. Die Mehrheit der im Land lebenden Zweisprachigen definierte sich aber in erster Linie als Kärntner. Personen, die sich als Windische bezeichneten, legten sogar Wert auf die Betonung, keine Slowenen, sondern Kärntner zu sein. Der Begriff windisch ist ein mehrschichtiger. Einmal ist er wertfreies Synonym für den Kärntner Slowenen. Dies entspricht der historischen Tradition, wie sie durch Jahrhunderte gehandhabt wurde. Nach 1920 benannten sich dann zunehmend jene zweisprachigen Kärntner, die in der Volksabstimmung für Österreich votiert hatten, selbst als Windische.

Während der konfliktbeladenen Jahre fehlte es nicht an Initiativen, wie die des deutsch-slowenischen Koordinationsausschusses der Diözese Gurk, die unter dem Titel „Skupna Koroška“ (das gemeinsame Kärnten) die Bejahung des Gedankens der gemeinsamen Heimat forcierten.

Die Abstimmungsfeiern 1995, an denen sich erstmals die Volksgruppe der Kärntner Slowenen durch einen offiziellen Vertreter beteiligte, waren ein vielversprechender Neubeginn im Hinblick auf das gemeinsame Landesbewußtsein aller Kärntner. Dr. Valentin Inzko vollzog mit seinem Auftritt öffentlich jenen Brückenschlag, den er in seiner Rede als Voraussetzung für zukünftiges gedeihliches Zusammenleben von Deutschen und Slowenen im Land einforderte. Er rief alle Kärntner auf, Brücken zu errichten, Vorurteile abzubauen, statt sie zu festigen, zu vergeben statt zu vergelten, die Vielfalt statt die Einfalt zu fördern, das Miteinander statt das Nebeneinander zu suchen. Und er verwies auf die gemeinsame Geschichte und die jahrhundertelange deutsch-slowenische Kultursymbiose – nicht nur als Erinnerung, sondern als moralische Verpflichtung für die Zukunft.

Der neue Geist von 1995 – gemeinsames Feiern, gemeinsames Landesbewußtsein. Abgebildet Dr. Valentin Inzko nach seiner Rede im Wappensaal; neben ihm Bundespräsident Dr. Thomas Klestil und Landeshauptmann Dr. Christof Zernatto.

ANMERKUNGEN

Abkürzungen:

Kromer	=	Kromer (Fräss-Ehrfeld) Claudia, Die Vereinigten Staaten von Amerika und die Frage Kärnten 1918–1920 (Aus Forschung und Kunst 30), Klagenfurt [2]1996.
Suppan	=	Suppan Arnold, Jugoslawien und Österreich 1918–1938. Bilaterale Außenpolitik im europäischen Umfeld (Veröffentlichungen des österreichischen Ost- und Südosteuropa-Instituts, Bd. XIV), Wien–München 1996.
Wutte	=	Wutte Martin, Kärntens Freiheitskampf 1918–1920, verbesserter Neudruck der zweiten Auflage von 1943 (Archiv für Vaterländische Geschichte und Topographie 69), Klagenfurt 1985.
Car. I	=	Carinthia I

1 Karner, Die Abtrennung der Untersteiermark, 296.

2 Bruckmüller, Österreichbewußtsein, 19.

3 Rumpler, Kärnten und Österreich, 141.

4 Vgl. Fräss-Ehrfeld, Geschichte Kärntens, Bd. 1: Das Mittelalter, Bd. 2: Die Ständische Epoche: entsprechende Kapitel.

5 Vgl. Neumann, Wirklichkeit und Idee des „windischen“ Erzherzogtums Kärnten; ders., Kärnten – Grundfragen der Landesgeschichte, 99.

6 Vgl. Fräss-Ehrfeld, Geschichte Kärntens, Bd. 2, 284ff., 322ff., 400ff., 676ff.

7 Fräss-Ehrfeld, Der Geschichtsverein für Kärnten, 11. Die alten Nummern der Carinthia von 1811 bis 1863 werden zur Zeit im Verlag des Geschichtsvereines für Kärnten auf CD-ROM neu aufgelegt.

8 Wadl, Zur Entwicklung des Nationalitätenkonfliktes , 12; Wutte, 24ff.

9 Wadl, 12f.; vgl. Moritsch (Hg.), Matija Majar-Ziljski; ders., Die wirtschaftliche und soziale Lage der Kärntner Slowenen, 217–231; Wutte, 23ff.; Pleterski, Die Slowenen und die jugoslawische Einigungsbewegung, 51; Malle, Die nationalen Bestrebungen, 63–76; Granda, Die Kärntner Slovenen in den Jahren 1848/49, 201ff.; Unkart, Die Sprachenfrage, 564f.

10 Vgl. Diószegi, Die „südslawische Frage“, 38–43; vgl. Pleterski, Die Slowenen und die jugoslawische Einigungsbewegung, 45–62; Domej, Anmerkungen zur Kärntner Volksabstimmung, 105; Leitner, Eine Kärntner Delegation, 31–34.

11 Neumann, Michael Gothard Christalnick, 75.

12 Fräss-Ehrfeld, Vom Stammesfürstentum der Karantanen zum Land Kärnten, 343–347.

13 Ebda, 347f.; vgl. Pohl, Minderheitensprachen als kulturelles Erbe, 87–98.

14 Fräss-Ehrfeld, Geschichte Kärntens, Bd. 2, 403ff.; Glettler, Nationalismus, 14ff.

15 Jarnik, Andeutungen über Kärntens Germanisierung, 106; vgl. Wadl, Zur Entwicklung des Nationalitätenkonfliktes, 11; vgl. Domej, Schule und Sprache, 97–120; vgl. Grdina, Die „Nationalisierung“ der Slowenen, 51f.; vgl. Baum, Urban Jarnik, 53–77; Wutte, 5.

16 Wutte, 23, 28f.; Hermann, Die Würdigung des geistigen Lebens in Österreich, 114; Glettler, Nationalismus, 14ff.

17 Pleterski, Das slowenische Kärnten vor dem Ersten Weltkrieg, 35; vgl. ders., Die Slowenen und die jugoslawische Einigungsbewegung, 47f., 57, 60.

18 Rizzi, Die Nationalitäten in Kärnten, 160–167; Malle, Die nationalen Bestrebungen, 64–68, 70, 73f.; Unkart, Die Sprachenfrage, 561–581.

19 Wadl, Zur Entwicklung des Nationalitätenkonfliktes, 13ff.; Malle, Die nationalen Bestrebungen, 68f., 71ff.; Wiesflecker, Klagenfurt als Sitz kultureller Institutionen der Kärntner Slowenen, 424f.; Wutte, 27–31.

20 Valentin, Abschied von der Klassengesellschaft, 64, 70, 72.
21 Malle, Die nationalen Bestrebungen, 72ff.; Drobesch, Vereine und Verbände in Kärnten, 43–63. Ich danke Dr. Drobesch für die Möglichkeit, in seine Sammlung von Vereinsstatuten Einsicht nehmen zu können.
22 Wadl, Zur Entwicklung des Nationalitätenkonfliktes, 15f.; Wutte, Deutsche und Slowenen in Kärnten, 1–41; vgl. Moritsch, Die wirtschaftliche und soziale Lage der Kärntner Slowenen, 223–226; Brix, Die Kärntner Volksabstimmung, 234–253, bes. 238f., zeigt u. a. Problematik der Umgangssprachenerhebung.
23 Wutte, 31–48; Pleterski, Die Slowenen und die jugoslawische Einigungsbewegung, 57; Malle, Die nationalen Bestrebungen, 69f., 75; Moritsch, Deutsche und Slovenen in Kärnten, 234–245.
24 Das Plöckengebiet im Weltkrieg, 1ff.; Kreuzer, Kärntner. Biographische Skizzen, 19./20. Jahrhundert, 135–138; ders., Kärntner. Biographische Skizzen, 20. Jahrhundert, 109–114.
25 Das Plöckengebiet im Weltkrieg, 1–76.
26 Zöllner, Geschichte Österreichs, 484, 488–491.
27 Suppan, 50.
28 Ebda, 50f., 104–116; vgl. Portisch, Die unterschätzte Republik, 7ff.
29 Suppan, 55f., 64, 488f.; Wutte, 48–63; Pleterski, Die Slowenen und die jugoslawische Einigungsbewegung, 44f., 60f.
30 Suppan, 75ff.
31 Valentin, „Kärntner Republik“, 9f., 20f.
32 Ebda, 10, 25; vlg. ders., Nationalismus oder Internationalismus?; Köfner, Volksabstimmungen in Österreich nach 1918 außerhalb Kärntens, 297–313.
33 Renner, Persönliche Erinnerungen, 53.
34 Fräss-Ehrfeld, Demokratisierung und Landesverfassung, 118ff.
35 Ebda, 120.
36 Wutte, 68f., 85f.; Suppan, 750, 955.
37 Fräss-Ehrfeld, Demokratisierung und Landesverfassung, 118f.; Wutte, 66.
38 Fräss-Ehrfeld, Demokratisierung und Landesverfassung, 119.
39 Ebda, 120f.
40 Valentin, „Kärntner Republik“, 35f., 73f.
41 Wadl, Kärnten 1900–2000, 87ff.
42 Fräss-Ehrfeld, Selbstbestimmungsrecht, 340f., 344f.; Suppan, Der Zusammenbruch der Donaumonarchie, 21ff.
43 Wutte, 63.
44 Valentin, „Kärntner Republik“, 36.
45 Pečar, Slowenische Landesregierung, 540.
46 Suppan, 488f.
47 Ebda, 117f.
48 Fräss-Ehrfeld, Selbstbestimmungsrecht, 348–357.
49 Wutte, 68f.
50 Webernig, Kärntens Freiheitskampf, 25; Wutte, 69.
51 Wutte, 53 Anm. 62, 69–72; Suppan, 473ff., 490–493; ders., Ethnisches, ökonomisches oder strategisches Prinzip, 112–179.
52 Wutte, 75f.; Suppan, 119f., 480, 493ff.
53 Wutte, 76ff.; Knaus, Kärntner Freiheitskampf, 1. Teil, 9ff.
54 Wutte, 71, 85, 88f.
55 Ebda, 79ff., 88f.; Valentin, „Kärntner Republik“, 28; vgl. Glaubauf, Die Volkswehr, 20ff., 105f.; Steinböck, Volkswehr in Kärnten, 5–12; vgl. Gasper, Die Volkswehr in Kärnten, 4–8; Knaus, Kärntner Freiheitskampf, 1. Teil, 13.

56 Wutte, 80, 88, 90–99; Suppan, 495f., 520f.; Knaus, Kärntner Freiheitskampf, 1. Teil, 14ff., 23–29, 132ff.
57 Suppan, 491 und Anm. 47, 496–500, 521; Wutte, 75f., 93–106; Karner, Die Abtrennung der Untersteiermark, 268f.; Knaus, Kärntner Freiheitskampf, 1. Teil, 29-44, 134f.; Perkonig, Heimat in Not, 46f.
58 Wutte, 110ff.
59 Gröger, Abwehrkämpfe und Volksabstimmung, 20.
60 Valentin, „Kärntner Republik", 30; Pečar, Slowenische Landesregierung, 329f.
61 Wutte, 82ff., 87f., 97f., 124, 134, 137, 200; Valentin, „Kärntner Republik", 29f.; Kohla, 176–180.
62 Wutte, 113.
63 Ebda, 81f., 93f., 118f.; Hofer, Neues zum Kärntner Abwehrkampf, 149–156; Knaus, Kärntner Freiheitskampf, 1. Teil, 55ff.; Kohla, 178f.
64 Wutte, 69f., 114f.; Suppan, 500f.
65 Karner, Die Abtrennung der Untersteiermark, 269–278, bes. 277.
66 Ebda, 268ff., 273, 275; Wutte, 78f.
67 Suppan, 468ff., 501f.; ders., Der Stellenwert, 178ff.
68 Suppan, 468ff.; ders., Der Stellenwert, 179f.; Valentin, Von Wien im Stich gelassen? 452–458; vgl. Ogris, Kärntens Freiheitskampf als Beitrag zur Staatswerdung Österreichs, 54f., 56f.
69 Fräss-Ehrfeld, Sonderfall, 747.
70 Suppan, 496f.; Valentin, Von Wien im Stich gelassen? 452.
71 Suppan, Ethnisches, ökonomisches oder strategisches Prinzip? 112–179; Außenpolitische Dokumente, Bd. 1, Nr. 92, 308ff.; Neumann, 25 Jahre Diskussion, 588–593; ders., Durch den Abwehrkampf zur Volksabstimmung, 705f.
72 Suppan, 504–509.
73 Valentin, „Kärntner Republik", 38–43.
74 Ebda, 44–47.
75 Frick, Geschichte der Kampfgruppe Velden, 16–22.
76 Valentin, „Kärntner Republik", 48–53.
77 Ebda, 53–76; vgl. Kromer, 67 (zu Ehrlich); Suppan, 953.
78 Wutte, 120–123; Suppan, 501f.; Knaus, Kärntner Freiheitskampf, 1. Teil, 48–55.
79 Wutte, 93, 126ff.; Knaus, Kärntner Freiheitskampf, 1. Teil, 57–64.
80 Wutte, 129–136; Suppan, 519f.; vgl. Steinböck, Die Volkswehr in Kärnten, 18–71; Gasper, Die Volkswehr in Kärnten, II. Teil, 8–13.
81 Wutte, 137–145; Frick, Geschichte der Kampfgruppe Velden, 23–26; Knaus, Kärntner Freiheitskampf, 1. Teil, 75–97; vgl. Perkonig, Heimat in Not, 91–107.
82 Wutte, 61f., 145; Pečar, Slowenische Landesregierung, 326–335; Suppan, 750.
83 Wutte, 97, 104–107, 145; Suppan, 517, 523; vgl. Knaus, Kärntner Freiheitskampf, 1. Teil, 121f.; Perkonig, Heimat in Not, 50–82; vgl. Kärntner Tagblatt (Festnummer) 1930, 9f., 12f.
84 Suppan, 518f.; Pečar, Slowenische Landesregierung, 270–275, 285ff.; Wutte, 97f., 104–107, 124.
85 Wutte, 145ff.; Suppan, 524f.
86 Kromer, 45ff.
87 Fräss-Ehrfeld, Sonderfall, 746f.; Beer/Staudinger, Grenzziehung per Analogie, 137f.
88 Fräss-Ehrfeld, Sonderfall, 748.
89 Kromer, 51; Valentin, Von Wien im Stich gelassen? 455.
90 Wutte, 150ff.; Kromer, 50f.; Knaus, Kärntner Freiheitskampf, 1. Teil, 98, 142.
91 Kromer, 47–52, 57f.
92 Ebda, 55; Wutte, 157f.

93 Wutte, 153–157; ders., Die amerikanische Kommission, 198–202; Lagger (Hg.), Abwehrkampf und Volksabstimmung, 42–101; Ortner, Der Kärntner Abwehrkampf und die Gendarmerie, 130–134; Sulzer, Im Übereifer, 57f.; Mayrhofer-Grünbühel, Eine mutige Mutter, 58.

94 Kromer, 60–77.

95 Fräss-Ehrfeld, Berichte der Miles-Mission bezüglich der endgültigen Grenze, 262ff.

96 Kromer, 81–89; Suppan, 533, 547; Mitrović, Die jugoslawische Politik, 108f.; Pečar, Slowenische Landesregierung, 402f.; Wutte, 160.

97 Fräss-Ehrfeld, Sonderfall, 739f., 749; dies., Berichte der Miles-Mission bezüglich der endgültigen Grenze, 262ff.

98 Barker, The Slovene Minority, 144; Grafenauer, Die Kärntner Volksabstimmung im Lichte der neueren Forschung, 408ff.; Wutte, 157f., 159f., 162f.

99 Fräss-Ehrfeld, Sonderfall, 747; Beer/Staudinger, Grenzziehung per Analogie, 139ff.

100 Fräss-Ehrfeld, Sonderfall, 747f.; Beer/Staudinger, Grenzziehung per Analogie, 139ff.; Valentin, Von Wien im Stich gelassen? 456ff.

101 Karner, Die Abtrennung der Untersteiermark, 268f.; Knaus, Kärntner Freiheitskampf, 1. Teil, 108f.

102 Fräss-Ehrfeld, Die Rolle der USA, 68f.

103 Suppan, 516.

104 Zöllner, Geschichte Österreichs, 496.

105 Neumann, Abwehrkampf und Volksabstimmung, 13; ders., 25 Jahre Diskussion, 574–577, 593–599; Ogris, Kärntens Freiheitskampf als Beitrag zur Staatswerdung, 51, 54.

106 Fräss-Ehrfeld, Berichte der Miles-Mission bezüglich der endgültigen Grenze, 260f.; Kromer, 128; Neumann, 25 Jahre Diskussion, 594f. (zit. Adam Wandruszka und Robert Kann). Von feindseliger Haltung Einheimischer gegenüber Gendarmerie oder Volkswehr wird vereinzelt berichtet: für die Gegend von Augsdorf (Wutte, 129), Rosenbach (Frick, Geschichte der Kampfgruppe Velden, 24), Rosegg und Umgebung (Perkonig, Heimat in Not, 90f.).

107 Suppan, 579 Anm. 257.

108 Domej, Anmerkungen zur Kärntner Volksabstimmung, 105ff.

109 Haas, Kärntner Abwehrkampf – eine Geschichtsfälschung, 45–49; dazu: Neumann, Pseudowissenschaft, 301–311; ders., Abwehrkampf und Volksabstimmung, 11–14; ders., 25 Jahre Diskussion, 593–605; Ogris, Kärntens Freiheitskampf als Beitrag zur Staatswerdung Österreichs, 48–54.

110 Grafenauer, Die Kärntner Volksabstimmung im Lichte der neueren Forschung, bes. 418; vgl. Nečak, Kurzer Abriß der slowenischen Geschichte seit dem Ende des Ersten Weltkriegs; Mitrović, Die jugoslawische Politik, 108, 118 Anm. 55; vgl. Ogris, Kärntens Freiheitskampf als Beitrag zur Staatswerdung Österreichs, 47, 49f.; ders., Kärnten 1918-1920: Bilanz der wissenschaftlichen Diskussion, 386ff.; vgl. Ude, Boj za severno slovensko mejo 1918-1920; Spominski zbornik ... (Erinnerungs-Sammelband anläßlich der 50-Jahrfeier der Kämpfe um die slowenische Nordgrenze 1918/19).

111 Beer/Staudinger, Grenzziehung per Analogie, 140.

112 Fräss-Ehrfeld, Sonderfall, 745.

113 Barker, The Slovene Minority, 309; Haas/Stuhlpfarrer, Österreich und seine Slowenen, 26; Fräss-Ehrfeld, Die Rolle der USA, 64f.; vgl. Gigler, Die mitteleuropäischen Interessen der USA im Spiegel der Berichterstattung der Coolidge-Mission (1919).

114 Fräss-Ehrfeld, Sonderfall, 749f.; dies., Selbstbestimmungsrecht, 343f.; dies., Die Rolle der USA, 65f.

115 Fräss-Ehrfeld, Sonderfall, 750f.; vgl. Wambaugh, Plebiscites since the World War, Bd. 1, 163.

116 Kromer, 113ff.; Wutte, 183.

117 Suppan, 118.

118 Kromer, 112.
119 Ebda, 15–19, 118–122; Fräss-Ehrfeld, Berichte der Miles-Mission bezüglich der endgültigen Grenze, 262ff.
120 Suppan, 101f.
121 Fräss-Ehrfeld, Selbstbestimmungsrecht, 354f., 399ff.; Kromer, 117.
122 Kromer, 122; vgl. Wutte, 71, 184f.
123 Kromer, 118–122; Wutte, 186f.; Braunstein, Frankreich und die Kärntner Grenzfrage, 336.
124 Kromer, 123f.; Suppan, 539; Wutte, 71, 188–192; Wadl, Die Kärntner Volksabstimmung, 165.
125 Kromer, 125f.; Wutte, 191f.; Neumann, Kärnten 1918–1920. Ereignisse–Dokumente–Bilder, 99; Suppan, 546.
126 Kromer, 127–138.
127 Ebda, 135–138; Wutte, 71.
128 Kromer, 130–135; Fräss-Ehrfeld, Die Rolle der USA, 67ff.; Neumann, 25 Jahre Diskussion, 575f.
129 Fräss-Ehrfeld, Sonderfall, 754; vgl. Suppan, 587; vgl. Grafenauer, Die Kärntner Volksabstimmung im Lichte der neueren Forschung, 415.
130 Wutte, 235; Suppan, 577.
131 Wutte, 172f., 177, 182; Suppan, 568–571; Kohla, 161–171; Valentin, Von Wien im Stich gelassen? 461; Steinböck, Die Volkswehr in Kärnten, 7f.; ders., Kärnten, 806; Gasper, Die Volkswehr in Kärnten, 4–8; II. Teil, 8–13.
132 Wutte, 181, 213f.; Suppan, 571 Anm. 236, 577f.
133 Wutte, 172–181, 224f.; Glaubauf, Die Volkswehr, 109ff.; Steinböck, Kärnten, 804, 806.
134 Wutte, 197–229; Glaubauf, Die Volkswehr, 109ff.; Frick, Geschichte der Kampfgruppe Velden, 27–31; Knaus, Kärntner Freiheitskampf, Teil 2, 2–37; Kärntner Tagblatt (Festnummer) 1930, 19f., 25ff.; Perkonig, Heimat in Not, 144–204.
135 Suppan, 571ff.; Valentin, Von Wien im Stich gelassen? 465f.; Wutte, 230f.; Deutsch, Erinnerungen, 32f.
136 Suppan, 578–581; Valentin, Von Wien im Stich gelassen? 466f.; Deutsch, Erinnerungen, 34–38.
137 Suppan, 575ff.; Kohla, 179f.
138 Valentin, Von Wien im Stich gelassen? 468f.; Kohla, 187.
139 Wutte, 235; Ogris, Kärntens Freiheitskampf als Beitrag zur Staatswerdung Österreichs, 53f.; Fräss-Ehrfeld, Sonderfall, 752; Neumann, 25 Jahre Diskussion, 596f.; Kromer, 93f., 140f.
140 Kromer, 141–157; dies., Italien und die Frage Kärnten, 67ff.; Neumann, 25 Jahre Diskussion, 583ff.; Rainer, Italien und die Kärntner Frage, 150–157; Wutte, 238f.
141 Kromer, 155–172; Suppan, 552ff.; vgl. Ogris, Kärntens Freiheitskampf als Beitrag zur Staatswerdung Österreichs, 52f.
142 Kromer, 173; Fräss-Ehrfeld, Selbstbestimmungsrecht, 346–356.
143 Wambaugh, Plebiscites since the World War, Bd. 1, 163; Fräss-Ehrfeld, Sonderfall, 740f.; Kromer, 123–220; Mitrović, Die jugoslawische Politik, 101ff.; Braunstein, Frankreich und die Kärntner Grenzfrage, 336; Grafenauer, Rezension Kromer, 319ff.
144 Kromer, 173ff.; Wutte, 244f.
145 Steinböck, Die Kämpfe um Völkermarkt, 25–29; Wutte, 253–273; Suppan, 582f.; Watzenig, Eine Dokumentation, 25.
146 Ogris, Spittal an der Drau als zeitweiliger Sitz, 557–566.
147 Kromer, 175ff.
148 Wutte, 248ff; ders., Die deutschösterreichische Friedensdelegation, 67ff.; Suppan, 587ff., 591.
149 Wutte, 243, 246–252; Suppan, 555f.

150 Kromer, 178f.; vgl. Wutte, 248.
151 Wutte, 271f.; Suppan, 589f.
152 Fräss-Ehrfeld, „Dagegen waren die Kriegsjahre ein Honiglecken …“, 473f.; Wutte, 445f.
153 Kromer, 180–189.
154 Ebda, 189; Suppan, 557.
155 Fräss-Ehrfeld, Sonderfall, 755; dies., Die Rolle der USA, 70ff.
156 Wadl, Die Kärntner Volksabstimmung, 166.
157 Fräss-Ehrfeld, Die alliierte Kontrolle, 165f., 170ff.
158 Fräss-Ehrfeld, „Dagegen waren die Kriegsjahre eine Honiglecken …“, 475f.
159 Wutte, 301–313; Steiner, Klagenfurt im Ersten Weltkrieg, 205–225; A. Veiter, Aus der Besetzungszeit, 65f.
160 Fräss-Ehrfeld, Sonderfall, 752; Haas, Kärntner Abwehrkampf – eine Geschichtsfälschung, 45ff.; Neumann, Pseudowissenschaft, 301ff.; ders., 25 Jahre Diskussion, 574–577; Mitrović, Die jugoslawische Politik, 118 Anm. 55; Suppan, 582f.
161 Fräss-Ehrfeld, „Dagegen waren die Kriegsjahre ein Honiglecken …“, 476.
162 Drobesch, Das slowenische Vereinswesen in Klagenfurt, 428, 431ff.; Wiesflecker, Klagenfurt als Sitz kultureller Institutionen der Kärntner Slowenen, 426f.; Suppan, 474ff., 508; Pohl, Namenkundliches aus dem Bereich der Landeshauptstadt, 63f.; vgl. Ogris, Kärnten 1918–1920: Bilanz der wissenschaftlichen Diskussion, 401; Wutte, 11–18.
163 Kromer, Die Stadt Klagenfurt in den Pariser Friedensverhandlungen, 159f.; Steiner, Klagenfurt im Ersten Weltkrieg, 213; Webernig, Die Landeshauptstadt Klagenfurt im Kärntner Freiheitskampf.
164 Fräss-Ehrfeld, Die alliierte Kontrolle, 158f.; Wutte, 303; Bärnthaler, Klagenfurt zwischen den beiden Weltkriegen, 176ff.; Steiner, Klagenfurt im Ersten Weltkrieg, 53–56, 212–219; Genser, Frauen im Einsatz für Kärnten; Webernig, Die Landeshauptstadt Klagenfurt im Kärntner Freiheitskampf.
165 Wutte, 283f.; Steinböck, Die Verluste im Kärntner Abwehrkampf, III–XXXII; er kommt auf 273 Opfer.
166 Wutte, 278f.; Fräss-Ehrfeld, „Dagegen waren die Kriegsjahre ein Honiglecken …“, 477; dies., Die alliierte Kontrolle, 158ff.; Rainer, Villach zur Zeit der italienischen Besatzung, 153ff.
167 Fräss-Ehrfeld, Die alliierte Kontrolle, 162f.; Rainer, General De Bono, 537–548.
168 Kromer, 199ff.
169 Fräss-Ehrfeld, Die alliierte Kontrolle, 160f.; dies., „Dagegen waren die Kriegsjahre ein Honiglecken…“, 478f.
170 Kromer, 190ff., 211ff.; Fräss-Ehrfeld, „Dagegen waren die Kriegsjahre ein Honiglecken …“, 478f.
171 Wutte, 298f.; Kromer, 215ff.; Suppan, 591f., 596ff.
172 Fräss-Ehrfeld, „Dagegen waren die Kriegsjahre ein Honiglecken …“, 479.
173 Wutte, 315ff.; Neumann, Abwehrkampf und Volksabstimmung, 19–24; ders., 25 Jahre Diskussion, 578ff.; Suppan, 394f.
174 Suppan, 595ff.
175 Wutte, 298ff.; Wadl, Die Kärntner Volksabstimmung, 165ff.
176 Karner, Die Abtrennung der Untersteiermark, 278–282.
177 Fräss-Ehrfeld, Selbstbestimmungsrecht, 339.
178 Ebda, 339f.
179 Ebda, 340. Eupen-Malmedy wurde Belgien einverleibt; die Bevölkerung hatte die Möglichkeit, nach einer gewissen Frist dagegen Einspruch zu erheben.
180 Ebda, 342ff.
181 Fräss-Ehrfeld, Die alliierte Kontrolle, 161, 163.

182 Suppan, 604, 607f.; Pečar, Slowenische Landesregierung, 582ff.; Watzenig, Eine Dokumentation, 30–59; Domej, Anmerkungen zur Kärntner Volksabstimmung, 109f.
183 Wutte, 345ff.; Suppan, 603f., 610; Pečar, Slowenische Landesregierung, 543–554.
184 Suppan, 604ff.
185 Suppan, 606–612; Wutte, 325–331; vgl. Zorn, Iz problematike, 92ff.; Ogris, Kärnten 1918–1920: Bilanz der wissenschaftlichen Diskussion, 392–399.
186 Wutte, 355; Suppan, 612f.
187 Wutte, 370.
188 Wutte, 331f., 341f., 380f.
189 Wutte, 334f., 380f.; Deuer, Abwehrkampf und Volksabstimmung als geistige Herausforderung, 89ff., 94ff., 99; Stadler, Die Kärntner Volksabstimmungspropaganda, 506, 512, 514f.
190 Deuer, Abwehrkampf und Volksabstimmung als geistige Herausforderung, 108ff.
191 Perkonig, Herrschaft des Papiers, 78f.; Deuer, Abwehrkampf und Volksabstimmung als geistige Herausforderung, 75f.; vgl. Watzenig, Eine Dokumentation, 45–59.
192 Deuer, Abwehrkampf und Volksabstimmung als geistige Herausforderung, 114f., 125; Stadler, Die Kärntner Volksabstimmungspropaganda, 521ff., 527f.; Neumann, Kärnten 1918–1920. Ereignisse–Dokumente–Bilder; Pleterski, Elemente, 31–41.
193 Deuer, Abwehrkampf und Volksabstimmung als geistige Herausforderung, 117f., 124f.; Domej, Anmerkungen zur Kärntner Volksabstimmung, 110; Wadl, Die Kärntner Volksabstimmung, 187.
194 Posch, Die Post im Kärntner Abwehrkampf, 491 ff.
195 Burz, Die nationalsozialistische Bewegung in Kärnten, 30–38.
196 Suppan, 614–620; Valentin, Von Wien im Stich gelassen? 470f.
197 Fräss-Ehrfeld, Die alliierte Kontrolle, 164ff.; Wutte, 358–383.
198 Fräss-Ehrfeld, Die alliierte Kontrolle, 169ff.
199 Neumann, Abwehrkampf und Volksabstimmung, 17–123; ders., 25 Jahre Diskussion, 578–583; Suppan, Der Stellenwert, 207–210.
200 Suppan, 630ff., 636f.; ders., Der Stellenwert, 209f.; Neumann, 25 Jahre Diskussion, 581f.; Valentin, Von Wien im Stich gelassen? 474–479.
201 Neumann, Abwehrkampf und Volksabstimmung, 44–48; ders., 25 Jahre Diskussion, 578, 580ff.; Suppan, Der Stellenwert, 207–210.
202 Fräss-Ehrfeld, Die alliierte Kontrolle, 166–169, 171–177; vgl. Nečak, Die Entstehung und die Durchführung, 164–169 (mit Kritik).
203 Fräss-Ehrfeld, Die alliierte Kontrolle, 177; Wutte, 397f., 471f.; Suppan, 638f.; Wadl, Die Kärntner Volksabstimmung, 178f.
204 Suppan, 639f.; Wadl, Die Kärntner Volksabstimmung, 178.
205 Wadl, Die Kärntner Volksabstimmung, 165–192; Moritsch, Die wirtschaftliche und soziale Lage, 215–231; Pleterski, Elemente, 12–74; Ogris, Kärnten 1918–1920: Bilanz der wissenschaftlichen Diskussion, 389f.; ders., Streiflichter aus der Geschichte Ferlachs, 38f.
206 Wutte, 404ff.
207 Aus den Tagebüchern der Marianne Gräfin von Goëss, Archiv Ebenthal.
208 Seipel, Der dreifache Sinn der Kärntner Abstimmungsfeier, 5.
209 Fräss-Ehrfeld, Sonderfall, 758.
210 Ebda, 757ff.
211 Fräss-Ehrfeld, Außenpolitische Aspekte der Kärntner Frage nach dem Zweiten Weltkrieg, 35ff.
212 Fräss-Ehrfeld, Das Kärntner Landesbewußtsein, 780f.,783-791.

QUELLEN UND LITERATUR

Außenpolitische Dokumente der Republik Österreich 1918–1920. Hg. v. Arnold Suppan, Wien 1993.

Barker Thomas, The Slovene Minority of Carinthia, New York 1984.

Bärnthaler Irmgard, Klagenfurt zwischen den beiden Weltkriegen. In: Die Landeshauptstadt Klagenfurt, Bd. II, Klagenfurt 1970, 172–203.

Baum Wilhelm, Urban Jarnik und das Selbstbewußtsein der Kärntner Slowenen im Vormärz. In: Andreas Moritsch (Hg.), Pomlad Narodov/Völkerfrühling (Unbegrenzte Geschichte–Zgodovina brez meja. Historische Reihe der Abteilung für Geschichte Ost- und Südosteuropas an der Universität Klagenfurt und des Bildungsheimes Sodalitas in Tainach/Tinje, 6. Bd.), Klagenfurt–Ljubljana–Wien 1999, 53–77.

Beer Siegfried/Eduard G. **Staudinger,** Grenzziehung per Analogie. Die Miles-Mission in der Steiermark im Jänner 1919. Eine Dokumentation. In: Stefan Karner/Gerald Schöpfer (Hg.), Als Mitteleuropa zerbrach, Graz 1990, 133–152.

Bericht über die Tätigkeit der Deutschösterreichischen Friedensdelegation in St. Germain-en-Laye, 2 Bde., Wien 1919.

Bogataj Mirko, Die Kärntner Slowenen, Klagenfurt 1989.

Braunstein Dieter, Frankreich und die Kärntner Grenzfrage nach 1918. In: Didaktische Reflexion und Wissenschaft in einer sich ändernden Welt, hg. v. d. Forschungskommission der Universität für Bildungswissenschaften, Klagenfurt 1984, 336ff.

Brix Emil, Die Kärntner Volksabstimmung von 1920 im Kontext der österreichischen Nationalitätenstatistik 1880–1934. In: Kärntens Volksabstimmung 1920, hg. v. Helmut Rumpler, Klagenfurt 1981, 232–253.

Bruckmüller Ernst, Österreichbewußtsein im Wandel. Identität und Selbstverständnis in den 90er Jahren (Schriftenreihe des Zentrums für angewandte Politikforschung 4), Wien 1994.

Burz Ulfried, Die nationalsozialistische Bewegung in Kärnten (1918–1933) (Das Kärntner Landesarchiv 23), Klagenfurt 1998.

–, Vom Zauber der militärischen Montur in einem Grenzland. In: Claudia Fräss-Ehrfeld (Hg.), Lebenschancen in Kärnten 1900–2000. Ein Vergleich (Archiv für Vaterländische Geschichte und Topographie 80), Klagenfurt 1999, 165–183.

Deuer Wilhelm, Abwehrkampf und Volksabstimmung als geistige Herausforderung. In: Der 10. Oktober 1920. Kärntens Tag der Selbstbestimmung, hg. v. Kärntner Landesarchiv, Klagenfurt 1990, 61–132.

Deutsch Julius, Erinnerungen an den Kärntner Abwehrkampf. In: Hans Lagger (Hg.), Abwehrkampf und Volksabstimmung in Kärnten 1918–1920, Klagenfurt 1930, 25–41.

Dinklage Karl, Geschichte der Kärntner Arbeiterschaft, 2 Bde., Klagenfurt 1976 und 1982.

Diószegi István, Die „südslawische Frage" und das Problem der Reformierbarkeit der Habsburger-Monarchie. In: Kärntens Volksabstimmung 1920, hg. v. Helmut Rumpler, Klagenfurt 1981, 29–43.

Domej Theodor, Anmerkungen zur Kärntner Volksabstimmung 1920. In: Stefan Karner/Gerald Schöpfer (Hg.), Als Mitteleuropa zerbrach, Graz 1990, 105–117.

–, Schule und Sprache in Kärnten im Vormärz. In: Andreas Moritsch (Hg.), Pomlad Narodov/Völkerfrühling (Unbegrenzte Geschichte–Zgodovina brez meja. Historische Reihe der Abteilung für Geschichte Ost- u. Südosteuropas an der Universität Klagenfurt und des Bildungsheimes Sodalitas in Tainach/Tinje, 6. Bd.), Klagenfurt–Ljubljana–Wien 1999, 97–123.

Drobesch Werner, Vereine und Verbände in Kärnten (1848–1938). Vom Gemeinnützig-Geselligen zur Ideologisierung der Massen (Das Kärntner Landesarchiv 18), Klagenfurt 1991.
–, Die Provinzhauptstadt Klagenfurt – gesellschaftlicher Wandel und Vereinskultur im „peripheren Zentrum" (1765–1914). In: 800 Jahre Klagenfurt, red. v. Wilhelm Deuer (Archiv für Vaterländische Geschichte und Topographie 77), Klagenfurt 1996, 311–326.
–, Das slowenische Vereinswesen in Klagenfurt 1848–1938. In: Österreichische Osthefte 33 (1991), 426–465.

Einspieler Andreas, Kärntens Selbständigkeit, Klagenfurt 1861, 1ff.

Fellner Fritz, Die jugoslawische Frage auf der Pariser Friedenskonferenz. In: Kärntens Volksabstimmung 1920, hg. v. Helmut Rumpler, Klagenfurt 1981, 7–24.
Fräss-Ehrfeld Claudia, Die Berichte der Miles-Mission bezüglich der endgültigen Grenze in Kärnten. In: Car. I 1975, 262ff.
–, Außenpolitische Aspekte der Kärntner Frage nach dem Zweiten Weltkrieg. In: Die Brücke 12 (1980), 35ff.
– ,Die alliierte Kontrolle der Verwaltung in den Kärntner Abstimmungszonen. In: Kärntens Volksabstimmung 1920, hg. v. Helmut Rumpler, Klagenfurt 1981, 158–177.
–, Demokratisierung und Landesverfassung in Kärnten 1918–1920. In: Demokratisierung und Verfassung in den Ländern 1918–1920 (Studien zur Zeitgeschichte der österreichischen Länder, Bd. 1), St. Pölten–Wien 1983, 118-127.
–, Geschichte Kärntens, Bd. 1: Das Mittelalter, Klagenfurt 1984.
–, Die Rolle der USA in der Kärntner Frage 1918–1920. In: Car. I 1986, 61–72.
–, La question de Carinthie 1918–1920. In: Les Nationalités de l'Autriche-Hongrie et la paix de 1918–1919. Actes du colloque franco-autrichien 1988 à Paris, réunis et présentés par G. Castellan, Paris 1988, 103–113.
–, Selbstbestimmungsrecht und Plebiszite 1919/20: Die Kärntner Volksabstimmung im Vergleich. In: Car. I 1989, 339–357.
–, Kärnten 1918–1920. Das Selbstbestimmungsrecht auf dem Prüfstand. In: Stefan Karner/Gerald Schöpfer (Hg.), Als Mitteleuropa zerbrach, Graz 1990, 95–102.
–, Geschichte Kärntens, Bd. 2: Die Ständische Epoche, Klagenfurt 1994.
–, „Dagegen waren die Kriegsjahre ein Honiglecken ...". Die Briefe des Max von Burger - eine neue Quelle zum Jahr 1919 in Kärnten. In: Car. I 1995, 473–479.
–, Der Sonderfall Kärnten 1918–1920. Eine Art „Anti-Kromer ..." In: Car. I 1996, 737–760.
–, Der Geschichtsverein für Kärnten – Rückblick und Vision. In: Car. I 1998, 9–19.
–, Vom Stammesfürstentum der Karantanen zum Land Kärnten. In: Österreich in Geschichte und Literatur, 42 Jg. Heft 6 (1998), 343–348.
–, Das Kärntner Landesbewußtsein. In:Helmut Rumpler (Hg.)/Ulfried Burz (Mitarbeit), Kärnten. Von der deutschen Grenzmark zum österreichischen Bundesland (Geschichte der österreichischen Bundesländer seit 1945–Schriftenreihe des Forschungsinstituts für politisch-historische Studien der Dr.-Wilfried-Haslauer-Bibliothek 6/2), Wien–Köln–Weimar 1998, 777–801.
Frick Karl R. H., Geschichte der Kampfgruppe Velden der Kärntner Volkswehr im Abwehrkampf (Historische Schriften aus dem Verwaltungs- und Heimatarchiv der Marktgemeinde Velden am Wörthersee), Klagenfurt 1998.

Gasper Reinhold, Vor 80 Jahren. Panzerwagen in Kärntens Abwehrkampf. In: Kärntner Landsmannschaft, Heft 6/1999, 12–14.
–, Artillerie im Abwehrkampf. In: Kärntner Landsmannschaft, Heft 8/1999, 4–8.
–, Panzerzug im Abwehrkampf. In: Kärntner Landsmannschaft, Heft 9/10/1999, 12–18.

–, Die Volkswehr in Kärnten. 80 Jahre Abwehrkampf und Volksabstimmung. In: Kärntner Landsmannschaft, Heft 3/2000, 4–8.

–, Die Volkswehr in Kärnten. Organisation, Bewaffnung und Ausrüstung der Kärntner Volkswehr (II. Teil). In: Kärntner Landsmannschaft, Heft 4/2000, 8–13.

Gendarmerie in Österreich 1849–1924, Wien–Graz 1924.

Genser Margarethe, Frauen im Einsatz für Kärnten. Klagenfurterinnen erinnern sich. In: 70 Jahre Kärntner Volksabstimmung. Sonderbeilage der „Klagenfurt"-Zeitung anläßlich des Jubiläums, 1990.

Gigler Christine M., Die mitteleuropäischen Interessen der USA im Spiegel der Berichterstattung der Coolidge-Mission (1919). Staatsprüfungsarbeit am Institut f. österr. Geschichtsforschung, Wien, in Druck.

Glaubauf Karl, Die Volkswehr 1918–1920 und die Gründung der Republik (Österreichische Militärgeschichte Sonderband 1993, Folge 1), Wien 1993.

Glettler Monika, Nationalismus und Nationalismusforschung. In: Kärntens Volksabstimmung 1920, hg. v. Helmut Rumpler, Klagenfurt 1981, 14–28.

Goëss: Aus den Tagebüchern der Marianne Gräfin von Goëss, Archiv Ebenthal.

Grafenauer Bogo, Slovenska Koroška v diplomatski igri leta 1919 (Slowenisch-Kärnten im diplomatischen Spiel des Jahres 1919). In: Koroški plebiscit, Ljubljana 1970, 295–378. (Das Kärntner Plebiszit. Abhandlungen und Aufsätze, 2. Halbband, 292–375.)

–, Rezension Kromer. In: Zgodovinski časopis 25 (1971), 319ff.

–, Die Kärntner Volksabstimmung im Lichte der neueren Forschung. In: Kärntens Volksabstimmung 1920, hg. v. Helmut Rumpler, Klagenfurt 1981, 408–426.

Granda Stane, Koroški Slovenci v letu 1848/49 (Die Kärntner Slowenen in den Jahren 1848/49). In: Andreas Moritsch (Hg.), Pomlad Narodov/Völkerfrühling (Unbegrenzte Geschichte–Zgodovina brez meja. Historische Reihe der Abteilung für Geschichte Ost- und Südosteuropas an der Universität Klagenfurt und des Bildungsheimes Sodalitas in Tainach/Tinje, 6. Bd.), Klagenfurt–Ljubljana–Wien 1999, 157–217.

Grdina Igor, „Nacionalizacija" Slovencev in njen evropski kontekst (Die „Nationalisierung" der Slovenen im europäischen Kontext). In: Andreas Moritsch (Hg.), Pomlad Narodov/Völkerfrühling (Unbegrenzte Geschichte–Zgodovina brez meja. Historische Reihe der Abteilung für Geschichte Ost- und Südosteuropas an der Universität Klagenfurt und des Bildungsheimes Sodalitas in Tainach/Tinje, 6. Bd.), Klagenfurt–Ljubljana–Wien 1999, 31–52.

Gröger Florian, Abwehrkämpfe und Volksabstimmung. In: Hans Lagger (Hg.), Abwehrkampf und Volksabstimmung in Kärnten 1918–1920, Klagenfurt 1930, 16–24.

Haas Hanns, Kärntner Abwehrkampf – eine Geschichtsfälschung. Die diplomatischen Hintergründe. In: Neues Forum, Dezember 1972, 45–48.

–, Die rechtliche Lage der Slowenischen Volksgruppe Kärntens nach Saint-Germain. In: Kärnten – Volksabstimmung 1920 (Studien zur Geschichte und Gesellschaft in Slowenien, Österreich und Italien 1), Wien–München–Kleinenzersdorf 1981, 173–206.

Haas Hanns/Karl **Stuhlpfarrer,** Österreich und seine Slowenen, Wien 1977.

Haller Wolfram, Die Villacher Alarmkompanie im Kärntner Abwehrkampf 1918/19. In: Neues aus Alt-Villach (3. Jahrbuch des Stadtmuseums), Villach 1966, 223–238.

Hermann Heinrich, Die Würdigung des geistigen Lebens in Österreich. In: Car. 1860, 113f.

Hofer Mirko, Neues zum Kärntner Abwehrkampf und zur Volksabstimmung in Maria Gail. In: Neues aus Alt-Villach (35. Jahrbuch des Stadtmuseums), Villach 1998, 149–168.

Hülgerth Ludwig, Der Kärntner Freiheitskampf 1918–1920. In: Car. I 1921, 1–29.

Inzko Valentin, Festansprache anläßlich des 75. Jahrestages der Kärntner Volksabstimmung am 9. Oktober 1995 im Wappensaal des Landhauses in Klagenfurt. In: Car. I 1996, 693–698.

Jantsch Franz, Der Panzerzug des Landesbefehlshabers im Abwehrkampf 1919. In: Car. I 1930, 52–62.

Jarnik Urban, Andeutungen über Kärntens Germanisierung. In: Car. 14 (1926), Nr. 26, 106f.

Kaiser-Kaplaner Ingrid, Maria Elend im Rosental. Podgorje v Rožu (Studia Carinthiaca XXI), Klagenfurt 2000.

Karner Stefan, Die Abtrennung der Untersteiermark von Österreich 1918/19: Ökonomische Aspekte und Relevanz für Kärnten und die Steiermark. In: Kärntens Volksabstimmung 1920, hg. v. Helmut Rumpler, Klagenfurt 1981, 256–296.

Das gemeinsame Kärnten/Skupna Koroška. Dokumentation des deutsch-slowenischen Koordinationsausschusses der Diözese Gurk 1–11 (12), Klagenfurt 1974–91 (94).

Kärnten – Volksabstimmung 1920. Voraussetzungen, Verlauf, Folgen (Studien zur Geschichte und Gesellschaft in Slowenien, Österreich und Italien 1), Wien–München–Kleinenzersdorf 1981.

Kärntner Abwehrkampf 1918/1919. Volksabstimmung 1920. Katalog zur Dokumentationsausstellung im Völkermarkter Stadtmuseum, zusammengetragen von Friedrich Wilhelm Leitner, Klagenfurt 1984.

Kärntner Landsmannschaft, Klagenfurt: alle Oktobernummern.

Kärntner Tagblatt. Zehnjahrfeier der Kärntner Volksabstimmung (Festnummer), Klagenfurt 1930.

Knaus Siegmund, Freiheitskämpfe in Deutschösterreich, Kärntner Freiheitskampf. Erster Teil: 1918 bis 28. April 1919 (Darstellungen aus den Nachkriegskämpfen deutscher Truppen und Freikorps, 7. Bd.), Berlin 1941. Zweiter Teil: 29. April 1919–1920 (ebda, 8. Bd.), Berlin 1942.

Köfner Gottfried, Volksabstimmungen in Österreich nach 1918 außerhalb Kärntens. In: Kärntens Volksabstimmung 1920, hg. v. Helmut Rumpler, Klagenfurt 1981, 297–313.

Kohla Franz Xaver (mitgeteilt von), Vom Kärntner Abwehrkampf. Zusammenfassender Bericht des ehemaligen Landesbefehlshabers über die militärische Kärntner Landesverteidigung an das österreichische Staatsamt für Heerwesen vom 30. April 1919. In: Car. I 1935, 155–189.

Kreuzer Anton, Kärntner. Biographische Skizzen, 20. Jahrhundert, Klagenfurt 1995.

–, Kärntner. Biographische Skizzen, 19./20. Jahrhundert, Klagenfurt 1996.

Kromer (Fräss-Ehrfeld) Claudia, Die Stadt Klagenfurt in den Pariser Friedensverhandlungen über Kärnten (1919). In: Die Landeshauptstadt Klagenfurt, Bd. II, Klagenfurt 1970, 157–171.

–, Italien und die Frage Kärnten 1919 bis 1920. In: Südkärnten. Beiträge zur Geschichte, Kultur und Landschaft, Klagenfurt 1970, 67–82.

–, Die Vereinigten Staaten von Amerika und die Frage Kärnten 1918–1920 (Aus Forschung und Kunst 30), Klagenfurt ^{2}1996.

Lausegger Josef, Regionalismus – eine Alternative zum Nationalismus. In: Kärntner Jahrbuch für Politik, Klagenfurt 1995, 57–85.

Lagger Hans (Hg.), Abwehrkampf und Volksabstimmung in Kärnten 1918–1920, Klagenfurt 1930.

Leitner Friedrich W., Eine Kärntner Delegation in Audienz bei Kaiser Karl I. im Mai 1918. In: Die Brücke 12, Jg. 6 (1980), S. 31–34.

Malle Augustin, Die nationalen Bestrebungen der Kärntner Slowenen bis zum Zerfall der österreichisch-ungarischen Monarchie 1918. In: Kärntens Volksabstimmung 1920, hg. v. Helmut Rumpler, Klagenfurt 1981, 63–76.

Mayrhofer-Grünbühel Franz Xaver, Eine mutige Mutter. In: Kärntner Tagblatt. Zehnjahrfeier der Kärntner Volksabstimmung (Festnummer), Klagenfurt 1930, 58.

Melik Vasilij, O razvoju slovenske nacionalno-politične zavesti 1861–1918 (Über die Entwicklung des slowenischen politischen Nationalbewußtseins 1861–1918). In: Zgodovinski časopis 24 (1970), 39–51.

Mitrović Andrej, Die jugoslawische Politik in der Kärntner Frage auf der Friedenskonferenz in Paris. Die Plebiszitfrage im Frühjahr 1919. In: Kärntens Volksabstimmung 1920, hg. v. Helmut Rumpler, Klagenfurt 1981, 101–124.

Moritsch Andreas, Deutsche und Slovenen in Kärnten. Das nationale Bewußtsein in Kärnten in der 2. Hälfte des 19. Jahrhunderts. In: Österreichische Osthefte 12 (1970), 234–245.

–, Die wirtschaftliche und soziale Lage der Kärntner Slowenen und deren Einfluß auf die Volksabstimmung 1920. In: Kärntens Volksabstimmung 1920, hg. v. Helmut Rumpler, Klagenfurt 1981, 215–231.

–, (Hg.), Matija Majar-Ziljski (Unbegrenzte Geschichte–Zgodovina brez meja. Historische Reihe der Abteilung für Geschichte Ost- und Südosteuropas an der Universität Klagenfurt und des Bildungsheimes Sodalitas in Tainach/Tinje, 2.Bd.), Klagenfurt–Ljubljana–Wien 1995.

–, Revolution 1848 – Herrschaft von Gottes Gnaden oder von Volkes Gnaden. In: Andreas Moritsch (Hg.), Pomlad Narodov/Völkerfrühling (Unbegrenzte Geschichte–Zgodovina brez meja. Historische Reihe der Abteilung für Geschichte Ost- und Südosteuropas an der Universität Klagenfurt und des Bildungsheimes Sodalitas in Tainach/Tinje, 6. Bd.), Klagenfurt–Ljubljana–Wien 1999, 125–137.

Nečak Dušan, Kurzer Abriß der slowenischen Geschichte seit dem Ende des Ersten Weltkriegs. In: Kärntner Kulturkalender 1977, hg. vom Slowenischen Kulturverband, Klagenfurt 1977.

–, Die Entstehung und die Durchführung der Bestimmungen für die Kärntner Volksabstimmung. In: Kärnten – Volksabstimmung 1920. Voraussetzungen, Verlauf, Folgen (Studien zur Geschichte und Gesellschaft in Slowenien, Österreich und Italien 1), Wien–München–Kleinenzersdorf 1981, 155–172.

Neumann Wilhelm, Michael Gothard Christalnik. Kärntens Beitrag zur Geschichtsschreibung des Humanismus (Kärntner Museumsschriften 13), Klagenfurt 1956.

–, Pseudowissenschaft um den Kärntner Abwehrkampf. In: Car. I 1973, 301–311.

–, Kärnten 1918–1920. Ereignisse–Dokumente–Bilder (Buchreihe des Landesmuseums für Kärnten 24. Bd.), Klagenfurt ²1980.

–, Abwehrkampf und Volksabstimmung in Kärnten 1918–1920. Legenden und Tatsachen (Das Kärntner Landesarchiv 2), Klagenfurt ³1997.

–, Wirklichkeit und Idee des „windischen" Erzherzogtums Kärnten. Das Kärntner Landesbewußtsein und die österreichischen Freiheitsbriefe. In: Wilhelm Neumann, Bausteine zur Geschichte Kärntens (Das Kärntner Landesarchiv 25), Klagenfurt 1985, 78–112.

–, Kärnten – Grundfragen der Landesgeschichte. In: Car. I 1995, 99–115.

–, 25 Jahre Diskussion zur Zeitgeschichte von Kärnten. In: Car. I 1995, 567–605.

–, Durch den Abwehrkampf zur Volksabstimmung. In: Car. I 1996, 705–724.

–, Das nationale Problem aus deutschkärntner Sicht. In: Helmut Rumpler (Hg.)/Ulfried Burz (Mitarbeit), Kärnten. Von der deutschen Grenzmark zum österreichischen Bundesland (Geschichte der österreichischen Bundesländer seit 1945 – Schriftenreihe des Forschungsinstituts für politisch-historische Studien der Dr.-Wilfried-Haslauer-Bibliothek 6/2), Wien–Köln–Weimar 1998, 463–493.

Ogris Alfred, Streiflichter aus der Geschichte Ferlachs bis zum 10. 10. 1920. In: Die Brücke 12, Klagenfurt 1980, 38f.

–, Kärnten 1918–1920: Bilanz der wissenschaftlichen Diskussion zwischen zwei Jubiläen

1970–1980. In: Kärntens Volksabstimmung 1920, hg. v. Helmut Rumpler, Klagenfurt 1981, 382–407.
–, Kärntens Freiheitskampf als Beitrag zur Staatswerdung Österreichs in den Jahren 1918–1920. In: Car. I 1986, 41–60.
–, Die Kärntner Landesgeschichte ist unteilbar! Kritische Anmerkungen zu einem Lehrbuch über eine „Geschichte der Kärntner Slowenen von 1918 bis zur Gegenwart". In: Car. I 1988, 353–363.
–, Der 10. Oktober 1920. Kärntens Tag der Selbstbestimmung im Rückblick der wissenschaftlichen Diskussion seit 1945. In: Car. I 1990, 813–827.
–, Fürstenstein und Herzogstuhl – Symbole der Kärntner Landesgeschichte im Widerstreit ethnischer und territorialer Tendenzen in der slowenischen Geschichtsschreibung, Publizistik und Politik. In: Car. I 1993, 729–787.
–, Spittal an der Drau als zeitweiliger Sitz der Kärntner Landesregierung und der provisorischen Landesversammlung im Jahr 1919. In: Car. I 1995, 557–566.
Der 10. Oktober 1920. Kärntens Tag der Selbstbestimmung. Vorgeschichte–Ereignisse–Analysen, hg. vom Kärntner Landesarchiv unter Mitarbeit von Alfred Ogris, Wilhelm Deuer, Barbara Felsner, Wilhelm Wadl und Evelyne Webernig, Klagenfurt 1990.
Ortner Wolfgang, Der Kärntner Abwehrkampf und die Gendarmerie. In: Fritz Hörmann/Gerald Heztera (Hg.), Zwischen Gefahr und Berufung. Gendarmerie in Österreich, Wien 1999, 129–134.

Paska Josefine, Vor achtzig Jahren wurde Klagenfurt von Serben besetzt. Zeitzeugen erinnern sich. In: Car. I 1999, 481–487.
Pečar Tamara, Die Stellung der slowenischen Landesregierung zum Land Kärnten, phil. Diss. Wien 1973.
Perkonig Josef Friedrich, Heimat in Not, Klagenfurt 1921.
–, Kampf um Kärnten, Klagenfurt o. J. (1930).
–, Herrschaft des Papiers. In: Kärntner Tagblatt. Zehnjahrfeier der Kärntner Volksabstimmung (Festnummer), Klagenfurt 1930, 78f.
Peter-Pirkham Albert, Meine außenpolitische Tätigkeit im Kampfe um Kärnten. In: Car. I 1960, 582–602.
Petrei Bertl, Besuch bei Kärntner Abwehrkämpfern. Eine Dokumentation (Neue Kärntner Krone), Klagenfurt 1990.
Pichler Franz, Vom Kärntner Heimatdienst. In: Hans Lagger (Hg.), Abwehrkampf und Volksabstimmung in Kärnten 1918–1920, Klagenfurt 1930, 138–152.
Pirkham Otto Georg, Erinnerungen an die Tätigkeit meines Vaters Albert Peter-Pirkham in Kärntens Freiheitskampf 1918–1920. In: Car. I 1995, 461–472.
Pleterski Janko, Das slowenische Kärnten vor dem Ersten Weltkrieg. In: Janko Pleterski, Lojze Ude, Tone Zorn (Red.), Das Kärntner Plebiszit. Abhandlungen und Aufsätze. 1. Halbband, Klagenfurt 1980, 35–70.
–, Elemente und Charakter der plebiszitären Entscheidung 1920 in Kärnten (Disertacije in razprave/Dissertationen und Abhandlungen 7), Klagenfurt 1980.
–, Die Slowenen und die Bewegung für eine jugoslawische staatliche Vereinigung vor und während des Ersten Weltkrieges. In: Kärntens Volksabstimmung 1920, hg. v. Helmut Rumpler, Klagenfurt 1981, 44–62.
Pleterski Janko/Lojze **Ude**/Tone **Zorn** (Hg.), Das Kärntner Plebiszit. Abhandlungen und Aufsätze. Übersetzt von Robert Barbo, Dr. Herta Lausegger, Christian Močilnik, Andrea Vrbinc, Klagenfurt 1980. (Slowenische Erstausgabe: Koroški plebiscit. Razprave in članki, Ljubljana 1970.)
Das Plöckengebiet im Weltkrieg, hg. vom Landeskameradschaftsbund Kärnten, 1932.

Pohl Heinz-Dieter, Namenkundliches aus dem Bereich der Landeshauptstadt Klagenfurt. In: 800 Jahre Klagenfurt, red. v. Wilhelm Deuer (Archiv für Vaterländische Geschichte und Topographie 77), Klagenfurt 1996, 51–65.

–, Minderheitensprachen als kulturelles Erbe der Region. In: Kärnten–Dokumentation Bd. 14/15 (1997), 87–98.

Poppmeier Leopold, Lavanttal in Not, Wolfsberg 1970.

Portisch Hugo, Österreich I, Bd. 1: Die unterschätzte Republik (Heyne-Sachbuch 19/298), München 1989.

Posch Paul, Die Post im Kärntner Abwehrkampf – ein Überblick. In. Car. I 1995, 481–501.

Rainer Johann, Italien und die Kärntner Frage 1918–1920. In: Kärntens Volksabstimmung 1920, hg. v. Helmut Rumpler, Klagenfurt 1981, 150–157.

–, Villach zur Zeit der italienischen Besatzung 1919/20. In: Neues aus Alt-Villach (32. Jahrbuch des Stadtmuseums), Villach 1995, 149–167.

–, General De Bono und die italienische Besetzung Kärntens 1919/20. In: Car. I 1995, 537–548.

Renner Karl, Persönliche Erinnerungen und politische Bemerkungen. Vom 12. November 1918 und den Jahren vorher und nachher. In: Siegfried Nasko (Hg.): Karl Renner in Dokumenten und Erinnerungen, Wien 1982, 53ff.

Rizzi Vinzenz, Die Nationalitäten in Kärnten. In: Deutsche Monatsschrift aus Kärnten, 1. Jg. (1850), 5. Heft, 160–167.

Rumpler Helmut (Hg.), Kärntens Volksabstimmung 1920, Klagenfurt 1981.

–, Kärnten und Österreich. Eine unbeglichene historische Rechnung. In: Robert Kriechbaumer (Hg.), Liebe auf den zweiten Blick. Landes- und Österreichbewußtsein nach 1945 (Geschichte der österreichischen Bundesländer seit 1945, Bd. 6), Wien–Kärnten–Weimar 1998, 141–148.

Schmid G. E., Selbstbestimmung 1919, Anmerkungen zur historischen Dimension und Relevanz eines politischen Schlagwortes. In: Karl Bosl (Hg.), Versailles–St. Germain–Trianon. Umbruch in Europa vor fünfzig Jahren, München–Wien 1971, 127–142.

Schumy Vinzenz, Kampf um Kärntens Einheit und Freiheit, Wien 1950.

Seger Martin, Die Miles-Mission in Südkärnten 1919, eine regionalgeographische Erkundung mit weitreichenden politischen Konsequenzen. In: Klagenfurter Geographische Schriften, Heft 10, Klagenfurt 1992, 179–198.

Seipel Ignaz, Der dreifache Sinn der Kärntner Abstimmungsfeier. In: Kärntner Tagblatt. Zehnjahrfeier der Kärntner Volksabstimmung (Festnummer), Klagenfurt 1930, 5.

Geschichte der Kärntner Slowenen von 1918 bis zur Gegenwart unter Berücksichtigung der gesamtslowenischen Geschichte. Hg. v. einer Historikerkommission unter Vorsitz von Valentin Inzko, Klagenfurt 1988.

Spominski zbornik ob 60-letnici bojev za severno slovensko mejo 1918/19 (Erinnerungs-Sammelband anläßlich der 50-Jahrfeier der Kämpfe um die slowenische Nordgrenze 1918/1919), hg. Zveza prostovoljcev-borcev za severno slovensko mejo 1918–1919 v Llubljani, Klub koroških Slovencev v Mariboru, Sklad Prežihovega Voranca v Mariboru, für die Herausgeber L. Ude, Hauptredakteur J. Kuster, Maribor 1979.

Stadler Gernot, Die Kärntner Volksabstimmungspropaganda. In: Car. I 1995, 503–535.

Staudinger Anton, Die Ereignisse in den Ländern Deutschösterreichs im Herbst 1918. In: Ludwig Jedlicka, Ende und Anfang 1918/19, Wien und seine Bundesländer, Salzburg 1969.

Steinacher Hans, Sieg in deutscher Nacht. Ein Buch vom Kärntner Freiheitskampf, Wien 1943.

Steinböck Erwin, Die Volkswehr in Kärnten unter Berücksichtigung des Einsatzes der Freiwilligenverbände (Publikationen des Österreichischen Instituts für Zeitgeschichte, Bd. 2), Graz 1963.

–, Moderne Kampfmethoden und Kampfmittel im Kärntner Abwehrkampf. In: Car. I 1963, 656–665.

–, Die Kämpfe im Raum Völkermarkt 1918/19 (Militärhistorische Schriftenreihe Heft 13), Wien 1969.

–, Die Verluste im Kärntner Abwehrkampf. In: Car. I 1970, III–XXXII.

–, Kärnten. In: Weinzierl Erika/Kurt Skalnik (Hg.), Österreich 1918–1938, Geschichte der Ersten Republik, 2 Bde., Graz–Wien–Köln 1983, Bd. 2, 801–840.

Steiner Hubert, Klagenfurt im Ersten Weltkrieg, phil. Diss. Graz 1983.

Sulzer S., Im Übereifer. In: Kärntner Tagblatt. Zehnjahrfeier der Kärntner Volksabstimmung (Festnummer), Klagenfurt 1930, 57f.

Suppan Arnold, Der Stellenwert des kärntnerisch-slowenischen Grenzkonfliktes für die Wiener Regierung 1918–1920. In: Kärntens Volksabstimmung 1920, hg. v. Helmut Rumpler, Klagenfurt 1981, 178–214.

–, Ethnisches, ökonomisches oder strategisches Prinzip? Zu den jugoslawischen Grenzziehungsvorschlägen gegenüber Österreich im Herbst und Winter 1918/19 mit einer Karte. In: Saint Germain 1919. Protokoll des Symposiums vom 29. und 30. Mai 1979 in Wien (Wissenschaftliche Kommission zur Erforschung der Geschichte der Republik Österreich, Veröffentlichungen Bd. 11), hg. v. I. Ackerl und R. Neck, Wien 1989, 112–179.

–, Der Zusammenbruch der Donaumonarchie 1918. In: Stefan Karner/Gerald Schöpfer (Hg.), Als Mitteleuropa zerbrach, Graz 1990, 15–26.

–, Jugoslawien und Österreich 1918–1938. Bilaterale Außenpolitik im europäischen Umfeld (Veröffentlichungen des österreichischen Ost- und Südosteuropa-Instituts, Bd. XIV), Wien–München 1996.

Ude Lojze, Boj za severno slovensko mejo 1918–1919 (Der Kampf um die slowenische Nordgrenze 1918–1919), Maribor 1977.

Unkart Ralf, Die Sprachenfrage im Kärntner Landtag (1861–1866). In: Car. I 1998, 563–581.

Valentin Hellwig, Die Idee einer „Kärntner Republik“ in den Jahren 1918/19, Klagenfurt 1992.

–, Kärnten 1918–1920: Von Wien im Stich gelassen? In: Car. I 1999, 449–479.

–, Abschied von der Klassengesellschaft. Klassen und soziale Schichten in Kärnten im 20. Jahrhundert. In: Claudia Fräss-Ehrfeld (Hg.), Lebenschancen in Kärnten 1900–2000. Ein Vergleich (Archiv für Vaterländische Geschichte und Topographie 80), Klagenfurt 1999, 53–83.

–, Nationalismus oder Internationalismus? Arbeiterschaft und nationale Frage. Mit besonderer Berücksichtigung Kärntens, 1918–1934 (Archiv für Vaterländische Geschichte und Topographie 83), Klagenfurt 2000.

Veiter August, Aus der Besetzungszeit im Jahre 1919. In: Kärntner Tagblatt. Zehnjahrfeier der Kärntner Volksabstimmung (Festnummer), Klagenfurt 1930, 65f.

Veiter Theodor, Die Kärntner Volksabstimmung im europäischen und internationalen Vergleich. In: Kärntens Volksabstimmung 1920, hg. v. Helmut Rumpler, Klagenfurt 1981, 347–381.

Viertler Johann, Prinz Livio Borghese und seine Beziehung zu „Cap Wörth“ bei Velden am Wörthersee. In: Car. I 1995, 549–556.

Wadl Wilhelm, Zur Entwicklung des Nationalitätenkonfliktes in Kärnten bis zum Jahre 1918 – historische Voraussetzungen. In: Der 10. Oktober 1920. Kärntens Tag der Selbstbestimmung. Vorgeschichte–Ereignisse–Analysen, hg. vom Kärntner Landesarchiv, Klagenfurt 1990, 9–23.

–, Die Kärntner Volksabstimmung. Vorbereitung–Ablauf–Ergebnisanalyse–Nachwirkungen. In: Der 10. Oktober 1920. Kärntens Tag der Selbstbestimmung. Vorgeschichte–Ereignisse–Analysen, hg. vom Kärntner Landesarchiv, Klagenfurt 1990, 165–198.

–, Die Abwehrkämpfer – wo waren sie im März 1938? In: Kleine Zeitung, 7. 10. 1990, 3, 6.
–, Kärnten 1900–2000. Wandlungen und Kontinuitäten des politischen Systems. In: Claudia Fräss-Ehrfeld (Hg.), Lebenschancen in Kärnten 1900–2000. Ein Vergleich (Archiv für Vaterländische Geschichte und Topographie 80), Klagenfurt 1999, 85–98.

Wambaugh Sarah, Plebiscites since the World War, 2 Bände, Washington 1922.

Watzenig Werner, Eine Dokumentation über Abwehrkampf und Volksabstimmung im Gemeindegebiet von Maria Rain und Köttmannsdorf, hg. vom Kärntner Abwehrkämpferbund Ortsgruppe Maria Rain und Ortsgruppe Köttmannsdorf, 1995.

Webernig Evelyne, Die Landeshauptstadt Klagenfurt im Kärntner Freiheitskampf 1918–1920. In: 70 Jahre Kärntner Volksabstimmung. Sonderbeilage der „Klagenfurt"-Zeitung anläßlich des Jubiläums.
–, Kärntner Freiheitskampf 1918–1920: Die Ereignisse im Lichte von Daten und Fakten. In: Der 10. Oktober 1920. Kärntens Tag der Selbstbestimmung, hg. vom Kärntner Landesarchiv, Klagenfurt 1990, 24–60.

Wiesflecker Peter, Klagenfurt als Sitz kultureller Institutionen der Kärntner Slowenen. In: 800 Jahre Klagenfurt, red. v. Wilhelm Deuer (Archiv für Vaterländische Geschichte und Topographie 77), Klagenfurt 1996, 421–438.

Wlattnig Robert, Der Anteil der Gemeinde Diex am Ersten Weltkrieg und am Kärntner Abwehrkampf. Ereignisse und Schicksale. In: Kärntner Landsmannschaft. Festschrift zur 75. Wiederkehr des Tages der Kärntner Volksabstimmung am 10. Oktober 1920, Klagenfurt 1995, 70–81.

Wolfram Herwig, Die Geburt Mitteleuropas, Wien 1987.

Wolsegger Ferdinand, Kärntens heroische Zeiten. Kleinösterreich (II. Teil). In: Car. I 1960, 566–574.

Wutte Martin, Die sprachlichen Verhältnisse in Kärnten auf der Grundlage der Volkszählung von 1900 und ihre Veränderungen im 19. Jahrhundert. In: Car. I 1906, 153–178.
–, Deutsche und Slowenen in Kärnten. Mit einer Sprachenkarte. In: Car. I 1919, 1–41.
–, Slowenische Kampfschriften. In: Car. I 1919, 55–82.
–, Kärntens Freiheitskampf, Klagenfurt 1922.
–, Die deutschösterreichische Friedensdelegation in St. Germain und ihre Tätigkeit für Kärnten. In: Kärntner Tagblatt. Zehnjahrfeier der Kärntner Volksabstimmung (Festnummer), Klagenfurt 1930, 67ff.
–, Die amerikanische Kommission 1919. In: Car. I 1995, 189–205.
–, Kärntens Freiheitskampf 1918–1920. Verbesserter Neudruck der zweiten Auflage von 1943 (Archiv für Vaterländische Geschichte und Topographie 69), Klagenfurt 1985.

Zöllner Erich, Geschichte Österreichs, St. Pölten ^{8}1990.

Zorn Tone, Iz problematike jugoslovanske uprave na Koroškem pred plebiscitom leta 1920 (Zur Problematik der jugoslawischen Verwaltung in Kärnten vor der Volksabstimmung des Jahres 1920). In: Kronika 18 (1970), 89–96.

REGISTER